哀歌

论文明的消极美学气质

梁超 著

广西师范大学出版社
·桂林·

图书在版编目(CIP)数据

哀歌:论文明的消极美学气质／梁超著.—桂林:广西师范
大学出版社,2018.5
ISBN 978 - 7 - 5598 - 0562 - 1

Ⅰ.①哀… Ⅱ.①梁… Ⅲ.①悲－研究 Ⅳ.①B83

中国版本图书馆 CIP 数据核字(2017)第 327393 号

出 品 人:刘广汉
责任编辑:阴牧云
助理编辑:谭思灏
装帧设计:宜学君
广西师范大学出版社出版发行

(广西桂林市五里店路9号　　 邮政编码:541004)
　 网址:http://www.bbtpress.com

出版人:张艺兵
全国新华书店经销
销售热线:021 - 65200318 　 021 - 31260822 - 898
山东鸿君杰文化发展有限公司印刷
(山东省淄博市桓台县寿济路 13188 号　 邮政编码:256401)
开本:890mm ×1 240mm 　 1/32
印张:10.375　　　　 字数:248 千字
2018 年 5 月第 1 版　　 2018 年 5 月第 1 次印刷
定价:56.00 元

如发现印装质量问题,影响阅读,请与印刷单位联系调换。

历史就是被刻意夸大的、人类记忆的神圣性；

既然有人借以来纪念永世不朽的功勋，

自然也必有人仅仅以之来纪念曾经有这样一只名不见经传的小兔，与世无争地和人类一起生活了那么多年的时光。

目录

第一部分

本源——
悲剧的母题意义和《吉尔伽美什史诗》的意象阅读

I 悲剧的本源：人类死亡意识及其诗性升华

托马斯·曼（Thomas Mann, 1875 年—1955 年）曾经说过："如果没有死亡，地球上很难出现诗作。"无独有偶，日本战国时代的一位古人，无苦庵前田庆次（Maeda Keiji, 1533 年—1612 年），也在一篇题为《无苦庵记》的短序中充满深情地吟道：

> 心中
> 没有诗，
> 月残花谢
> 也就不是苦事。

托马斯·曼是 1929 年的诺贝尔文学奖得主。而前田庆次则于永禄十二年（1569 年）被过继给战国时代权势喧天的前田氏家族，经历了戎马倥偬的一生以后，在桃山时代结束、丰臣秀吉死后归隐于米泽，七十九岁善终。他唯一遗留的《前田庆次道中记》算是桃山和江户交接时期较为重要的民情史料，原稿现在还保存在米泽市立图书馆之中。《无苦庵记》则是他旅居于信浓善光寺（在今长野市）期间写下的。

托马斯·曼和前田庆次来自完全不同的两种文明，他们的时代、学识和阅历也毫无交集，然而何以他们对于诗歌中的死亡意象，或者说对于死亡的诗性解读，具有如此的一致性？披索典籍，这种精神面貌的描述车载斗量。上古高地德语（Althochdeutsch）时期的古诗《穆斯皮利》（*Musipilli*，约公元 800 年前后流传，

现存 103 行) 中有这样的一段:

> 这一天终于来到了，
>
> 他必须死。
>
> 如果说灵魂升天肉体弃置，
>
> 那么天空中就会出现一抔星辰。

《穆斯皮利》的题材符合欧洲上古诗的一般特点，大部分押首韵，少数几行押尾韵，描写世界毁灭、死后灵魂的命运和末日审判，可以看成是较早的以死亡的角度审视凡世的意象派作品。它成诗的时代最迟不会晚于加洛林王朝中期，公元 8 世纪，而实际上或许更早。我们姑且将之看成是一种更为接近托马斯·曼赖以滋养的、日耳曼基督教文明的母体因素，那么前田庆次的东方观念中死亡的诗性思索的母体是什么呢？我们来看这样一句话:

> 予恶乎知说生之非惑邪！予恶乎知恶死之非弱丧而不知归者邪！丽之姬，艾封人之子也。晋国之始得之也，涕泣沾襟，及其至于王所，与王同筐床，食刍豢，而后悔其泣也。予恶乎知夫死者不悔其始之蕲生乎！

庄子在《齐物论》中用这样一个关于无知少女的别致小寓言暗喻了人类对于死亡未知的巨大恐惧其实毫无意义。如果说，如同司马辽太郎（Shiba Ryōtarō，1923 年—1996 年）在一篇文章中认为的那样，在日本战国时代，像前田庆次这样厮杀汉出身的赳赳武夫在当时大多是毫无汉学修养、不可能直接从《庄子》中汲取思想养分的话，我们还可以再来看一段言论:

> 人住死缘内，如灯在风中。

这句话则是出自佛经《宝蔓论》，那个时代的庆次必然熟知此书。而如果认同佛学和汉学共同构成整个东方学的根基母体的话，对于东方观念中死亡诗性、母体的推断，大概就不会再有纰漏了。

我们更加亲近于东方哲人的生死观，死就是死，如果生存是奔波一日的话，那么死亡就是一日终焉的安眠。前文提到的前田庆次，现今关于他的史料已然相当之少。有一位名叫隆庆一郎（Ryukei Iqisalou，1923年—1989年）的前辈小说家，经过数年的考证写出了一本题为《花之庆次》的长篇小说，定鼎柴田炼三郎（Shibata Renzaburô）奖，以前田庆次的一生贯穿了日本战国、桃山至于江户时代的历史风潮。当然，这也不是史料，但算是较为严谨的、鸟瞰式（司马辽太郎创造的一种历史小说书写方法）的历史小说。书中有一个桥段，描述庆次前往探望他的叔父、临终的加贺藩主前田利家（Maeda Toshiie，1538年—1599年）的时候，两人的一段交谈：

> "你不过是一心惦记着死之前要充分了结心愿而已。就像整理仓库里的物品、清楚地分好遗物那样，想着把德川大人干脆也杀了。不就是这样吗？"

> 利家无言以对。

> "累了就地坐下，困了就躺倒，一觉之后永不醒来，我想着的是如此死法。你那种死法太复杂了，简直是弄得鸡飞狗跳。"

这种古圣先贤对于死亡的理解中的豁达之意，无论是出于侥幸心理还是宽慰劝解，到了弗洛伊德（Sigmund Freud，1856年—1939年）这里都被解释成了一种实实在在的渴望。弗洛伊德的"死本能"学说与他博大精深的精神分析研究和人格结构理论相比，在阐述上可谓相当克制，但还是在心理学的高端层面引发了巨大的反响。在《日常生活的精神病理学》中，弗洛伊德写道：

> 可以说，自毁的倾向人皆有之，只不过明显表现出来的人不多罢了。……潜意识的自杀则必需等待一个借口，来打消其本身的自我防卫力量，撤除施之于它的层层压制。……许多事件粗看似乎是纯属意外的不幸，细究起来

原来竟是自杀。

而这种行为的理论升华，则可见于写于1920年的《超越快乐原则》这篇论文的结尾之处，弗洛伊德总结道：

> 快乐原则似乎直接有益于死的本能……但快乐原则特别是对于内部的刺激的增加有戒备，这些内部刺激把使生存的任务复杂化作为它们的目的。

而要弭平这种复杂化达到真正的"平静"，除了死亡别无他法。弗洛伊德由此得出结论，死本能在广义的人格结构理论之中是作为一种与性欲（生本能）分庭抗礼的结构存在。人类对于死亡的理解从毁灭开始，而毁灭和被毁灭两者在一个人格结构之中原本就是统一的，因为这个人格的释义甚至比"我"这个指代词的出现还要古老，所以毁灭自身在这里不带有所有格，也不作为某个主语或是宾语的动词，它们（毁灭和被毁灭）都是一种和"自在"没有界限的、浑厚的自然原生力的两个侧面，这种情况就好像浑然无知的婴儿，根本不知道"自己"和"世界"是有界限和有区别的，也许这种"区别"真的只是一种想象而已。一个相当常见的例子就是，啮咬指甲的行为在小孩和成年人中都十分普遍，在无人打扰的无意识状态下，他（这个咬指甲的人）常常能把这种颇不得体的行为重复上几个小时、甚至更长的时光。

不管出于何种解释，死亡对于生者而言都是一种无可奈何的结局。任何对于无可奈何的解释都没有意义，因为无可奈何本身是不可逾越的。这种无可奈何在情感投射中有一个我们经常挂在嘴边的名称："悲哀。"人可悲哀于自我之死、可悲哀于邻人之死，亦可悲哀于悲哀自身。死亡是悲哀之母，而悲哀则是诗性文明之母。

这种萦绕不去的哀愁之意足以引发一种对于文明气质的深刻思索。

人类对于自身会死的确认超越了动物本能的境界，从而意识到他体不仅也同样会死，而且也同样畏死，这是一种理性确立起来的普遍条件关系。诗人看到残花凋零感到悲哀，因为残花败落是一种死亡的意象，令他联想到了他自己的结局。这两个事件没有关联、没有共时性、没有统一点，但这种联想还是为大多数人所信服。死亡是客观的，对于死亡的恐惧是主观的，然而因为这种恐惧在生物中具有普遍性，所以它也变成了一种客观的存在，主观畏死的客观化是人类正式认识死亡迈出的第一步。何谓死亡的客观意象，诚如海德格尔（Martin Heidegger, 1889 年—1976 年）所言，死亡是唯一"必然"的事情。死亡没有歧义，就算一个人不知道另一个的死讯，他可能会在遇到死者遗孀的时候说出问候死者的言辞，可是没关系，他马上就会被旁人阻止，无法完成这个举动，这个结果和他事先知道了对方已死而三缄其口的结果一样。就算旁人没有阻止，情形也是相同，因为这句问候已经没有用，除了徒增那位可怜的未亡人的哀思以外，它就是一封写错了地址的信，已经被这个世界宣布为非法。

海德格尔进一步认为，"死亡"是被"固化"在生存的概念里的，这是一种天性，不能将二者对立起来。虽然知道别人死了和知道自己会死都是一种主观知识，但是它没有任何的例外，所以和客观一样斩钉截铁。黑格尔（Georg Wilhelm Friedrich Hegel, 1770 年—1831 年）在《小逻辑》第 21 节中说：

> 我们既认思维和对象的关系是主动的，是对于某物的反思。

当被反思者的意象千奇百怪时，反思者会误以为世界自身也是琳琅满目的，反之则不会产生任何歧义。

死亡的意象是唯一的，不论死者如何死法或是他的死对生者产生了怎样的影响，此人就是死了。

尽管人对于他人之死乃至自身之死无计可施，但是谈论到死亡问题的时候还是不免面露不快、讳疾忌医。人对于一件好事的喜爱和对于一件坏事的厌恶，都建立在一种语言的逻辑上。语言使得人类的世界变得多事。换言之，对于人类的认知结构而言，有一类是自在之存在，例如苹果、月亮，这是语言自身的能指层面，它们来自语言最原始的基本传意行为；有一类则是派生之存在，譬如说形形色色的观点、主义和公式，则是语言的所指层面，它们是由基本传意进化而来的高级传意体系。派生存在来自试图描述自在之物时产生的问题及其解决，也就是来自一种语言哲学。所以我们可以认为，语言源于、也是为了描述世界上所有具体的、有生灭之物。

　　这样，我们就可以得出语言逻辑的一条最基本原则：任何人类语言都是"名词本位"的，这是我们这个种族的一种天性，它与人类感觉的视觉本位相对应。就是说，语言中的大部分内容都是指物的，名词构成了语言的基础。

　　名词之外的最大类型是动词，严格来说人类语言的动词其实是"动名词"，英语中这种特性尤为明显。就是说，我们在描述一个动作的时候，首先描述的是这个动作是什么，这就是一种名词的指物规则；至于对于动词而言最重要的，它能干什么，则必须依靠上下文关系来完成，语词无法自身表达。举个例子，"跑"这个词的意思人人都明白，可是在现实环境中大部分情况下我们不可能像"苹果"这个词那样，依靠"跑"这个词自身的含义来表达一时的意思，而一定是依靠"她在跑"、或是"跑了一百米"这样的结构。由此可见，动词其实是一种用于表示动作的名词，而且它们的指动作词性还要依靠用法来完成。

　　第三个大类型形容词，就比较容易理解。形容词是一种基于比喻和联想关系的、名词的特殊用法，例如"红的"或是"兔形的"（"兔形目"是一种动物类目，在拉丁文中是一个名词Lagomorpha，但在中文中是由"兔""形"和"目"三个语素构成，所以我把这个词剥分开来，臆造了"兔形"这个形容词。在汉语中它不是合法的，但我以此向我养了多年的那只硕大无朋而游手好闲的荷兰兔致敬，本书尚未动笔之前，它就去世了）。

语言的指物本性也许框定了人面对世界时的一种基本的认知态度：世界就是"有生"的动态之和，有生的事物俱是有灭的。

此外，语言自身的特色中不能回避的是语言的近似和精简问题。如果语词具有某个确定的总数的话，那么近义词即便不占其中的大部分，也至少是相当可观，语言的冗余和"无事生非"在这里就体现出来了。语言中字义完全相同的词不多，但是近义词的体系却庞大得完全没有必要。何况有些近义词，彼此之间的差别精微到了不是语言学家不能举其详的地步，和同义词也基本没差。譬如说"lacrimosa"这个词，在拉丁文中的原意是"泪流满面"，和普通的哭"clamor"不同的是，前者可能带有一点精神或者宗教性情怀方面的诱因。别以为这样的例子汉语中没有，"潸然泪下"这个词，也属于这种在一个词的内部固化了这个词的上下文环境的情况：它不仅有用，还有特定的用法。你不可能说"我摔了一跤，痛得潸然泪下"，因为这个词自身暗含语法规则，不允许被这样使用。

然而死亡只有同义词，没有近义词。

中文中有多少词语是描述死亡的？我们来看看《礼记·曲礼下》里的这句话："天子死曰崩，诸侯死曰薨，大夫曰卒，士曰不禄，庶人曰死。"实际上死亡的称呼远远不止这几个。故、卒、殁、逝、殁、殪、毙、殂、徂、殒、薨、死亡、丧亡、亡故、身故、物故、物化、去世、逝世、弃世、过世、下世、就世、谢世、凋谢、死灭、毙命、毕命、殒命、殒灭、捐背、捐馆、殂落、徂落、殂谢、徂谢、迁化、怛化、疾终、长逝、永诀、永别、永眠、长眠、就木、故去、溘逝、溘死、断气、咽气、合眼、闭眼、没了、挺腿、完蛋、呜呼、回老家、玩儿完、翘辫子、上西天、见阎王、登鬼录、填沟壑、粉身碎骨、与世长辞、溘然长逝、寿终正寝、命赴黄泉、呜呼哀哉、一命呜呼、天夺其魄、仙逝、仙游、千古、作古、归西、归天、大故、不在、过去、不禄、不讳、不可讳、跨鹤西游、千秋之后、三长两短、山高水低、见背、弃养、牺牲、舍身、献身、就义、捐躯、捐生、殉职、殉国、殉难、殉节、殉、效死、效命、授命、阵亡、成仁、杀身成仁、舍生取义、以身许国、马革裹尸、肝脑涂地、横死、强死、凶死、丧命、送命、毙命、暴卒、倒头、死于非命、薨、升天、涅槃、坐化、羽化、鹤化、物化、圆寂、归寂、示寂、入寂、入灭、灭度、示灭、尸解、崩、驾崩、山陵崩、晏驾、升遐、登遐、宾天、大行、千秋万岁、夭折、夭亡、短折、早世、早逝、早死、中殇、殇、兰摧玉折、玉楼赴召、玉楼修记、地下修文、葬玉埋香、香消玉殒、客死、瘐死。这里也并非全部。这些词互为近义词，但是它们都与"死亡"这个名词是同义词。对于"薨"这个字，如果说一个平民"薨"了，这是错的（不恰当的），但是说一个贵族"死"了，却没有错，至多不太恭敬而已。死亡的事实凌驾于一切巧舌如簧之上，凛然不可侵犯。几乎一个名词代表一种死法，但是没有区别的是这些人全都死了。

人类以一种无可逾越的深刻遗憾来看待死亡——这其实只是一种态度，但是久而久之变成了一种事实——也就有了各自关于不死的憧憬。有的文明对于永生的描述很直接。例如《古兰经》的第 56 章第 12 节至 39 节描述的天堂是这样的：

> 他们躺在宝石镶嵌的床上，长生不老的少年端着碗、壶和一杯最纯的酒服侍着他们。

《华严经》中则言极乐世界中的万物都不会毁坏，物体的毁坏被看作死亡的原初意象，而永恒的第一个基本条件也必须是坚不可摧：

> 或有诸刹海，妙宝所合成，坚固不可坏。

《启示录》在《圣经》之中对于天堂的描述是着墨较多的，除了天堂的珠光宝气、满目琳琅以外，也提到了其中居民的永生：

> 神要擦去他们一切的眼泪。不再有死亡，也不再有悲哀，哭号，疼痛，因为以前的事都过去了。（《启示录》第21章第4节）

而有些较为克制的文明，态度则比较暧昧，《圣经》中的天堂意象可能部分受到了古希腊文学的影响。在赫西俄德（Ησίοδος，生卒年不详，可能活动于公元前8世纪）的《神谱》中提到人类历史上的"黄金时代"的风土人情与几大经典中描述的天堂颇有相似之处：

> 人们像神灵那样生活着，没有内心的悲伤，没有劳累和忧愁。他们不会可怜地衰老，手脚永远一样有劲……他们的死亡就像熟睡一样安详。

但值得一提的是，希腊神话并没有过度地宣扬永生，而是试图将死亡的恐惧减轻到最低程度。与此类似的是佛经中的一种享受更大福报的物种，天人，生时花团锦簇，但也莫不有死。天人死时的惨象称为"天人五衰"，《俱舍论·卷十》里有详细记载说：

> 然诸天子将命终时。先有五种小衰相现。一者衣服严具出非爱声。二者自身光明忽然昧劣。三者于沐浴位水渧着身。四者本性嚣驰今滞一境。五者眼本凝寂今数瞬动。此五相现非定当死。复有五种大衰相现。一者衣染埃尘。二者花鬘萎悴。三者两腋汗出。四者臭气入身。五者不乐本座。此五相现必定当死。

而中国古籍《山海经》中，态度又有所不同，《山海经》假借异国风土在描述中承认尽管自己不能永生，但是永生之人是存在的，而且是在凡世、以一种异向的生物性而存在。我们来看看《大荒南经》里的这样一句话：

> 有不死之国，阿姓，甘木是食。

郭璞（276 年—324 年）注曰：

> 甘木即不死树，食之不老。

看来，意欲享受这样繁花似锦的美好生活，永生是一个重要的前提，只要有死亡的存在，一切快乐就都不纯粹。也正因为此，永生的憧憬为人类所孜孜不倦地世代追求。

从哲学层面上来说，纯粹的存在也必须是不会毁灭的，但是哲学自身却是"死亡的练习"（《裴多篇》）。柏拉图（Πλάτων，前 427 年—前 347 年）在《理想国》之中以"理念"作为"天堂"的代名词，在第七卷中，苏格拉底（Σωκράτης，前 469 年—前 399 年）以不屑一顾的口吻说：

> 体操关心的是生灭事物，因为它影响身体的增强与衰弱。

所以说，真正的永恒是不生不灭的。但它并不是某位神，而是世界的一种隐性特质，在第六卷里苏格拉底揭示了这种特质：

> 这个世界划分成了两个部分。……在第二部分里，灵魂相反，是从假定上升到高于假定的原理，不像在前一部分中那样使用影像，而只用理念，完全用理念来进行研究。

柏拉图认为理念是完美而无生灭的，但是没有提及生灭自身的理念由何而来。

存在源于理念，但是理念自身无生灭，所以毁灭（的存在）不可能祖述于理念。那么"毁灭"源何而来？这一漏洞被柏拉图四千年后的知音黑格尔弭平，我们来看看《小逻辑》第 87 节中的这句话：

但这种纯有是纯粹的抽象，因此是绝对的否定。这种否定，直接地说来，也就是无。

存在自身（有）不具备（无）具体内容，而具体的存在都是"变易"。变易的一个表相是事物在其开始的时候，其自身尚未存在，但是因为正在开始，所以它已经被包含在某种条件之中，所以是已经存在了。这种"有""无"和"变易"的辩证关系符合世间万物的生灭规律。而在海德格尔的表述中，"死"与"生"的关系，是这种"变易"的一个变种。"死"和"生"是相互"不入"的，但是"死"的"影响"是在生"之内"的。从表面上说，一个东西从"有"变成"无"了，我们通常会认为它是已经死亡了。

所以说永生是作为世界实体概念的颠覆概念而存在的，创造这些神话的人清楚地知道永生根本不可能存在。所以出于自欺欺人，他们的通常做法是将永生的世界描述得繁花似锦、高深莫测。但也有例外，我们最后举博尔赫斯（Jorge Luis Borges，1899 年—1986 年）的小说《永生》里的段落来将文章引入正论。在博翁的心目之中，永生的都市是这样的：

这座宫殿是神建造的，开始时我这么想。我察看了那些无人居住的地方，纠正了自己的想法：建造宫殿的神已经死了。我注意到宫殿的奇特之处，又说：建造宫殿的神准是疯子。我很清楚，讲这话时，我带着不可理解的、近乎内疚的责怪情绪，理性的恐怖多于感性的害怕。除了极其古老之外，它给人的印象是无休无止，难以容忍，复杂得到了荒唐的程度。我进过迷宫，但是这座清晰的永生者之城吓倒了我，叫我反感。营造迷宫为的是迷惑人们；它的富于对称的建筑服从于这个目的。我还没有全部察看的宫殿建筑却没有目的。到处是此路不通的走廊、高不可及的窗户、通向斗室或者枯井的华丽的门户、梯级和扶手朝下反装的难以置信的楼梯。另一些梯级凌空装在壮观的墙上，在穹隆迷蒙的顶端转了两三圈之后突然中断，不通向任何地方。我不知道我举的这些例子是不是夸张；只知道多年来它们经常在我噩梦中出现；我已经记不清哪一个特点确有其物，哪一个是夜间乱梦的记忆。

一种令人六神无主的、紊乱而无意义的荒诞感萦绕在这个空无一人的永生之城中挥之不去，而建造此城的永生者呢？他们住在城基的台地上："山坡和山谷有百来个形状不一的墓穴，和我躺着的地方相仿。沙滩上有浅坑；赤身裸体、皮肤灰色、胡子蓬乱的人从这些浅坑和墓穴里出来。"

在《神曲》中给但丁（Dante Alighieri，1265年—1321年）引路的是维吉尔（Publius Vergilius Maro，前70年—前19年），而在《永生》中马可·弗拉米尼奥·鲁福的引路者则赫然是被但丁称为"诗国之王"的荷马（Όμηρος，约前9世纪—约前8世纪）本人，只不过他（荷马）已经变成了一个食蛇的穴居人（永生者），对于以往尚未完全遗忘。

本文的意图非常明显，撰写过《永恒史》的博尔赫斯拒绝个体永生的存在，如果人类没有死亡，文明就显得既无意义也无必要。对于一种永生的生物而言，完美迟早会到来，即使它没有立刻到来，它的可能性也永远存在，所以追求完美的需求变得无足轻重，文明失去了缔造自身的终极意义。这差不多相当于我们在顽劣的少年时代，暑假作业往往拖到开学的前一天疯赶，如果暑假漫长得没有尽头，它们就会被无限期地耽误下去。

没有了死亡，地球上很难出现诗作，诗国之王也就变成了一个目不识丁的野人。死亡是人类的终极悲哀，而这种悲哀乃是文明之母。

II 两河文明的悲剧基调与《吉尔伽美什史诗》

博尔赫斯对于文明的深刻剖析令永生的观念跃出了睡前故事的浅薄范畴。当然，认为死亡是文明之母的看法并非为博尔赫斯所独有，阿瑟·查尔斯·克拉克（Arthur Charles Clarke，1917 年—2008 年）在《城市和群星》这篇小说中，这样描述一群喜爱幻想冒险的封闭人群的生活态度：

> 那些设计出种种历险活动的艺术家受到了控制迪阿斯巴所有市民的古怪恐惧症的感染，就连他们为别人设计的那些冒险活动也必须安安稳稳地在室内、在地下洞穴中，或者在群山环绕、与世界其他部分完全隔绝的小山谷里进行。唯有一个解释。在很久很久之前，也许是在迪阿斯巴建立之前，曾经发生过某件事，它不仅摧毁了人类的好奇心和雄心壮志，还把人类从群星送回了家，蜷缩在地球最后一座城市的小小的封闭世界里，以求庇护。

而这些故步自封的人正是永生人，他们一潭死水的生活与博尔赫斯笔下的穴居人其实没有什么不同。如果我们拥有了无限的时间可供浪费，那么一切建设都没有必要进行了，至少没有必要马上进行了。情形恰如小学体育课上疲惫的令人苦不堪言的长跑，我们曾经多少次在长跑比赛的前一天祷告这一天在某种奇迹发生的作用下被跳过去，从今天直接跨到后天，而不介意我们的生命因此而被缩短了一日——我们有几万天的生命，几乎所有的孩子都觉得这种舍弃是值得的；而如果我们拥有无限的生命，那么这种挥霍更是丝毫不值得介怀的了。

正是因为目睹他人之死乃至主观畏死，而死亡意识又是建设文明必不可少之物，悲剧及悲剧型的思索成为了人类文明的母题。母题二字的意义可以理解为最原初的思索，而后世所有的理性思考都根植在它的基础上。

在这里我们可以引入一个文明史中较为原始的例子，古代苏美尔一巴比伦文明。苏美尔人早在公元前 36 世纪已经建立了文明社会，比古埃及早王国的开端（前 31 世纪）要早五个世纪。世人通常将苏美尔-阿卡德文明（前 36 世纪至前 21 世纪）看成是两河文明的第一谱系，古巴比伦（前 19 世纪至前 17 世纪）为第二谱系，亚述和新巴比伦（前 9 世纪至前 6 世纪）为第三谱系。到公元前 24 世纪，一个名叫萨尔贡（Sargon，约前 2316 年—前 2261 年在位）的园丁僭取了苏美尔卢迦尔（Lugal，此词并非人名，乃是苏美尔国王的一种称号，为苏美尔三种国王称号中权势最大者，类似埃及的"法老"）的王位为止，最古老的苏美尔文明已经持续了超过一千两百年。苏美尔灭亡了三百年以后，中国的夏朝（公元前 21 世纪）才刚刚开始。

文明有多久，悲剧就有多久。苏美尔的创世神话《埃努马埃利斯》一共有七块楔形文字的泥板，故事——或者说这个世界——开始于一次谋杀：创造者阿玛特和阿帕苏为他们创造出来的神灵所背叛并杀害，被肢解的尸体成为了这个世界的雏形。与盘古开天辟地这样的创世神话相类似的是，世界即是神的肉身的看法，在古代苏美尔人的思维中也很有市场。原始人很早就注意到，死亡—腐败—孕育—再生的过程乃是世界的物性特性循环的规律，这个过程值得被膜拜。现在很难说这种自然规律什么时候开始出现禁忌性并开始被祭祀，但肯定比有历史的文明要古老。《埃努马埃利斯》里面描述的众神杀死并肢解创世神的血腥场面令人不寒而栗，其原形在古代也许只是一次非常普通的杀生涂血祭祀，祭品不一定是——但有时候是——活人；祭祀的对象是自然原生力的慈悲，及其令人敬畏的一面。这种祭祀在中国古代也有，《殷墟文字丙编》中的第七片甲骨，里面有一个字用现代的方块字写出来就是皈，意为将祭品剁碎的一种祭祀方法。死亡和生存之间的关系在古代非但不那么对立，甚至非常辩证。

对于神的不敬和敌意，我们后文会有所分析。不独美索不达米亚的古人，世界上很多古老民族的传统中都残留有膜拜某位被杀死的神、或是干脆亲手杀死神的痕迹。弗雷泽（James George Frazer，1854 年—1941 年）在《金枝》第 59 章中记录了阿兹特克人在祭礼中杀死神的仪式：

> ……祭仪是在阿兹特克人年历的五月的头一天举行。……在这个节日上，这位伟大的神在一个人身代表身上死去，在另一个人身代表身上复活。……这一高贵尊严的职务是从俘虏中细心挑选体格健美的年轻人来担任的……他尊贵地住在一座庙里，贵族们侍候他，向他礼拜，送肉给他，对他像君主一样服侍。……到了最后一天……祭司们抓住他，把他面朝上仰着按倒在一块石头上，一个祭司划开他的胸膛，伸手掏出他的心脏捧着祭祀太阳。

然而神毕竟是虚无缥缈的，以一个肉身的人作为神的代表，无论将他打扮得多么光鲜、多么气势非凡，也终究难免自欺欺人。所以古人们有的时候退而求其次，杀死神在世间的代理人：祭司，或是政教合一的国家中的国王。除了《金枝》中有所记载外，有些童话譬如博尔赫斯的《布罗迪报告》中都记载了原始人杀死国王成就祭礼的故事，这都是确有其事的。

《埃努马埃利斯》神话中潜藏有一种很有趣的观点需要被破

译：其与其他文明的创世神话（例如盘古开天辟地）的区别在于，阿玛特和阿帕苏并没有创造这个世界，世界的诞生是凶手在毁尸灭迹时产生的一个意外。这样一来，世界的存在毋需为造物主的牺牲承担什么道义上的责任。

非僭取的合法取得也承受道德压力。这种道义上的不安源于人对于父母死亡的目睹，在现实生活中，每个人都会这样想：

> 是他（她）给予我生命，现在他（她）死了，可我还活着。

对于每个人而言，父母不仅是生命的给予者，也是生活资源的给予者。但是对于这种资源的接受，被理解成是一种夺取，无论途径是否合法。这些遗产可不仅仅是几只用缺了口的瓶瓶罐罐而已，在我们的祖先尚未完全脱离动物界的时分（也是创世神话所能上溯到的最早时间），其中最重要的内容就是在兽群中的交配垄断权。这种交配垄断权的解释揭示了一条令人毛骨悚然的解读：在一个族群中，所有的异性在谱系上其实是他（遗产继承者）的母亲，我们将此称为乱伦禁忌。参考弗洛伊德在《图腾与禁忌》中的分析，作为这种夺取的交换，祖先（主要是父亲）被高高在上地崇拜，因而形成图腾崇拜乃至于宗教，所以所有宗教里的神都是权威的、说教的和体罚的，与父亲相似。而对于父母死亡的目睹已经成为了一种本能，所有人都会梦见父母死亡和乱伦。但因为这种禁忌的原因太过于难以启齿，如其字面的意思，成为了一种"禁忌"，所以它变得不能面对了，只能以一种"移情"的形式出现在人们面前，所以我们就有了种种光怪陆离的宗教和仪式性行为。弗洛伊德在《图腾与禁忌》中说：

> 一些禁忌的目的十分清楚，另一些却相反。……强迫性禁忌极其易于转移替代。

这种生者对于死者的源于本能的亏欠感在《埃努马埃利斯》中被

巧妙地回避了，造物主的死亡基于某个更直接的原因，道德责任非常明确，生者也不需要承担这种模糊的亏欠感。

在苏美尔文明中，诸神成为了替罪羊，而这个"罪"就是生存自身。也许是因为这个原因，苏美尔神话中的神既不值得尊重——《吉尔伽美什史诗》的第十一块泥板（共三百零五句）中有这么一句话提到，饥饿的诸神"蚁聚于献祭者周围"，而"蚁聚"只是我们在翻译时借用的一个听起来较为文雅一点的词而已，原句是"像苍蝇一样"——也不是永生的，《埃努马埃利斯》接下来的一段传说就是，丰饶女神伊什坦尔的情人——植物神达摩兹横死，伊什坦尔痛哭哀歌道：

> 吾之夫君兮一去不归；
>
> 地下宝藏之主兮一去不归；
>
> 抚爱田中柔芽者兮一去不归；
>
> 地力之王兮一去不归。

伊什坦尔于是勇闯阴世冥府，寻求生命之泉。幸运的是，她成功了，恋人重新回到了她的怀抱。

伊什坦尔在苏美尔诸神传说之中的戏份很重，她完全被按照一个世俗女子的形象设计，行事不思后果，时常惊惶失措，特别惧怕死亡。这也许暗示了在坚如精钢的死亡面前，丰饶是敏锐、脆弱而善变的。《吉尔伽美什史诗》的第十一块泥板描述洪水泛滥、凡人葬身鱼腹的惨景时也巧妙地借伊什坦尔之口发出这样的哀叹：

> 过往的岁月付诸黏土！死者如鱼卵在海底积壑盈谷！

而实际上这次灾难的始作俑者就是她本人。

而对于这种普遍的、贤愚无差的凡人之死，《埃努马埃利斯》中有一首闲诗吟诵起来也颇有深度：

> 城垣倾圮，唯余荒岗。

古城之墟，萋草成行。

此间骸骨，昔日所亡。

云谁奸恶？云谁善良？

不难看出，苏美尔-巴比伦文明整体被一种哀怨的情感基调把持，这就是我们后面会反复强调的消极美学情怀。这种惆怅的思绪到史诗《吉尔伽美什史诗》中发展到了顶峰。现在我们转向通过《吉尔伽美什史诗》的分析继续探讨悲哀是人类文明母题的这一命题。这部不朽名篇被看成人类文明史上的第一部悲剧，后来成为《圣经》的犹太神话中的洪水和方舟故事基本完全取材于《吉尔伽美什史诗》。《吉尔伽美什史诗》可谓是欧洲英雄文学的鼻祖。

《吉尔伽美什史诗》一共有苏美尔、阿卡德、巴比伦、亚述、胡里安、赫梯六种语言的泥板，但是故事大同小异。在公元前30世纪的苏美尔文明时代，史诗的故事已经大体固定；而在公元前7世纪的亚述巴尼拔图书馆版本以后，史诗就不再有任何改动。《吉尔伽美什史诗》的主体部分主要由三方面的考古结果组成：来自尼尼微和尼姆鲁德遗址的泥板、来自瓦尔卡古城墙的泥板和来自亚述巴尼拔图书馆遗物的泥板，但全都是较晚的亚述版本。

III 第一至第六块泥板——英雄悲剧：铺垫及伦理冲突意象

　　第一到第六块泥板通常被称为史诗的英雄悲剧部分，描写了主人公年少轻狂岁月的荒唐生活。乌鲁克城城主吉尔伽美什风流倜傥，拥有这个城市的"初夜权"而放荡不羁。在很多文明之中，处女的初夜属于祭司或是某尊神像，苏美尔是政教合一的文明，所以这可能透露出了吉尔伽美什宗教贵族的身份。另外一处的证据是第九块泥板的第 49 句"那靠近我们的人，带着神性的人"和第 51 句"他三分之二为神而三分之一为人"。凡人皆有神性，祭司之所以受尊敬是因为他们更为专业，这种专业性时常被理解为这样直观的数字比例。祭司或巫师其实是"神"的概念的第一直观印象，这一点在后文会专门分析。关于吉尔伽美什的初夜权，证据见于第一块泥板的第 76 句"不让任何一个女孩投入……"，至此泥板崩坏，但第 77 句是"那位勇士的女儿、那个年轻人的新娘"，所以第 76 句缺失的部分应该是"新郎的怀抱"，当然也有可能是"父亲的怀抱"，不过从文意推断，前者的可能性更大。吉尔伽美什的为非作歹使得乌鲁克市民不胜其烦。所以他的第一个任务是怎样变成一个操守高洁的人，也就是要放弃人的动物性，勇于承担起道德的压力。

　　命运将这个任务交给一位名叫恩启都的巨人完成，此人半人半兽，是一介游侠，从野人出身。有一个神庙的神妓沙姆哈特以身相许——古人，无论是在两河流域、印度还是西藏，都普遍相信性行为似乎具有某种给砂石注入生命的古老魔力——这使得恩启都变成了一个文明人。恩启都听到乌鲁克市民的抱怨之后决心为民除害，截杀吉尔伽美什。两人相遇后如何从生死格斗发展到惺惺相惜，结为刎颈之交，以致吉尔伽美什洗心革面痛改前非，两人一起行侠仗义扫荡群魔的情节，与母题探讨无关，在此略过。

英雄悲剧的第二部分主体情节是女神伊什坦尔爱上了吉尔伽美什，但是伊什坦尔生性淫荡、面首如云，深为吉尔伽美什所鄙薄。被拒绝的女神恼羞成怒，要挟神王阿努（伊什坦尔之父）放出天牛。女神威胁说，如果不放出天牛，"我将把地狱弄得天翻地覆"（第六块泥板第97句），而且"我将释放冥府亡灵吞噬一切生命"（第99句）。但是天牛随即也被吉尔伽美什和恩启都斗杀。

在英雄史诗中，除去两人的相识和行侠，性欲描写（吉尔伽美什的放荡生活、恩启都与神妓的交往、女神对于吉尔伽美什的挑逗）占了很大比重，我们不能将之仅仅看成是增加风味的香艳故事，而要分清其中的隐喻含义。

首先，关于宗教奴隶主的初夜权。欧洲中世纪的初夜权观念可以追溯到古希腊时期。在古希腊斯卡门德尔河一带，准备出嫁的新娘要到河里当众洗澡，并高呼：

斯卡门德尔神啊，请接受我的贞操吧！

扮作神的男子这时便上前与她性交。希罗多德（Ἡρόδοτος，约前480年—前425年）在《历史》中提到塞浦路斯的法律规定：每个女人出嫁前都必须先在神庙中充做神妓——一种将卖淫所得的嫖资布施给神庙的公娼——以向路过该岛的陌生男子提供性乐。无独有偶，《旧约》记载了亚摩利人（Amorite）也有同样的风俗，所有将要出嫁的女子，须先卖淫七日，方可结婚。这样的例子车载斗量，对此荣格（Carl Gustav Jung, 1875 年—1961 年）在《心理学和文学》一书中认为：

> 我还可以提出"双重血统"的母题为例，所谓双重血统是指同时从人的和神的父母处获得的血统，就像赫拉克勒斯那样因受天后赫拉的抚养而获得了神性……（此外，）埃及法老的本质也是人神合一的。在埃及神庙的出生室里的墙上就描绘着法老的第二次神圣的孕育和诞生……这一观念隐伏在所有的再生神话中，基督教也同样包括在内。基督自己就有过"两次诞生"：约旦河中的洗礼赋予他以新的生命，使他从水与精神之中再生了……多亏了这一两次诞生的母题，今天的孩子们才有了一个"教父"和"教母"作保护人……两次诞生的母题与两位母亲的幻想无处不在的联系应和了人类中一种普遍存在的需要……如果列奥纳多·达·芬奇的确是在圣安妮和圣母玛丽亚的形象中描绘他的两个母亲——对此我表示怀疑——那么他也只是表现了他以前和他以后无数人都相信的某种东西。

然而这种解读的问题在于，将人肉体和精神的缔造看成两次价值对等的诞生的看法，依然是一种对事实的解释，而非事实自身。我们承认这种解读之重要，已经深植于人类的集体无意识之内而成为人性的柱石，但它毕竟是解读，它还不够古老，通常我们对于这种"古老"的要求是：它的诞生就算是比有逻辑的语言出现要晚，也至少不能相差太多时间。这样看来，即便是古埃及最早期的关于法老的传说，也比我们构思中的"古老"的概念迟了差不多两千年的时间。这些古老的意象，有的可以解释，有的则完全难明其中奥妙。

现在让我们把眼光放在奴隶时代以前，也就是晚期智人（五万年前开始）末期至新石器时代——现代人依然属于晚期智人，所以这个截止日期是必要的——的这段岁月。根据某些民俗学者的解释，原始人害怕见血，处女初夜谓之"见红"或是"撞红"。撞红的迷信是一种禁忌，禁忌一词，有的译本也直接选用澳大利亚土人语言 tabu，巧妙地音译作"特怖"。特怖，也就是禁忌是一种带有传染性的纯心理能量，触摸过不洁之物的人被看成是不洁之人，他也变成了不可触摸者，这种一传十十传百的扩散是原始人最为恐惧的。虽然迷信中特怖将会引发的恶果大多是无中生有的妄想，但被特怖污染者会出现以恐惧和焦虑为主的多种心理疾病，甚至引发神经和器质官能疾病，所以结果往往也是一语成谶。因此有些地方的古人，女子初夜通常延请较有身份的人，或是具有一定神格的巫师进行，是考虑到也许他们优厚的社会地位来自某种超自然的保护；甚或是由不相干的路人代劳，这样至少诅咒降临不到自己人的头上。《旧约》引用古犹太的风俗，声称"凡妇女行经，必不洁七日。凡扪之者，必不洁至夕。不洁之日，妇女所坐所寝之物，皆为不洁"（《利未记》第15章19节至20节）。在这里月经其实已然成为了一种特怖，实际上是规定人们不可经期性交。

第二方面，除了作为原始氏族首领垄断交配权这种风俗的余韵以外，对初夜权的统一控制也是人类文明中仇视长子风俗的一种应对之策。原始人没有贞操观念，也不懂生育的科学，双方长期性关系确立（过门）以后，妻子和前一个性伴侣如果育有后代，这些后代就会被继父视为外人，而妻子过门以后生的孩子则是血亲。这时候，如果具有"外人"和"血亲"两种身份之间的模糊身份，地位就十分尴尬。一个老实巴交的乡佬倌娶了个如花似玉的妻子，但他却吃不准头一个出生的孩子是他自己的、还是妻子和以前情人所生，而从次子开始则没有这层顾虑，处于这种尴尬地位的正是每一家的头生子。从这方面来说，每一家的长子都是一个"朮赤"——Djotchi，这是一个乞颜蒙古语单词，拉丁拼法来自雷纳·格鲁塞（René Grousset，1885年—1952年）的《蒙古帝国史》（*L'Empire Mongol*，1941年），它的意思是"不速之客"。成吉思汗新婚燕尔时妻子蒲尔帖被蔑尔乞惕人掳走，所以长子的血统一直是这位世界征服者的一块心病，出于疑虑，他给长子起了"朮赤"这样一个名字。成吉思汗虽然声称对朮赤视如己出，但实际上分给他的土地又差又远。朮赤因此而忧郁成疾，活到四十七岁就死了。他的封国远在额尔齐斯河流域的钦察利亚，土地又寒冷又贫瘠。

这种父权和长子之间不可调和的矛盾在一些文明中激化到了极致，《墨子》中有记载说："鲁阳文君语子墨子曰：'楚之南，有啖人之国者桥，其国之长子生，则鲜而食之，谓之宜弟，美则以遗其君，君喜则赏其父。岂不恶俗哉？'"在《博物志》中记载其地为"軟沭之国"，楚国南方（越）的"軟沭之国"，这就很容易考证了，现在普遍将之音译为"河姆渡"，其文化圈中心在今浙江余姚。河姆渡文化的第四文化层最早可以上溯到距今七千年前，那正是母系氏族社会较为繁盛的时期，此后则逐渐向父系氏族社会转变。尽管在母系氏族社会时期，女性在性选择上所享有的更宽泛更主动的权力，在进入父系氏族社会以后逐渐消失，但是对于先前开放的模糊回忆已然足以引发男性在后代血统问题上的警觉。这种杀死长子以宜其弟的行为其实是对于血统的保证，和狮群中新狮王咬杀前任狮王遗腹子出于同理。其他的一些文明对于长子的敌视虽然没有这么强烈，但至少也希望长子自己死去。《出埃及记》中记载了天使杀遍了埃及人的长子，与其说是一种威胁，还不如说是助力。天使们杀得兴起，索性连头生牲畜也一并干掉了。

正所谓不是仇人不成父子，看来从庞大的、人类文明的悲剧背景角度看，这句话还不仅仅是具有某种夸张比喻的修辞意义而已。有些原始文明中有"生育巫师"，荣格认为这是融合了"巫师"和"出生"两种原型产生的结果。目前还没有任何文献表明古代苏美尔有这样的风俗，但是这种巫师的初夜权职能是对于这种仇视长子风俗的应对策略：强行将各户头生子的身份统一——来自神，——能够最大程度地消除父亲们似是而非的顾虑。

然后我们来分析一下伊什坦尔女神的淫荡性格。紧跟在第六块泥板的第44句"来吧，让我数数你一共有多少位情人"之后，吉尔伽美什一共列举了植物神达摩兹、阿拉鲁鸟、狮子、战马、牧羊人、园丁伊殊拉努六个伊什坦尔的旧爱，没有一个有好下场。吉尔伽美什因此而质问女神说："你会爱上我、并如（对待他们）一样（对待我）么？"（第79句）

滥交和高产本来就是丰饶的保证，这一点在氏族社会的上古文明中并不承担很大的道德压力，因为它们比道德本身更加古老。进入了道德至上的文明社会以后，性行为反而束手束脚，甚至成为了一种罪恶。很多文明的早期信仰里都有崇拜抽象的自然原生力的痕迹。凯尔特人中学识最为渊博的德鲁伊祭司为了膜拜这种自然原生力，将包括活人在内的祭品放在一个人形的木笼子里焚烧献祭。德鲁伊教的伦理也不禁止青年男女之间自行选择并建立不稳定的性关系，这种习俗在其他文明中被称为"偎郎"。考虑到族群内部的血亲障碍，人类的性关系进一步进化而出现"普那路亚婚"，也就是伙婚，即一个部落一定数量的年轻男子和另外一个部落数量对等（也许不一定对等，这取决于不同地域和文明中的性别政治现状）的年轻女性组成"伙婚"群落。普那路亚一词来源于夏威夷的土人语，意为"伙伴"，这种婚姻的原始状态的学名为"外婚制"。

伙婚是从部落到家庭的过渡阶段，它的科学之处在于，它的部落间匹配避免了近亲婚配——这是伙婚的最初优势。而借由普那路亚婚而诞生的孩子，血统非但不求明晰，反而被刻意模糊。这是原始婚姻的一个很有趣的现象，血统这东西，反正弄不清楚——应该说无论如何撇清都无法消除父亲心中的疑窦——索性让它变得更加模糊，也是一种掩耳盗铃的办法。在这种相安无事之中人类度过了上千年的悠悠岁月，对于任何一个呱呱坠地的婴儿而言，普那路亚家庭群落里的每一个男子都是他的父亲，每一个女子都是他的母亲。所以伙婚兼具优生学和谱学两方面的优势，尽管它从表面上看起来，常常被跨过了伙婚时代的自以为更文明的人们想入非非地理解为一种放纵的混乱性行为——即便那是真的又怎么样，在人类文明普遍的悲剧背景下，一切都是不需要解释的。

德鲁伊教在罗马皇帝提比略（Tiberius Julius Caesar Augustus，前 42 年—37 年）时代被禁止，可以看成是生育崇拜最终让步于道德崇拜，而后者往往被看成文明的标志。在《吉尔伽美什史诗》之中，吉尔伽美什的改邪归正和他对于伊什坦尔的鄙夷正是对这种交锋的暗示。

性欲就是生存，就是繁衍，就是丰饶，没有任何一种感觉比性欲更加给人以"生"的感受，唯其远远比语言古老，所以它是不可言说的，性是一个巨大的语言盲区，只能依靠暗示。

英雄史诗第一部分的另一种殊途同归的诠释，线索来自于弗洛伊德于 1923 年撰写的《自我与本我》一书。在这部晚年的成熟著作里，弗洛伊德将敏锐而予取予夺的本能称为"本我"，它是人格最动物化的部分，它就好像一口沸腾的大锅，受到"快乐原则"的支配而永不饕足，为人格提供动力。"自我"是"现实化了的本我"，是本我在无数次碰撞和受到惩罚之后变得事故和圆滑了的结果，它既要获得快乐，又要规避痛苦，是人格遵循"现实原则"在现世生活部分。而"超我"则是"道德化了的自我"，它在社会原则的熏陶下对于价值体系（道德）产生了仰慕之意，或至少是这种仰慕的自我暗示。超我所遵循的"道德原则"最关注的是对错、善恶之类语言派生的理性观念，它大约形成于人格八岁到十岁的时期。

"超我"是人格结构里最成熟、最高尚的部分，因而也是最虚伪的部分，它不仅要求本我圆滑避事，同时捏造出一种无中生有的道德原则，要求人格相信这种选择是正确的。也正因为此，我们把一个人格的重心从动物性的本我向社会性的超我的摆动，看成是一个文明人的诞生过程。而这个过程，正是英雄史诗里吉尔伽美什浪子回头、恩启都开启天智的心路历程。

至此不言而喻，《吉尔伽美什史诗》的英雄悲剧部分在描写两兄弟行侠仗义的同时，安排了吉尔伽美什的初夜权、恩启都与神妓沙姆哈特的相遇等大量的性描写，暗示的就是"生"这个字。

IV 第七至第九块泥板——死亡悲剧：临终体验和 葬礼意象

　　第七块到第十块泥板通常被称为史诗的死亡悲剧部分。在悲剧的观念及结构上至关重要，因为这一章节将"死亡"这一悲剧的母题观念引入了史诗。也就是我们前面所说的目睹他人死亡，乃至于最终主观畏死的客观观念之形成。

　　吉尔伽美什的流水无情开罪了伊什坦尔，而必将招致死亡的报复。在死亡不可逾越的高墙面前，任何可以被战胜的敌人、张牙舞爪的怪兽和凶猛的天牛都不算是真正的挑战，然而真正的挑战（死亡）是没有胜机的。悲剧之所以成为悲剧，因其没有希望，借用一个莎士比亚研究的术语，这种没有希望的悲剧循环被称为"死床"。没有希望的悲剧才是真正的悲剧，这一点我们在第二部分会专门探讨。

　　即便《吉尔伽美什史诗》是一部死亡的史诗，但是史诗第一部分英雄史诗中被我们称为"生"之描写的、庞大而豪华的情节铺垫，并不是没有必要的。因为史诗在此处开始出现观念的返照。这就是说，吉尔伽美什容貌越英俊，他作为乌鲁克城主的地位越显赫，他繁花似锦的生活越优越，他行侠仗义的操守越崇高，他所不可避免的死亡就越狰狞、越痛苦、越阴冷、越遗憾。

　　生的意象越美好，死的意象就越丑恶，而当生的意象丑陋无奈时，死反而变成一种解脱了。看来美索不达米亚的古人早就洞悉了这样一层辩证关系。这样一来，凡人先有老而后有死的过程，在面对这种死亡意象的寓意转变时反而成为了一种保护机制：生首先变得艰难、疲倦和龙钟，死才会变得平淡、安然和超脱。

也正因为此，对于风华正茂、踌躇满志的吉尔伽美什和恩启都而言，死亡诅咒的威力加倍。为了保护朋友，恩启都主动向女神挑衅，让诅咒（死亡）降临到自己的头上。第七块泥板的开始，恩启都做了一个梦，预感到了死亡。他开始变得狂暴和自暴自弃，骂天叱地。这种反应也是人之常情，心理学家伊丽莎白·库普勒-罗丝（Elisabeth Kübler-Ross，1926年—2004年）在其著作《死亡的瞬间》（*At the Hour of Death*，纽约麦克米连出版社1969年）中将人之自知死亡分成否认、愤怒、交易、抑郁和承受五个阶段。恩启都在愤怒的阶段里诅咒"林地的门"，这扇门本是他为了取悦天神而建，但现在他却说"我应该拿起斧子将你砍倒"（第49句），因为天神没有保佑他而怒气勃发。然后，"心满意足地诅咒了那个猎人以后"（第100句），"他还决定诅咒……（此处缺失，应该是沙姆哈特的名字）"（第101句）。这时候一个来自天上的神秘声音娓娓相劝，恩启都似乎平静下来，"收回对你的诅咒并祝福你"（第152句），开始进入了交易——"救我，我的朋友"（第176句），以及抑郁——"请记住（我），我（的朋友），我害怕（你忘记）我所做的一切"（第252句）的阶段。恩启都的表现完全符合伊丽莎白·库普勒-罗丝博士归纳的、人之自知死亡的心理发展历程。

一个往往被忽视的细节是，在第255句之前的整个第七块泥板的记述里，恩启都非常健康，他只是无端地觉得自己会死，因而郁郁寡欢。这个信息非常重要，因为"死"就是"死"，而不是"怎样死"，不论"死因"的"死"更加纯粹。史诗在此谈论的是"死"，而不是疾病和伤势，疾病可以治疗，伤势可以痊愈，唯独死是不可撼动的。第七块泥板最后部分是恩启都的遗言，他也只是为了不能死在战场上感到遗憾，而并没有觉得自己不应该死。凡人往往误解死亡是某种缠绵的疾病或是不幸事故的后果，所以经常听见有人抱憾终天地说"如果不出这个意外的话他不会死"，然而古往今来人世悠悠，这个他们所企盼的"不出意外"的人却始终没有出现。

从第七块泥板的第 255 句开始描述恩启都临终的惨景，这是泥板磨损最严重的部分，几乎无一句完整。第 255 句"恩启都病了一天"，实际上应该是"恩启都病倒的第一天（和第二天）"，因为第 256 句为"恩启都躺在床上……"，第 257 句为"第三天和第四天……"，一直到第 260 句"第十一天和第十二天……"，这一部分的泥板几乎完全毁坏。第 261 句为"恩启都躺在床上……"，第 262 句为"他唤来吉尔伽美什并且……"，"并且"后面应该是"说"，因为从第 263 句到 267 句是恩启都的遗言，第七块泥板到这里就结束了。第八块泥板的开始已经是吉尔伽美什的葬礼致辞，所以有理由相信关于恩启都遗言的后半部分以及恩启都之死的描述内容大约还有至少三十句，这部分内容，拼凑现在所有发现的版本也无法再现，已经完全失传了。

大部分人相信第七块泥板的第 255 句到第 260 句是描述恩启都临终苦于重病的凄惨情景，这种猜测是站得住脚的。第 255 句为"恩启都病了一天（和第二天）"，第 257 句为"第三天、第四天……"，第 258 句为"第五天、第六天和第七天、第八天、第九天、（第十天）"，第 260 句为"第十一天和第十二天"，但这些天发生了什么事情却完全缺失了。亚述和赫梯的楔形文字是较晚的横排体，而非早期苏美尔的竖排体，出于某种造化弄人的巧合，泥板在此处刚好崩断，所有天数都只留下一个序号。但从第 256 句"恩启都躺在床上"和第 259 句"恩启都的病……"来看，推测这些天的描写围绕恩启都的病情发展，还是非常可信的。

这样，对于整整十二天气息奄奄、日薄西山的病榻生活的描写，在旁人——这个旁人既可以理解为恩启都死亡的第一个见证者吉尔伽美什，也可以理解为史诗的读者——眼中就成为了一个异常受煎熬的、肉身的死亡过程。而除此之外，精神的死亡也同样令人心寒。如果说，"痛苦"是对于肉身死亡的注解的话，那么诠释精神死亡的就应该是"遗憾"。第七块泥板的最后几句话是恩启都的遗言，也同样破损得无法阅读，但是"战士""战斗"（tah）这样的字眼重复出现了好几次。从第264句"如果一个战士……"和第266句"我的朋友在战斗中……"来看，不难推测恩启都临终时是因为不能战死沙场而遗恨人间。

第八块泥板记载的是吉尔伽美什在恩启都葬礼上的絮絮叨叨，以及献祭礼品的列表，与本文主题关系不大。葬仪的意义在于悲哀作为一种焦虑之释放。哀悼的礼仪在古今中外都分为两部分内容：对于死者的歌功颂德以及生者（肉体或精神的）的自亏。前者可见于第八块泥板的第3句到第56句，是吉尔伽美什在葬礼上的数黄道黑。这至今都非常容易理解，芝加哥大学教授、美术史学家巫鸿认为，人类的建筑都具有明显的纪念碑的性质。葬礼更是如此。无论一个人生前得到的褒贬评价如何，在死后都一律给予嘉奖，这在世界各国的文化中都成为特色。所谓死者为大，无论悼念时的溢美之辞多么指鹿为马、荒诞不经，也不会看到有人在葬礼上掩口窃笑。

在对这个问题的思索中，巫鸿教授将注意焦点锁定在中国汉魏的墓志。北朝不禁碑刻，深埋九幽的墓志更是数不胜数。这样的墓志一般具有两个特点，其一是其形如棋盘，仰置并有盖，所以大都保存完好，不像碑刻那样因磨损而难以辨认；其二，墓志行文的称呼都是"君"，也就是白话文里的"您"。这两个特点揭示了墓志的性质：有盖代表墓志有别于具有公开阅读性的碑刻，它是私密的，盖子的存在表示它只是"可以被打开"——具有所有格的；而第二人称的称谓更是明确定位了这是一篇仅供一个读者——死者——阅读的文字。这样一来，墓志的内容不仅满足了逝者九原有灵的喜闻乐见，而且对于客观的、秉直的历史即便带有任何歪曲也不会被视为非法——因为它被盖上了，情形类似于一封信，信封的存在就是为了避免第三者的见证。而这封信即便为人所窥视也没有关系，因为这种窥视行为首先就非法。墓志和悼词的存在就是这样煞费苦心地避开了社会性的、契约真实的基本条件，以及随之而引发的道德责任。

我们来看看具有这种悼词意味的一首诗：

> 纪叟黄泉里，
> 还应酿老春。
> 夜台无李白，
> 沽酒与何人。

出于修辞习惯，第四句前面省略了一个称谓，如果补上去的话正好就是一个"君"字。没有人会觉得这是一种迷信或是胡言乱语的鬼话，也不会有人认为这样和死人说话是一种荒诞不经的举动，因为悼词是一种"礼"而非"理"。所以说，悼词的修辞位置应该是介乎第一人称和第二人称之间，是作者说给死者听的话。言者和闻者之间的言语内容，其正确与否并不取决于社会的公理，而是取决于这二者之间的协议。这种情形就好像我们小时候，捡起地上的一片纸屑，幼儿园的老师于是说"你真是一个好孩子"，而等到我们成年以后，要获得某种类似"德艺双馨"的社会性评价，则要提供一大堆资历证明用以服人。所以说，夸孩子这种微不足道的举动是否真的可以成为社会性的"优秀"的评价标准，是毋需考虑的，因为它就是一句哄孩子的话，没有第三个被允许倾听的见证人的存在，不足以成为历史文献，因而不需要为那种历史文献的"真实"承担任何责任。

哀礼的第二部分的特点是生者作出一系列亏待自身的行为，目的在于取悦死者。在《吉尔伽美什史诗》之中，较为有趣的描写是在葬礼上吉尔伽美什作出了一些出于过度悲痛的自残行为，例如第 63 句"他抓挠他的长卷发，丢了一堆"、第 64 句"他扯去华丽的外衣，把它扔掉，如抛弃一件禁物"。自残本来就是释放悲哀焦虑的一种极端行为，在某些文明中发展为祭礼。中国古代也有，皇甫谧（215 年—282 年）在《列女传》中记载："（曹）爽从弟文叔，妻谯郡夏侯文宁之女，名令女。文叔早死，服阕，自以年少无子，恐家必嫁己，乃断发以为信。其后，家果欲嫁之，令女闻，即复以刀截两耳，居止常依爽。及爽被诛，曹氏尽死。令女叔父上书与曹氏绝婚，强迎令女归。时文宁为梁相，怜其少，执义，又曹氏无遗类，冀其意沮，乃微使人讽之。令女叹且泣曰：'吾亦惟之，许之是也。'家以为信，防之少懈。令女于是窃入寝室，以刀断鼻，蒙被而卧。其母呼与语，不应，发被视之，血流满床席。"此外，《新五代史·卷七三·四夷附录第二》也记载了这样一位女性的故事："述律（述律平月里朵）曰：'我本欲从先帝（阿保机）于地下，以子（德光）幼，国中多故，未能也。然可断吾一臂以送之。'左右切谏之，乃断其一腕。"曹令割鼻和述律（879 年—952 年）断腕的故事当然更多的是一种道德权衡，和吉尔伽美什的举哀行为意义不同，但是牵连生死的背景是一样的，而且行为之强烈则又过之。此外，可供参考的还有莫高窟第 158 窟的《各国王子举哀图》、克孜尔第 224 窟《荼毗图》、片治肯特二号遗址南墙《哀悼图》等古画，克孜尔是六朝时期丝绸之路的要驿，石窟的开凿从 3 世纪到 8 世纪，而片治肯特则是粟特的中心区域，似乎割耳劓面的自残行为在中亚文明的古代哀礼中相当常见。

　　除了肉体上的自亏，生者破财向逝者敬献祭品也是一种取悦。所谓事死如事生。对于祭品的研究，文化人类学中资料汗牛充栋，本文反而毋需赘述。祭祀在原始时代当然并不讲究，大多从一些基本的生活资料、主要是食物开始。《礼记·礼运》称："夫礼之初，始诸饮食。其燔黍捭豚，污尊而抔饮，蒉桴而土鼓，犹可以致其敬于鬼神。"但在物资匮乏、谋生维艰的远古，进献生者赖以维生的生活资源，其奢侈程度也是不言而喻的。墓穴随葬物品的风俗从何时开始目前已不可考，公元前2500年至公元前1900年的陶寺遗址中，出土了大量红山文化晚期的墓葬，可以看出不仅财产随葬的风俗已经十分流行，贫富分化的现象也已经非常明显。陶寺文化已经不属于部落联盟，而是属于"方国"，即向阶级社会转化的最后阶段即将完成。具有贵族性质的部落重要人物，墓穴随葬琳琅满目，而百分之九十的平民墓穴则身无长物。陶寺文化当属何时代？人们在一个墓葬里发现了一个双面有陶文的扁壶。一侧的字形是个很容易辨认的"文"字，也不难解释，"文"字作动词、形容词表示歌颂、伟大，例如《左传·昭公二十八年》："经纬天地曰文。"那么歌颂的对象是谁呢？另一侧那个字，从字形上看起来很像是一个土台子上的圆圈。圆圈的图形，在标准汉字被确定下来之前的"方国"时代，最常见的象形文字用法是"日"字，所以有人据此将此字解为"易"字。但细心观察之下人们发现，这个圆圈是尖顶，原始人没有圆规，一不小心画得不圆可以谅解。可如果是有意为之的话，看起来就表示某种人工造物，是房屋的可能性最大，因为红山文化的建筑特色是泥坯房屋且多为尖顶。这个土台子本身就是一个象形文字，《说文解字》云："兀，高而上平也。从一在人上云。"所以解为"兀"字最为合适。"兀"字上面有一个建筑物的形象，恰好可以解为一个"尧"字。其实这个字解为"易"还是"尧"，意思差别不大。因为"易"在上古的一些用法中通"阳"，这个词就是"文阳"。那么此"阳"字代表何方神圣呢？这是一个地名。《帝王世纪》称"尧都平阳"，《禹贡》分天下为九州岛，平阳为冀州之地，冀州处九州岛之中央，故称"中国"。陶寺地处襄汾，平阳地处临汾，这两个地方相距只有36.6公里，未到三舍之地。

《吉尔伽美什史诗》第八块泥板的第93句已经完全被涂毁，但从下文第94句"他揭开封印，查看那些珠宝"来看，好像是吉尔伽美什进入了某个类似库房的空间检视宝物。然后从第97句到第128句，几乎每一句都有"他为他的朋友献上"的字样，但是具体的祭品名称则又是全部被断毁。零星剩下第119句为"……根象牙"、第127句为"……的精金"、第128句为"……红玉髓和铁杖"，可见这一部分是一长列奇珍异宝的清单。第134句到203句也是供品礼单，不过这次收货人换成是九位神（伊什坦尔、艾莱什基尔尔、达摩兹、娜姆塔尔、胡诗比莎、卡莎他巴他、你苏鲁哈、比伊布，还有一位名字在泥板上湮没了的无名神祇），向他们献祭是乞求他们善待亡友的鬼魂。有趣的是，吉尔伽美什此时似乎忘记了他们两兄弟和伊什坦尔之间的龃龉，他给她们夫妇（伊什坦尔和达摩兹）准备的礼物是一堆上等的木材和一根红玉髓雕刻的横笛。这次庞大而豪华的献祭还有一位地位显赫的见证人，太阳神沙马什，这可能是苏美尔古人献祭的一道程序，每一件祭品上供前都要请沙马什过目，但是祭品似乎没有他的份。

歌颂和献祭，构成了葬仪的主体。从中我们可以看出一个有趣的情形，即是葬礼之礼成，关键在于生者对于死者的取悦，要带有谀态。换言之，生者必须要以一种低下的姿态和精神（歌颂）

甚至于肉体（自残或破财）方面的自我亏待来向逝者致意，这样双方才能都释怀。

在禁忌形成之后，人类学会了以种种死后续存（例如升天成神）之类的神话和图腾崇拜来弭平这种葬仪在权力上的不对等性。也就是说，将葬礼解释为乞求死者身份转换（获得神格）后加以护佑，这种看法是"果"而非"因"，它具有太强的社会性，而显然不够原始。换言之，神话或是图腾崇拜都是人类文明基于语言特性的一种自欺欺人。这个谎言之所以形成，真正的原因比文明自身更加古老，而且前文已经提到过了：生存对于死亡而言本身就是一种亏欠。

至此，作为恩启都的惨况（肉身之死）和遗言（精神之死）的目击者，这一生离死别的惨景足以引发吉尔伽美什对于死亡的最初思索，无论他少年时多么无忧无虑、青年时多么踌躇满志。从第九块泥板开始，吉尔伽美什开始认真地思考死亡的问题，即主观畏死的客观观点形成，从目睹他人（恩启都）死亡开始意识到死亡是一个问题，和之前的怪兽一样，一个需要被解决的问题（主观），而且对于所有人而言都是如此（客观化）。

如果说，吉尔伽美什少年时的为非作歹、青年时的行侠仗义都只是一种简单的、出于"本我"反应的肉体性行为的话，那么恩启都的死令他成熟了。也就是说，荣格理论中的一个人的精神诞生，此时在他的身上发生了。恩启都的死除了令他感到悲痛和惋惜之外其实并没有给他的人生带来什么物质层面的影响，但是他思索了。我们把开始思考一些看似事不关己的、普遍存在的问题看作是一个人的精神诞生的标志，不独吉尔伽美什，大多数不朽者的精神诞生都比他的肉体诞生姗姗来迟了几十年时光，而更多的普通人则终其一生没有等到它的到来。

如果人可以不死的话，令恩启都不死的机会已然失去，但是他还是可以——至少他相信自己可以——令其他人摆脱死亡的命运。这些"其他人"当然首推是他自己，证据是第九块泥板的第3句"我终有一日也会走向死亡，如恩启都一样"，和第5句"怀着对死亡的恐惧，我来到荒野徘徊"。这样想一点也不自私，前面说过，主观畏死的客观化才催生了悲剧意识的不朽性。

应该受益的，还有一些与他有社会交往的人，朋友和亲人。每个人的心目中都有过这样的一份名单，即在我自己不朽（获得社会权力、抑或是获得神格，大多人倾向于后者，这种理想被斥为"白日梦"，这两者其实是一个意思）之后，哪些人可以沾光，一起鸡犬升天。

当然，这只是一种推论。有趣的是，我们从未发现吉尔伽美什有过任何凡人性质的、类似家庭的社会关系。这并不奇怪，凡人的血统会玷污神性的纯洁特质，所以神话中的英雄大都孤苦伶仃，可以屈尊有凡人的妻妾，但没有凡世的父母。很多时候，在父母无法避免的故事里，叙述者也尽可能地淡去英雄如同凡人一般来自于父母的一次床笫之欢这种事实，所以就有了许多处女怀孕、吞卵怀孕、踏足迹怀孕、月光受孕之类的神话。例如《蒙古秘史》中说："多本篾儿干去世后，他的寡妇妻子阿阑豁阿又生下了叫不忽哈塔吉、不哈秃撒勒只、孛端察儿蒙合黑的三个儿子。……'但你们有所不知的是，每到深夜有一发光之人从天窗飞进屋内抚摸我的腹部，其光芒都透入我的腹内。待到天亮时，才同黄狗般地爬将出去。你们怎能乱加猜疑！由此看来，他们必为上天之子，怎可与凡生相比？待将成为万众之主时，人们才会明白的呀！'"这里面的孛端察儿蒙合黑就是成吉思汗的十一世祖先。颇为令人尴尬的是，在听众暧昧的一脸坏笑中，这些故事听起来非但没有起到令英雄因出身神化而形象高大的预期效果，反而是在暗示所有英雄都是私生子——当然他们中间一部分真的是。

而第三个人群，就是如同海洋一般萦绕在他身边的陌生人，这个人群浩如烟海，他们不知道他是谁，也从来没有给予过他任何援手，但是在他的任务成功之后，他们却能够坐享其成。陌路人是英雄史诗的背景，但同样也是成就英雄史诗的最后条件。因为这是历史知识的一般规律，即我们通常被陌生人——我们设定这样的人仅具初步的社会资格，他们与史诗主角无社会交集、不在同一个时代、不具有思想广延程度、仅认知基本常识——"知晓"，看作是不朽的第一道门坎。

举个例子，大多数人连自己的曾祖父叫什么名字都不知道，少许人知道美国的第二十四任总统是谁，好吧，他比其他美国总统的粉丝可能多一些，毕竟一千美金的大钞，谁都会没事翻出来看几遍。可很多人对于在电视里搔首弄姿的某个二流女演员的某条花边新闻的所有细节都了如指掌。美国的第二十四任总统是史蒂芬·格罗弗·克里夫兰（Stephen Grover Cleveland，1837 年—1908 年），一个留八字胡的胖子，他在任时自由女神像在纽约竖立，他致力于维护利好民主党的低关税政策，他高规格接待过访美的中国宰相李鸿章（1823 年—1901 年）中堂，并且通过推行文官制度改革排除异己、罢免了近十万共和党官吏。

好了，我们让历史的车轮往未来快进百年，此时那位艳名远播的女演员早已香消玉殒。百年之后，民众的认知比例如何呢？还是大多数人不知道自己的曾祖父叫什么名字，知道克里夫兰总统的还是只有那么点人（人数肯定有所下降了，因为一千美元面额的钞票在 1969 年已经被尼克松下令停止发行了），可是这位名媛的拥趸大军却早已宴罢舞歇、人去楼空，即便是出于考证兴趣而关注的人也屈指可数，为此我们遗憾地得出结论：她没有经得住时间的冲刷。

历史知识受众的知识水平越低，历史人物的不朽就越难以撼动。这就是说，在不同的时空环境被尽量多的、没有受过历史学训练的知识消费阶层所"知晓"——是且仅是知晓——是"不朽"这个概念的一个物化指标。在史诗中，这也是吉尔伽美什面临的终极任务。史诗在此处又展现出了它的悲剧特性：英雄完成任务，费尽千辛万苦而兼利天下，一群浑浑噩噩的群氓却成为了最后的赢家。

即便如此，我们也不应当迷信于儿时的睡前故事里，目不识丁的老保姆意味深长地宣称英雄专门利人、大公无私之类的鬼话。因为他们甚至不能自圆其说，更没有条件构成动机。关于这种动机之由来，阿尔弗雷德·阿德勒（Alfred Adler，1870 年—1937 年）在写于 1918 年的《理解人性》一书的"自卑感与力求获得承认"这一章中，说了这样一段话：

> 一些儿童希望用夸大了的追求权力的驱力，来保证自己对环境的影响力。……一个对人性判断敏锐的人也关注着生理缺陷和自卑情绪的重要性，不过他知道在灵魂的演进过程中如果没有这些事先的困难，就不可能形成这样的性格特征。

阿德勒是弗洛伊德的学生，但是他与弗洛伊德的交恶比荣格还早。而他以"在上意志"来解读人类天性的观点，后来为马斯洛（Abraham H. Maslow，1908 年—1970 年）的需求层次理论所继承，确实非常中肯。在马斯洛看来，所有为凡人所不能理解的、英雄的举动，在层次上属于"自我实现"，它首先是一种需要，它是非功利的，因为所有功利的目的在之前的层次都已然完成。从表象上看，不朽者吉尔伽美什似乎应该与"自卑"二字无缘才对，但是不要忘记了，在年少轻狂的岁月里，尽管他仪容俊美、地位崇高、武功盖世，但这一切并不能改变他是一个人憎狗嫌的顽皮大王、被所有人深深厌恶的事实。

他被社会排斥，所以他更需要英雄的身份来被社会认可；他目睹了挚友的惨死，所以他需要解决永生的问题而让自己永远活下去。这两方面的出发点可谓都是非常个人的，是人类文明的发展将之涂抹得大公无私，让他最后变成了一个毫不利己专门利人的高大光辉的神话人物形象。

一劳永逸地解决所有人都谈之色变的问题，确实是青史留名的最佳途径。吉尔伽美什于是设计了自己的冒险，"（我在寻找）通向我的祖先，乌特纳匹诗提的（路）"（第九块泥板第75句）。第76句是"他在诸神的集会中……"，后半句涂毁，但显然是"获得了永生"，第77句至关重要，原句是"……关于生死的……"，前后皆涂毁，但这句话毫无疑问是"我要寻求关于生死的秘密"，可谓一句振起全诗。他流浪到了天涯海角达玛什山，有两个蝎形的怪兽为他指路，告诉他要先前往十二拜尔远的地方，也就是天神的居所。接下来的旅程，史诗描述得非常敷衍了事，第139句为"一拜尔的时间……"，第140句为"无尽的黑暗……"，第141句为"让他无法……"，这样的三句构成一组描述，记录一个拜尔的活动。第142句是"二拜尔过后……"，然后第143句和第140句、第144句和第141句完全一样，这样的循环重复了十二次，从第139句直到第170句。因为每组后面的两句重复了十二遍，已经完全能够从磨损残存的字样里把句子拼凑完整，这两句是"无尽的黑暗，没有一丝光亮"和"让他无法防备他的身后"。在整整摸黑跋涉了十二拜尔以后，吉尔伽美什来到了一处宝石的密林中，然后第九块泥板就结束了。

有一个有趣的、容易被人忽略的小细节，就是洞穴的意象。这十二拜尔的旅途看起来很像是一条漆黑的管道，因为照理说黑暗中的危险来自于四面八方，可史诗牵挂的却只是吉尔伽美什防备身后的问题，而且第 170 句说"在太阳之前出来了"。这条管道似乎是太阳的路径，因为第 138 句说"他……沙玛什的足迹"。这样的视角非常有趣，吉尔伽美什就好像走在一根巨大的炮管里，而太阳就是这尊巨炮的炮弹。吉尔伽美什时代的古人当然不可能知道大炮为何物，但是他们见过这一类管道或是发射形态的原始意象。没错，那就是一支勃起的巨大阴茎，这样，从管道里喷薄的日出就可以理解为射精，它和诞生、生命、辉煌、永生等意象的联想就一下子都能解释得通了。

　　古人当然不可能通过精神分析的学说在管道与阴茎之间建立暗示和联想，但是黑暗通道或是洞穴的梦每个人都做过，这是一种力比多的典型之梦。此外还有通过洞穴抵达一个宝石森林的隐喻，森林是生命的代表，宝石是无生命的代表，这两者的结合可能隐喻了某种永恒繁茂的意象。在弗洛伊德的学说里，洞穴、空间和树林都代表对于性和生命力的隐喻，在《梦的解析》第 6 章"梦的工作"中，有这样一段解释："乌兰德在他的《爱伯斯坦伯爵》中，曾利用锁和钥匙的象征编造了一段生动的通奸情节。梦中走过一套房间是一个妓院或后宫的梦。……台阶、梯子、楼梯以及在它们上面走上走下，都是性动作的表示。……同样，梦中诸多风景，特别其中有桥梁和长满丛树的小山，明显的是描绘生殖器。"繁盛的生命力以一种外在的表象表达它们的深意。

　　心理分析的泛性论特点是荣格对于弗洛伊德学说最为不满之处。对于洞穴，荣格的解释是一种挖掘和埋藏祖先的意象，洞穴越深邃，里面涉及的观念就越原始。荣格曾经对整理他自传的芭芭拉·汉纳（Barbara Hannah，1891 年—1986 年）教授说，他记得的最早的一个梦是在三岁的一个晚上，他梦见"在地里有一个黑暗的、长方形的、石头搭成的洞……他战战兢兢地走下去"。在洞里他发现一个古怪得难以形容的大肉柱，头顶一个独眼，似乎具有某种神格、至少是令人敬畏的，而且无法描述，显然比语言自身更加古老，他被里面暗含的凶险信息吓得魂不附体。事后他才觉察到，那是一个巨大的阴茎。荣格将这个梦看成是自己理性生命的开始，他意识到，他所面对的很可能是一位地下的、原生态的、甚至可能是被驱逐的和非法的神，"每当他听到耶稣被赞美得太过分时，总是不由自主地想到它"。这位原生的神不像后世那些神一样具有人的外貌、奇形怪状的法器和天堂中美轮美奂的各自住所，它的唯一意象甚至要依靠一个小男孩一知半解的、勃起的阴茎形象才能作出可视的展示。但它是原始的、无言的，深邃的洞穴代表了文明的古老。在万物泛灵的原始时代，一位神只有一种权威，就好像植物神达摩兹、阿拉鲁鸟、狮子、战马、牧羊人、园丁伊殊拉努这些伊什坦尔的旧爱六人组，他们真的就只是植物、鸟、狮子、战马、牧羊人、园丁，没有全能者。在更原始一些的年代，有些神的威灵甚至令人无法理解。而且它们决不是慈祥的和有求必应的，它们表现出自然蓬勃和凶险的一面，对于任何膜拜和乞求漠然置之。人类文明发展的历程上其实有两种谱系的神。这种神谱上的原生性和宗教性的对立，我们后文会有篇幅谈到。

这两种观点其实并不矛盾，在追根溯源的沉思中，我们对于自己是怎么来的和文明是怎么来的一样茫然无知。吉尔伽美什在一个伸手不见五指的、类似管道的存在之内摸爬滚打了十二拜尔的路程，实际上是一种以理性见证本原的徒劳尝试。就好像我们不可能知道自己出生时是什么感受，因为那时候我们是"无知觉"的，等到我们"有知觉"了，也就只能从医院墙上那些令人毛骨悚然的解剖图里来认知这一段对于我们至关重要的伟大旅程了。这种尝试每个人都曾经想过，只是大多数人选择了一笑了之。每个人都会梦见以当下的智力返回到小学甚至更早的岁月里因而傲视人群的情景，这种"健全回归"的梦被荣格称为"神童"原型，表现了人类对于自身记忆特性的不满以及在此方面作出的徒劳无功的努力。所以，在意识的层面，吉尔伽美什的这段旅程就被投射为"无尽的黑暗，没有一丝光亮"和"让他无法防备他的身后"，至此我们其实已经可以推测出他的冒险大概是不会有什么结果的。

V　第十至第十一块泥板——洪水悲剧：神格革命及永生意象

　　第十块泥板的故事多为过渡和情节铺垫，没有什么特别值得注意之处。有趣的是，史诗在这里加入了许多古人所不常采用的现实主义笔法。古人的故事里英雄往往是阳光高大、神采奕奕的，有着挥洒不完的精力。但是吉尔伽美什在穿过太阳隧道和宝石森林之后，已是疲态毕现、狼狈不堪了。第十块泥板的第9句说"他脸上写满了长途跋涉……"，第47句到第51句的描写更是令人唏嘘，吉尔伽美什脸上满是冻伤和晒伤，双颊深陷，瘦得皮包骨头。

　　限于主题，这样狼狈的描写是非常必要的。"生"的脆弱至此已臻极致，所以对于永生的渴望也达到了高潮。吉尔伽美什最后要穿越的是一片死海，一叶石头人驾驶的小舟是横渡死海的唯一交通工具。但是石头船夫不愿摆渡吉尔伽美什并攻击他，一番搏斗，吉尔伽美什打碎了石头人，独自摇橹上路了。

　　海在很多文明的传说中以一种终极的无限意象展现，包括那些活动区域完全不临海的文明。无独有偶，弗洛伊德和荣格的人格结构理论也都借助于海的比喻进行阐发，弗洛伊德认为人的潜意识是海面下隐藏的冰山，而荣格则将集体无意识比喻为海床。这两者（神话中的海的意象和人格结构理论中的海的比喻）并不是没有关系的。面对大海，就是人类在宇宙的至大印象之中面对自己的软弱。在所有的原始观念中，海的意象是最纯粹的，它就是一大片水，什么都不是，什么寓意都不代表。所以在文明的早期人类将自然力量赋予神格以后，海的形象还是原始、洪荒和不可理解的。《山海经·大荒东经》云，"东海之渚中，有神，人面鸟身，珥两黄蛇，践两黄蛇，名曰禺虢。黄帝生禺虢，禺虢生禺京。禺京处北海，禺虢处东海，是惟海神"，他们首先要有谱系（家庭），有了谱系才能够被祭祀，然而这种社会性的祭祀也无法改变这几位海神光怪陆离而不可理解的本质。将海描绘为一位手持三叉戟的大胡子，那已经是很晚以后的事情了。

说起这位大胡子，在维吉尔的《田园诗》（*The Eclogues*）第 3 章第 60 行中提到了他的另一个大胡子兄弟"Jovis omnia plenta"（朱庇特大神充盈一切）。"omnia"在拉丁文中是一切、无所不在的意思。对此最早表示狐疑的是维科（Giambattista Vico，1668 年—1744 年），以赛亚·伯林（Isaiah Berlin，1909 年—1997 年）在《浪漫主义的根源》一书中认为，维科是关注古代思维别样性的第一人。令维科困惑的是，一个具有实体形态、脾气不太好、挥舞闪电的大胡子老头，怎么能"充盈"一切？维科将此看成古代人与现代人思维方式迥异的证据。当然，将这句话翻译为"朱庇特大神无所不在"或者是"朱庇特大神（的力量）充盈一切"，意思上就很能与现代人的廉价小说型思维方式接上轨了，但这显然是掩耳盗铃的，因为这几个拉丁文单词如果有这样的多样性用法，不可能瞒得过维科的眼睛。

这只能意味着，这种无远弗届的自然威灵在最古老的理解中是没有形象的，它至大、原始、生生不已，而且混沌、绝不仁慈，兼具哺育和毁灭两方面的寓意。它值得被膜拜，并且已经被膜拜，但它就是没有身体，更不用说一捧光彩照人的美髯以及一把长戟，因而它也没有神格。神格的"格"字，表示一种存在的独特性以及在此基础上的自我认同，无论这种自我认同是出自捏造还是拟人。但是原生的灵能是没有什么独特性的。原始人崇拜的也并不是自然的某些代表，而是自然本身。在原始人的思维中也没有"保佑"的想法，一切都是必须接受的。之后，自然被人格化，神话诞生，人开始面向自然强调自己要什么，世界变得越来越狭隘和功利。这种力量被区分为善和恶两个部分，然后各自获得肉身。

这种比万物泛灵更古老的精神面貌与海的意象非常相近，如果将这个过程形象化，就很像各个文明的传说中，世界从海中诞生，或是世界是悬浮在海上的孤岛的说法。综合弗洛伊德和荣格师徒二人的看法，海就是人类原生而混沌的无意识自觉，从中诞生的是人类的理性世界。维科的疑惑可以被看成一条线索，我们解读这一线索时，有必要参考列维-布留尔在《原始思维》（*La mentalité primitive*，1922 年）这本书中提出的一个概念。

路先·列维-布留尔（Lucien Lévy-Bruhl，1857 年—1939 年）是法国社会学年鉴派的重要成员，此人于 1857 年生于巴黎，他的几部代表作《低级社会中的智力机能》（*Les fonctions mentales dans les sociétés inférieures*，1910 年）、《原始思维》（*Перзобытное мышление*，1930 年）、《原始灵魂》（*L'âme primitive*，1927 年）、《原始神话》（*La mythologie primitive*，1935）、《原始人的神秘体验与象征》（*L'expérience mystique et les symboles chez les primitifs*，1938 年）里的观点都十分独到。在对涂尔干（Emile Durkheim，1858 年—1917 年）"集体表象"学说的继承和发展方面，列维-布留尔的学说可谓与荣格的思想非常具有可比性。列维-布留尔注意到了原始人在面对自然时，并不像现代宗教那样把林林总总的被膜拜者按照各自的明确责任区分开来。很多原始人认为世界被一种特殊的原生质所充斥和驱动，但是神格还没有从这种原生质中分离出来。它们就是一种至大的、无所不在的、充斥的灵能，它是一种机制，没有慈悲或威严之类的情感可言，与其说是神性，还不如说更贴近一种未知的、但是须臾不可或缺的物性。这种世界观比万物泛灵还要古老，更是远远早于所有有文字的历史，所以从不见诸记载，但是在神话传说以及现存的一些极落后的偏远部落的人类观念中能管窥端倪。列维-布留尔为之起了一个名字，叫"渗透律"，以此阐明这种灵性作用于世界的方式。渗透之于人的意义，就好像海之于鱼的意义，其大无外、其小无内，而且无所谓大小。这种灵能不可观测，但是人可以推测其存在，就好像我们推测时间的存在那样，证据只是眼前的一朵花在慢慢凋谢。

为此列维-布留尔举了一个西非洲海岸土人的例子，那是一个名叫艾利斯（A.B.Ellis）的人的见闻：

> "克拉"（Kra）是在人出生以前，大概作为一大串人的克拉而存在的，人死后它仍将继续自己独立的存在，它或者是进入一个新生儿或动物的身体，或者将作为西萨（Sisa）或者作为没有住址的克拉而徘徊于宇宙间。……同样的，当杀死绵羊的时候，则这绵羊的所谓克拉就进到新生的绵羊羔里去。……所以，克拉不是灵魂。……这样看来，任何克拉都是许多人内在的灵而且还将是更多的人的内在的灵。

这种情形恰好又令人联想到一个关于海的隐喻：当你从海中舀起一杯水以后，你可以声称这杯水是"你的"，但你不能因此而认为海是你的，而当你将杯中的水倒回海里之后，你也无法再分辨出那浊浪滔天之中的哪一小部分曾经属于过你。

这样的传说其他文明中也有，例如古希腊传说中阿芙洛狄忒（Ἀφροδίτη）从海面的泡沫之中诞生，以及印度神话中吉祥天（Lakṣmī）从搅拌乳海中诞生等，海是生命及灵魂之母，这个观点符合生命原初是在海中诞生的最早的有机质的过程。而这种原生力又是自为的，它创造生命并不出于什么慈悲的目的，而是创造一种盲目而沸腾的自主需要的衍生品，就好像人格中的本我。它的创造行为是不经意的，它因为不经意而受到崇拜。可另外一方面，它根本不屑于被这些凡人所崇拜，海似乎并不欢迎它创造的这些生命，它只接受无机物，譬如说石头船夫，而以一种终极不可逾越的面貌横亘在所有生命面前。海孕育生命，但是又不欢迎生命，这种微妙的情形恰似《小逻辑》第88节中的这样一段表述：

> 另一同样浅近的例子就是开始这个观念。当一种事情在其开始时，尚没有实现，但也并不是单纯的无，而是已经包含它的有或存在了。

海的意象既是一场至大的风暴，又表现为这样稍纵即逝的啄啐之机。

其实海和这种渗透的灵能的意象对于我们而言一点也不陌生，《圣经》开篇的第一句话就说：

（1）起初神创造天地。

（2）地是空虚混沌，渊面黑暗；神的灵运行在水面上。

受到这种世界观的影响，古人对于自身的所有格，起初也是不太在意的。一个可供参考的例子是，在很多文明的墓葬文化中，原始时代都经历过一个"不封不树"的阶段，譬如说古代的蒙古人、伊斯兰教的瓦哈比派，还有西藏的天葬习俗等。比起后世大兴土木地堆建高耸入云的金字塔、挖掘深通九幽的地宫，原始人更倾向于随便挖个坑把尸体埋掉了事。《周易·系辞下》记载："古之葬者，厚衣之以薪，葬之中野，不封不树，丧期无数，后世圣人易之以棺椁，盖取诸大过。"不封不树直到西周依然流行，后世将之解释为帝王陵寝的保密需要，殊不知此传统沿袭自上古，原始时代即使有简单的日用品随葬，也不太可能有盗墓的行为——因为死亡是一种禁忌，任何具有现代性的经济思想在原始人心目中都没有萌芽，即便是已然萌芽也不可能匹敌这种根深蒂固的禁忌思想。更何况，在有的文明里，岂止不封不树，甚至连尸首也不埋，直接抛弃。对于这种行为，有人解释为原始人蒙昧未开化的动物性行为，仅仅是图省事而已，这种观点更是站不住脚。我们现在再来看《吴越春秋·勾践阴谋外传》中的记载："古者人民朴质，饥食鸟兽，渴饮雾露，死则裹以白茅，投于中野，孝子不忍见父母为禽兽所食，故作弹以守之，绝鸟兽之害，故歌曰'断竹续竹，飞土逐害'之谓也。"放弃一次性的葬礼，然后荷弓实弹看守尸体几十天，从哪个角度来说都难以理解这种做法符合哪一派的效率学标准。可见弃尸，乃至不封不树，都是古礼，目的是让死者无身份、无痕迹地再度融入自然，这样的视角恰好和列维-布留尔的"渗透律"观点不谋而合。还有一点比较容易被忽视，"衣之以薪""裹以白茅"，也就是用草席（后来发展成为裹尸布）包裹遗体，在世界文明之中也是普遍的。在不封不树的时代最直接的目的当然是遮掩遗体腐败时的惨不忍睹，但也可以解释为，尸解腐烂是渗透回归自然灵能的一个伟大环节，这种伟大是令人胆战心惊的，它将很快（即便当时还没有）成为禁忌并被膜拜，包裹遮挡视线的行为保证了这一天道回环的至大轮回不被凡俗的眼睛窥视。

恐怕现代人很难摆出这样对于生死的豁达大度的姿态。为了弥补这种灵能轮回中的不可知环节，在很多传说之中，死亡意象和重生意象之间的桥梁是遗忘，例如佛教的轮回观念或是中国地府传说中的喝孟婆汤桥段等。这样就造就了一个完美的轮回过程：灵能——现在可以称之为灵魂了——曾经属于"我"，但是现在它离开了"我"变成了"他"，所以从某种意义上来说，"他"就是"我"；只要这个机制是永恒的，那以后会有无数个"他"

都会是"我"，"我"是永生的。

但是这种永生只能被推测，不可能被感知，因为遗忘是不可逾越的天堑。现在问题来了，作为一个永生者，"我"不知道自己是永生的，那"我"究竟还是不是永生的？博尔赫斯在他那篇影响了无数人的小说《南方》中也敏锐地感觉到了这一点，所以他觉得在布宜诺斯艾利斯的巴西街上，有一家咖啡馆里的一只终日昏昏欲睡的大花猫应该是永生的：

> 仿佛他和猫之间隔着一块玻璃，因为人生活在时间和时间的延续之中，而那个神秘的动物却生活在当前，在瞬间的永恒之中。

猫没有思想，不会瞻前顾后，不知道自己会死，所以它是永恒的。如果情况真如博翁所推测的那样的话，那么原始人一定比我们离永恒近得多。

言归正传，现在只剩下了两块泥板，史诗的第十一块泥板单独被称为洪水悲剧部分，共 305 句。洪水悲剧又分成两个部分，前半段是乌特纳匹诗提祖师回忆的洪水经历，后半段是吉尔伽美什寻获仙草以及史诗的结局。在这一段里值得关注的关键因素有四个：洪水的意象、神格的意象、睡眠的意象和蛇（永生）的意象。

在人类学家的研究中发现，闪族、希腊、印度、中国、玛雅等文明中，好像在差不多时间（六七千年前）爆发过一次令很多传奇英雄大为头痛的世界性大洪水。《尚书·尧典》对此的记载是："汤汤洪水方割，荡荡怀山襄陵，浩浩滔天。"《尚书·大禹谟》中则说："浲水儆予。"南宋有个叫蔡沈（1167 年—1230 年）的人，字仲默，号九峰，是朱熹晚年的弟子。他在著作《书集传》中注释"浲水儆予"这四个字时解释为："孟子曰：'水逆行，谓之浲水。'盖山崩水浑，下流淤塞，故其逝者，辄复返流，而泛滥决溢，浲洞无涯也。"这段话里的解释相当中肯，史书中的恶水滔天，可能源自一次大规模的黄河改道。根据史书记载，宋光宗绍熙五年（1194 年）黄河夺淮入海，《续资治通鉴·卷第一五三·宋纪一五三》记载，"壬子，金河决阳武故堤，灌封丘而东……河自元符二年，东流断绝，北流合御河，至清州入海……至是河决阳武，由封丘东注梁山泺，分为二派，北派由北清河入海，南派由南清河入淮，汲、胙之间，河流遂绝"，改道后的南脉入海口在现在的江苏盐城，到了清咸丰五年（1855 年）六月二十日（8 月 2 日），黄河自下北厅兰阳泛等处决口，河水经山东，由大清河入渤海，则又改为由山东入海。黄河入海口在淮鲁之间摆动的情形古已频繁，虽然角度不大，但已然南北有别，这可能是洪水记载中"河逆流"的真相。

有人认为，世界大洪水的真相是，第四季冰川在一万两千年前的全球气候转暖时消融，导致海平面不断上升，吞没了露出的大陆架和陆桥，淹没了许多海岸和部分陆地。那些靠海及靠水的部落损失惨重，被迫流离失所、向高地迁徙，随之带去了可怕的洪水故事。这也就是那些内陆文明也流传关于海洋传说的原因。

可以肯定的是，《吉尔伽美什史诗》里的那场大洪水是确有其事的，证据是 1922 年，英国考古学家列奥纳德·伍雷爵士（Sir Charles Leonard Woolly，1880 年—1960 年）在苏美尔古城吾饵（Ur）的贵族墓葬坑下方发现了厚达两米的纯净黏土层，经分析发现这种黏土属于洪水沉积黏土。而两河文明考古专家、《历史始于苏美尔》一书的作者、美国学者克莱默（Samuel Noah Kramer，1897 年—1990 年）认为，世界其他地方的大洪水是子虚乌有。苏美尔的这次洪水大灾难留下的记忆，经民间传说的流传被夸大为世界大洪水，而年深日久后那些故事倾听者的后裔，比如说古巴比伦人、古犹太人乃至拉丁人，也就信以为真、感同身受地觉得他们文明的历史上也有过这样的一次大洪水。洪水史诗里的很多情境都似曾相识，都是我们在其他故事里耳熟能详的场面。例如第147句"等到第七天"、第148句"我放飞一只鸽子"、第150句"可它找不到栖息地，便飞回来了"。这样的试验重复了三次，第三次放出来的渡鸦找到了陆地。相对的在《圣经》里的描写见于《创世记》第8章6至12节："过了四十天……他又放出一只鸽子去……鸽子找不到落脚之地。……他又等了七天，放出鸽子去，鸽子就不再回来了。"而两河流域地处亚欧非三洲交接的地理要冲，确实也具有这种辐射状传播的优势条件。

以法国历史学家富勒（François Furet，1927年—1997年）为代表的一批学者提出了一个较为折衷的意见，认为各种洪水故事的起源不尽相同，所以存在着某一场世界性大洪水的可能性是不存在的。但是在古代世界的各个角落，火山地震引起的海啸、飓风掀起的海水猛涨、大雨或融雪造成的洪水泛滥，则对于各个文明而言都是家常便饭。岂独洪水传说，还有关于怪兽、关于火、关于创世的，因为人类思维模式的近似性，这些神话都是大同小异的。不同的人在不同的时空条件下目睹了同一"种"事件，造成了神话考古中的各种扑朔迷离和似是而非，然后被好事者夸大为一张古代文化流传的路线图，以及不胜枚举的文化优越论，看起来像某种古人的因特网，其实都是无稽之谈。语言性文明的特点就是具有很强的指事性质，既然同一天里很多人会异口同声地说"天好热"或是"今天的雨下得好大"，那么文明发展中都出现洪水、山崩的传说，事实摆在那里，一样没有必要强调谁学谁。

何谓语言的指事性质？全世界各种文明的语言中都有"兔"这个词，可事实上除了澳大利亚和新西兰之外，世界上其他地方的兔子们没听说过是从哪里流传到哪里去的，考古史上也并没有发现有这样一条地跨亚欧而肩负传播文明火种使命的"兔子之路"。所以我们可以得出结论："兔"这个名词应当是原生的了。同样的演绎方式令我们可以断定，大部分文化中的指事意象也是如此，语言性文明的原生性应该是最早的，这一点不应当受到质疑。

我们承认可传播的文明确实存在，也认同它们具有影响，这种影响甚至是决定性的，但那也只是影响，不是对于被影响文明的直接缔造。文明没有优劣，一个文明"教"而另一个文明"学"，这只是史实，不说明任何优劣属性。

言归正传。在本文，我们可以试着联系到前文解释的海的意象，将洪水的意象解释为"海"的意象的对位观念。海是生命之母，但也是毁灭之母。生命自海中诞生之后就必须自海中脱离，否则就会被毁灭，因为诞生原型的纯粹性不容任何诞生完成后的新生意象干扰。前文说过，海的诞生原型是仁慈的、蓬勃的，却无所谓善恶，因为海的观念无论比起伦理的善恶还是宗教的神灵至善观念，都古老很多。所以在人类学会思考以后，大自然孕育生命（海的意象）的险恶一面，也必须拥有一个独立的意象来予以表达。而洪水——海的混沌狂暴特质，担当这个角色可谓当仁不让。

在将世界理解为一种至大的渗透关系的远古，灵能的渗入（诞生原型）和漏尽（死亡原型）都无关于善恶，所以原始人对于死亡或毁灭通常没有什么怨怼之意。很多神话传说中，人类被将他们创造出来的同一双手毁灭，在原始人看来没有什么可抱怨的。当然，到了《被缚的普罗米修斯》的年代，悲剧思维已经完全成熟，作者将雅典娜先是协助普罗米修斯创造人类，尔后反悔，转而帮助宙斯毁灭人类的心路历程解释为"嫉妒"。而实际上这隐喻了原始人对于创造和毁灭是同一回事的观念，早就了然于胸。

虽然《吉尔伽美什史诗》之中并没有明确地宣布诸神发动洪水攻击人类的原因，但人类是"有罪"的，这一点没有什么异议。

证据是第十一块泥板的第 185 和 186 句，在此处，众神分成两种意见，大神恩利尔主张消灭人类，但是大神埃阿比较慈悲，主张宽容并偷偷向人类通风报信。当恩利尔发现乌特纳匹诗提一家幸存后，两人大吵一架。埃阿也同意人类是有罪的，第 185 句为"罪人犯下罪行，就让他承受他的罪行"，第 186 句为"罪人做下恶事，就让他承担他的恶果"。但埃阿同时认为量刑过重，第 188、190、192、194 句完全一样，均为"不发动大洪水（的话）"，而第 189、191、193 和 195 则是四种略为宽容一点的制裁方案，分别是猛狮、饿狼、饥荒和一位名叫埃拉的神——他的身份也已考证出来，实际上就是霍乱。面对埃阿掷地有声的长篇大论，恩利尔看起来似乎反而有些气馁。他不言声地走进船舱，接见了乌特纳匹诗提夫妇，将他们安置在一处"河口净土"——在苏美尔的其他神话里这个地方被称为迪尔蒙，根据现在的考证，可能是海湾附近两河的入海口，覆盖了现在的巴林、科威特，以及沙特阿拉伯的一部分，这个地方曾经进化出相当先进、长于贸易的迪尔蒙文明——祝福他们，并且将他们晋升为神。

前面说过，这种更像凡人的"神"在原始时代是不存在的，原生的神只是一种渗透轮回的灵能、一种概念，没有性格。而在更为理性一点的、已经懂得编造神话故事的古人心目中，他们期待的神格则更加实际，只是在他们凡人肉身的基础上向大自然要求更大的权力而已。这些权力中居首位的当然是永生，没有永生其他一切都免谈，此外还有力大无穷、飞天遁地等。这可能能够解释乌特纳匹诗提祖师为什么得享获得神格的殊荣了，像他这样半路出家的"神"其实和原生的神——灵能——完全不是一个概念，与其说是"神"，不如说是一种进化了的超人。像乌特纳匹诗提祖师这样的幸运儿在世界各国的神话中都有不少，在《西游记》里，甚至连玉皇大帝都是靠勤修苦练荣膺至尊的，为许多勤奋自强的灰姑娘故事平添了一抹希望的霞光。

　　这样的神格和列维-布留尔在渗透律中描述的原生的神之间，虽有观念发展的历程，但是已经是天渊有别。如果要在这两者之间理清头绪的话，我们不妨作此推测，现代性的"神"的意象，其实是原始的"灵"的意象与"巫"的意象的一种混合意象。

　　"靈"字的下半部分就是一个"巫"字，它的象形文字字形很形象地描绘了一次巫祝求雨的场面。"灵"字的"巫"字部分很生动地诠释了这种早期唯心世界观的关系："灵"是存在的，但其存在的感知乃至沟通需要一个桥梁，"巫"就是这样的桥梁，二者密不可分。而"巫"这个字在《说文解字》中的解释是："巫，祝也。女能事无形，以舞降神者也。"在较为远古的年代里巫通常是女性，这一点与原始时代末期父系氏族社会里性别身份在社会生产分工上的面貌大致符合，另外，巫"能事无形"，这个"无形"二字也恰好切中了为渗透律所概括的、原始信仰的某些要点。"巫"这个字在甲骨文中的写法是一个类似"田"字的、四角开口的十字架、也可能代表手鼓的绷子，这两种道具就算是在近现代的通古斯、俾格米或是印第安萨满作法时也时常被用到，十字架几乎是人类最早萃取出来的符号语言。就是说，在天威难测、自然的灵能予取予夺、无章可循的时代，巫的身份是担任部落和灵能之间的沟通桥梁。甚至到了非常文明的晚期社会，巫祝对于社会的影响力依然不容忽视，我们来看看战国时期的《诅楚文》，这就是一篇沟通上天的祷文。北宋时发现三块《诅楚文》的石刻，文章内容基本一样，但祈祷的对象是三位不同的神，分别是"巫咸""久湫"和"亚驼"。欧阳修曾经考证，虽然不知《诅楚文》中提到的楚王"熊相"是何方神圣，但《诅楚文》最早叙述的是楚成王与秦穆公时代的秦楚冲突，记之为"十八世"，楚成王十八世以降推算起来应该是楚顷襄王熊横，当时的秦王是秦昭王嬴稷。《告巫咸诅楚文》里面有这样的句子：

> 繄应受皇天上帝及丕显大神巫咸之几灵德，赐克剂楚
> 师，且复略我边城。敢数楚王熊相之倍盟犯诅，箸诸石章，
> 以盟大神之威神。

所谓"亡秦必楚"，秦楚之争是战国时期最为重要的政治事件，秦王亦不忘假手于与天神的沟通，说明虽然时已至封建社会，巫祝在社会生活中依然扮演重要角色。秦昭王时期可谓秦国一统六国局面的条件成熟时期，秦楚两国矛盾激化至于顶点，楚怀王被秦国劫持而客死异乡，两国到了殊死决战的前夕，《诅楚文》不仅是一篇祷文，同时也是一篇檄文。文中提到的"巫咸"虽然已然是一位盛名遐迩的"丕显大神"，但仅从名字上都可以看得出他出身于"巫"的身份。关于这位巫咸，《吕氏春秋·勿躬》记载"巫彭作医，巫咸作筮"，《楚辞》则记"巫咸将夕降兮"，然而对于巫咸身份记载最明确的是《尚书·商书》，"太戊臣有巫咸、巫贤"，太戊名叫子密，是商朝第九代商王，商人以神鬼卜筮治国，巫咸的氏族身份与他的权臣勋位十分匹配。也有人认为巫咸实际上应该是巫戊，而且年代更早，战国时期赵国人编撰的史书《世本》——《世本》作者是何人已不可考，但是书中称赵幽缪王（赵王迁）为"今王迁"，从这个口吻似乎可以推断出该书出自不日将亡国于秦的赵人之手——记载他"以鸿术为尧之医，能祝延人之福，愈人之病，祝树树枯，祝鸟鸟坠"。这样的人，普通人总迷信他们比自己更为强大、更为完美、更有天赋而能己所不能，这种看法几乎和现代人对于"神"的看法毫无二致。

我们现在将这些思路总结一下。首先，"巫"在原始时代负责与灵能沟通，而在《吉尔伽美什史诗》中大神埃阿向人间示警所用的方法，正是古代天人感应时最常见的"托梦"，证据是第十一块泥板的第197句"我只是托梦给阿特拉哈西斯，让他们领

悟了诸神的秘密"，这一信息被乌特纳匹诗提祖师感应。所以，乌特纳匹诗提的身份应该是部落里的祭司或是巫师一类的人物。其次，在大洪水之后，乌特纳匹诗提获得了永生和神格。这差不多相当于，在《尚书》里，巫咸还是一个凡人、一个臣子，到了《诅楚文》里，已经获得了神格。乌特纳匹诗提这个人当然是臆造出来的，但是如果我们把他个人的遭遇理解为原始时代结束后具有阶级社会特色的诸神诞生的过程的话，就符合了我们前面的猜测，新兴的"神"的前身应该是部落里的"巫"。

譬如说一个人取得了博士学位，他能做到很多人做不到的事，但这种"超常"至多为他赢得少许敬意，并不能改变他凡人的身份。由"巫"而"神"的新兴神族也是如此，在原始时代和文明时代交界的人类文明早期，古人对于这些新兴的神族的态度非但谈不上虔诚，甚至连尊敬都是有限的。我们来看看第十一块泥板的第 116 句"诸神伛偻像狗一样，露天蜷缩"，还有第 163 句"他们如飞蝇般蚁聚在祭品之前"，嘲讽蔑视之意溢于言表。这种对于诸神的冷嘲热讽并非只见于苏美尔人而已。在《被缚的普罗米修斯》之中，大神宙斯活脱脱就是一个人间僭主的形象，他好色、独裁、粗暴、滥用权威，而他手下的那些神，雅典娜的妒忌、赫尔墨斯的油嘴滑舌、河神的骑墙怕事，可以说人格完美者几乎没有，就算是普罗米修斯自己，在事发之前自作聪明欺上瞒下、被缚之后则絮絮叨叨怨天尤人。在中国古典传说中，九个具有神格的太阳，其中八个为羿所射杀，可谓死得毫无尊严；连带地，"嫦娥应悔偷灵药"，她的形象也不过就是一个爱慕虚荣、自私薄情的妇道人家的典型而已。世界各个文明之中，人和神之间的冲突此起彼伏、屡见不鲜。如果将这一切代入我们之前的、关于神谱更迭的解释，就没有什么可奇怪的了。在原始时代巫人与猎人的身份差别甚至仅仅是一种职业差异，以拉斯科洞窟岩画为例，原始岩画上的很多动物形象砸痕密布，有被攻击过的痕迹，这就是部落巫师行使"交感术"的证明。当猎人出发狩猎猛兽时，巫师做法诅咒猎物（原始人相信这种削弱是行之有效的），这只是一场狩猎生产中的不同工序而已，没有什么玄机。而在有的时候，猎人自身的力量足以掌控局面时，巫师就有点沦为吃白饭的尴尬。这就是说，在一场狩猎生产中，猎人的地位是不可撼动的，巫师的作用则要视情况而定。对于诸神的不尊敬并不是没有传统的。

吉尔伽美什并不像通俗商业电影里的主角那样经历了九死一生的冒险并随之迎来了惊天动地的终极决战的桥段，乌特纳匹诗提祖师给他提出的考验非但不凶险，甚至是再平凡不过的：不睡觉。在第209句里，公布了乌特纳匹诗提的考题："来吧，六天七夜都要不眠不休！"这里面的逻辑可能是，人死了就是一睡不复醒，所以说睡眠可谓是死亡的预习，想要克服死亡，不妨从克服睡眠开始。这个匪夷所思的考验看起来似乎简单得不值一提，可是徒具通天彻地之能的吉尔伽美什非但没有通过试炼，反而连一天都没有坚持下来。第210句是"他一屈膝而坐……"，第211句是"睡意就如同迷雾般在他的周身飘散"。试验结果证明吉尔伽美什不仅是一坐下就想睡，而且几乎是立刻就睡着了。证据是第225句到第230句，乌特纳匹诗提祖师的夫人每天给他烤了新鲜面包放在面前，吉尔伽美什睡得天昏地暗，连碰都没碰过一下。最后把他摇醒的时候，前几天的面包都已经干了，有的甚至发了霉。吉尔伽美什甚至根本不知道自己睡着了，第232和第233句里，他还颇觉庆幸地说"在困意彻底侵袭我之前"，"你立刻碰我并唤醒了我"，这时候（第235句）乌特纳匹诗提祖师笑笑说："来吧，吉尔伽美什，去数数你没吃的面包。"

我们的一生要经历三万多个夜晚，可我们始终不知道每晚自己是何时入睡的，这就好像我们不知道自己是怎样出生的一样。因为恰如《小逻辑》里概括的"开始"，在我们出生之前的最后一个瞬间，意识行为主体的"我"尚未存在，但紧接下来当我们出生后的第一个瞬间，意识行为的对象"出生"却已经过去了。想来死亡大概也是如此。死亡和睡眠在表象上确实是非常相似的，原始人可能一开始分不清楚，后来虽然弄明白了它们并不是一回事，但依然认为二者之间至少也有必然的关联。在前面提到过的《原始思维》这本书里，列维-布留尔所列举的西非洲土人认为"'克拉'可以按照自己的愿望离开它所寄居的身体并且可以再度返回那里。通常，它只是在睡觉的时候才离开身体，土人们相信梦中的事件就是'克拉'不在的时候出去干的事情"。而当"克拉"一去不复返了，那么这具凡间的肉体就被定义为是死去了。

西非洲土人的世界观从某些角度看来非常令人费解，它独特到了我们几乎无法用任何现成的、一听就能懂的人类学术语来予以注解。将"克拉"解释为"灵魂"已然非常勉强（因为克拉只有物性），但至少能懂，但是除了"克拉"之外土人的语言中还有一个词叫"斯拉曼"，意思就是鬼。一个肉身的人死了，"克拉"逸离肉体回归到一种普遍的、本源的状态，但是因为没有"克拉"而被标记为死亡的这具肉身，也还是会变成鬼的，这种鬼就是"斯拉曼"。它仿佛更接近我们所熟稔的鬼的概念：只在死亡之后发生。但"斯拉曼"又具有观念的性质，不独为生物所特有。所以，"当杀死绵羊的时候，则这绵羊的所谓克拉就进到新生的绵羊羔里去，而绵羊鬼则到'阴间'去为人鬼服务……'阴间'本身，它的山、森林、河流，用特西（Tshi）语族的黑人们的话来说，则是那些从前在我们世界上存在过的类似的自然地形的鬼"。这样看来我们有必要臆造两个更为书面一点的词来解释这对概念，"克拉"是生命向的，我们可称为"精魂"，而"斯拉曼"是物向的，我们称之为"物魄"。土人们描绘的、由"斯拉曼"构造的"阴间"可谓相当精彩，它从观念之超验、结构之森严上来看几可与柏拉图的"理念世界"相媲美，而且两者之间非常相似。

顺带一提，其实这种死后续存的观念也并非我们想象得那么陌生。即便是在今天，中国老百姓也一方面坚信死去的亲人在四十九日内，即在两个月不到一点的时间里就会轮回转世；另一方面在每年的清明、冬至却依然风雨无阻地前往陵园致祭，在香烟缭绕之中祈祷亡者的在天之灵平安喜乐。

这样看来，认为睡眠是死亡的预习、承认二者之间的相似性，应该是不难理解的了，持有类似观点的文明不胜枚举。前文提到过，赫西俄德在《神谱》中认为，最理想的情况是"他们的死亡就像熟睡一样安详"。古埃及人认为灵魂看起来就是一个和生者一模一样、但是体积小一点的形象，称为"同貌人"，象形文字里的读音是"卡"。当人入睡时，同貌人就会逸离肉体，去往四方游历。我们在梦境中看到的那些光怪陆离的情形，就是同貌人在旅途上的见闻，这与西非土人的观点非常接近。不仅如此，古埃及人认为就好像睡眠会醒一样，死亡也是会醒来的，如果当同貌人结束了旅行回归故里，却发现身体毁灭（腐败）了，那就无家可归，事情会面临向着不可收拾的态势发展的危险。死亡和睡眠是同质的，《庄子·大宗师第六》中也说："夫大块载我以形，劳我以生，佚我以老，息我以死。故善吾生者，乃所以善吾死也"。"长眠"这个词，即便是在我们自诩为现代、科学和理性的今天，在听到任何迷信和蒙昧的说法都要毫不留情地大声嘲笑的信息时代里，也不会受到什么诟病，闻者只是戚然颔首，然后长久凄楚无言。

总而言之，战无不胜的吉尔伽美什在此一败涂地。读者虽然早已料到，但也不由得为之扼腕痛惜。吉尔伽美什也因此意识到了死亡就好像睡眠一样不可避免，"在我的卧室里，死亡常驻"（第245句），也只好自认倒霉。乌特纳匹诗提请他泡澡、款待了他几天，打算送他回家。这里情节发生了一点峰回路转。在临行前，乌特纳匹诗提祖师送给吉尔伽美什一个临别礼物，那是一则令他振奋不已的消息，"（我将）告诉你一个关于（……）的消息"（第282句），第二个括号里的字词有损毁，应该是"诸神"或是"永生"，"那是一种草，它……像荆棘"（第283句）。第285句是"如果你能得到那棵草"，但颇为讽刺的是，泥板上令读者心跳加剧的第286句，得到那棵草会怎样，却整句损毁得无一字可识。

顺带一提，这种颇似荆棘的仙草可能是珊瑚，因为后文吉尔伽美什必须潜入深渊的水底才能找到，此外在距离两河不算太远的南亚次大陆，东印度的古人迷信黑珊瑚或海柳木是包治百病的灵草。这两个区域在亚述强盛的时代，往来非常频繁，也难保这种说法对苏美尔人产生怎样的影响：这种影响可能只是源于一个游方商人的如簧巧舌而已。

吉尔伽美什听了二话不说，立刻潜入深渊，出人意料的是，他几乎没费任何周折就采到了这株"心跳草"。手头只有一棵仙草，看来为全人类谋福利的远大抱负已经是镜花水月，那接下来首要的还是让自己永生。第298句是"我要用一些喂给老人以测试其功效"，第300句是"我自己也要吃，让我重返青春的时光"。可惜最后竹篮打水一场空，众所周知的结局是，吉尔伽美什在溪水里洗澡的时候，仙草被一条蛇给吃了。吉尔伽美什大惊失色，但是已然不及阻止，只见那条蛇飞快地蜕了一层皮，然后游进草丛不见了。

因为蛇会蜕皮，所以认为蛇永远不死的看法也非苏美尔人所独有。我们再列举一个关于蜕皮的传说。与列维-布留尔相比，英国人布罗尼斯拉夫·马林诺夫斯基（Bronislav Malinovski，1884年—1942年）是一位更加注重考察和田野考古的社会学家，一生壮行天下，走访过不计其数的村庄和部落。此人在伦敦大学任教期间，曾经当过中国社会学家费孝通（1910年—2005年）的老师。马林诺夫斯基的代表性观点可称为"功能学派"，即相信任何文化遗存只有对人类文明的发展"有用"才会流传下来，否则就会被历史遗忘，普遍的历史知识也不会刻意去记忆那些没用的东西（这是他反对历史主义学派的观点）。

马林诺夫斯基在《巫术、科学、宗教与神话》（*Magic, Science, and Religion*，1948年）这本书里，也记载了一个他在非洲听来的关于永生的故事。故事说的是从前人类也是会蜕皮、返老还童的，在一个叫卜瓦代拉的地方住着祖孙三人。有一天祖母带着孙女去河里洗澡，老祖母蜕了一层皮变回少女，但游回来时孙女却不认识她，叫她走开。老祖母很生气，又重新披上旧皮说："你不乐意认我。好吧，你也会变老的，而我则会死去。"两人回到家里，祖母余怒未息又对母亲说："我以后不蜕皮了，我们都会变老，我们都会死去。"从此以后人类就再也不会蜕皮，也只能接受衰老死亡的命运。

因为人的"变老"首先是一种直观印象，须发变得皓白、皮肤变得褶皱、举动变得龙钟，所以"老"的第一印象乃是一种"皮相"。原始人看到蛇蜕皮，就以为这是返老还童的秘密。蛇在很多传说中是具有灵性的，譬如伊甸园的故事。也有很多传说中把蛇看成是一种生生不已的生命力的象征，这种象征经常以两种图形予以呈现：其一是双蛇交缠，这其实是蛇在交尾时的举动。主要的代表形象是古希腊的双蛇杖，为天使赫尔墨斯所手持，赫尔墨斯是商人和小手工业者之神，这种双蛇缠绕的图形象征一种和平交错水乳交融的态势；双蛇交缠的另一个著名形象见于中国古代的伏羲女娲传说，伏羲女娲两位大神都是人首蛇身，汉画像石及楚帛画中经常表现为蛇身交缠的形象。其中较有代表性的是山东嘉祥武梁祠西壁，伏羲戴冠执矩，女娲挽髻执规，二人均人首蛇身且尾部交缠，中间有一小人。左边题刻"伏羲仓精，初造王业，画卦结绳，以理海内"的铭文。双蛇交缠，预示着阴阳相偕、诞生生命。

　　蛇意象的第二个著名隐喻形象是自噬蛇，也就是蛇吃自己的尾巴。这个形象在古埃及和古希腊的图像语言中很是常见，在古印度文明中更是被赋予了哲学内涵。这个有趣的形象起源于古人的一种想象，即如果一条蛇吞噬自己的尾巴——这在最初当然是毫无新奇之处的，很多人家里养的小狗经常会重复这种令人发噱的举动长达十几分钟之久——它顺着长长的身子一路吃下去，总会吃到自己的头，确切地说是后脑勺，可是蛇怎样才能咬到自己的后脑勺呢？这还不是问题的终极所在，如果这个过程持续到最后，吞吃身体的这张嘴迟早会吃到嘴自身，可是嘴并不比自己大，也不比自己小，怎能吞噬自身呢？对此的一个推论是，蛇吃掉自己的尾巴，吸收了养分，所以长大了，身体变长了，有了更多可以吃的部分。但如果我们无视这个推论——这样这个题目才有趣——就会发现在这条蛇的全身我们都找不到一个点，从这个点开始是"不可吃"的，这个过程其实是一个无限递减的、芝诺悖论的一种形态，它不具备这样质变的歧点。蛇吃尾巴喻示无限的循环。荣格认为自噬蛇象征着"无限"或者"一切"，具有"自我摧毁"及"转化为循环模式"的含意，既能统合又能同化对立面；而经过这个自我统合同化的过程所得到的回馈，就是永生。德国心理学家艾瑞赫·诺伊曼（Erich Neumann，1905年—1960年）曾经在苏黎世的荣格的学术机构里讲过学，在卡夫卡还是个小人物的时候，诺伊曼就做过关于他的个案研究。诺伊曼进一步认为，自噬蛇是"前自我"阶段（Pre-ego）、"混沌状态"（Dawn State）的实际象征，描述出不管是成年人还是幼童都存在着的童蒙阶段。在这样的阶段里，生机以自性而非外部世界作为灵性的养料，它所孕育的一切都不可能大于自身的存在。

如果把蛇吃尾巴概括成是一个来自自然的"圆圈"形象——当然自然界也并没有这样愚蠢的蛇——我们发现，在自然界也许能找到"圆形"，比如说太阳或是眼睛，但是找不到原生的"圆圈"。即我们把线条的轮廓从整个图形上提炼出来，就会发现这是一种无始无终的意象。原始人为了模仿太阳，在砂岩壁上画了一个圆，当然，这个圆形也还是借助线描圆圈的方法完成的。在最初时分这个圆圈"里面"的砂岩被他们定义为是这个假想的太阳（圆形）的一部分，因而和圆圈"外面"的砂岩有所不同，但后来发现其实还是一样，不一样的只有那个圈子自身。这样，纯粹的轮廓、纯粹的线条圆圈就被抽象出来了。圆圈可说是人类最早的抽象思维概念之一，理性文明由此而开端。荣格曾经举过一个例子，在罗马尼亚的岩画中有一个图形，那是一个圆圈中有两个十字，很多人以为那是一个轮子。而事实上，那个时代人类文明根本没有进化到发明轮子。荣格据此认为，这个图形不可能来自于外部经验，而是作为一种更内省的、更原始的意象而存在。

在这两种形象里，蛇都是作为生命及其神秘性的暗示。蛇身的神祇在各个民族都有传说，这是一种以蛇的恐怖和混沌面貌来隐喻某种至大的存在，在毋庸置疑的伟大之外的另一种特性，一种令人感到恐怖，从而无法仰视的、洪荒而狂暴的生命面貌。这种意象是睿智的，但也是令人厌恶的，就好像《圣经》里上帝命令亚当和夏娃的后代与蛇结仇一样，生命的玄机以及这种玄机的揭示都给人带来一种芒刺在背的不快感。

　　永生是不可能存在的，沉迷于故事的跌宕起伏中继而惊觉的读者发现情况并没有（借由这一次令人唏嘘的阅读）发生什么变化，人类还是难以幸免于终极的命运，吉尔伽美什的冒险算是彻底失败了。吉尔伽美什沮丧地回到了乌鲁克，然后史诗到这里就戛然而止了。

VI 第十二块泥板——死后续存意象和道德意象

实际上现在发现的关于吉尔伽美什故事的泥板一共是十二块，但是有一块的故事在情节上无法并入到史诗的任何位置，讲的是恩启都向吉尔伽美什描述阴间的恐怖景象，但是在这块泥板的开端，恩启都并没有死，而且他死的原因是去阴间帮吉尔伽美什找回一件什么"玩具"，从而一去不返。由此可见，第十二块泥板自有因果，在情节上难以融入史诗结构的任何位置。所以现在的编排唯有将第十二块泥板单独列为史诗的外传。而实际上，这块泥板上的故事比史诗自身还要久远，它在史诗成本前早已在公元前两千年的苏美尔人之间流传。所以确切地说，第十二块泥板其实应该算是史诗的"雏形"，目前这段史诗最为主体的部分见于尼普尔出土的一块泥板。在对这块泥板的解读中我们分析一下位置的意象和死后续存的意象。

第十二块泥板的开端，吉尔伽美什的两件名叫"普库"和"奈库"的玩具掉入了冥府，见第4句"今天普库掉入了冥府"和第5句"我的奈库掉入了冥府"，他因而情绪低落。"普库"和"奈库"传说由伊什坦尔女神发明，后来在乌鲁克城风靡一时。民俗史学家考证"普库"是木球，而"奈库"是木槌，可能是原始的槌球或是门球之类的游戏，这与本文的主旨无关，在此不予探讨。而这里一个通常容易被忽略但是相当值得"钻牛角尖"的细节是这块泥板中反复出现的一个重力感十足的词：为什么说普库和奈库是"掉入"冥府的？

这就是说，从重力作用的方向可以推算出，这个被称为"冥府"的地方，位置上处于吉尔伽美什当前位置的"下方"。这种世界观就很容易理解了，几乎所有的文明众口一词地认为，死后续存的世界，位置处在生者世界的"下方"；当然，也有一些较为多元的世界观认为在生者世界的"上方"也有一块供死后续存的净土。总之，古人对于生死的理解在某些角度上表现为一种奇特的、但是影响深远的、位置上的重力落差关系。

这并不奇怪，因为人类百分之九十以上的外部经验都是由视觉系统提供的，而视觉的一个基本职能就是捕捉事件的进程落差，从而感应世界。在此我们可以参考芝诺（Ζήνων，前490年—前425年）的"飞矢不动悖论"，如果我们将任何一个时空节点的当下共时状态定义为"现在"，那么这个"现在"必须是"静止"的才能维持时空的现实性。如果我们将"现在"的时空动量取值为0，那么任何一点微小的转变都具有了实际上的动量取值，过程也就真正的发生了。请注意，这个过程的前提："现在"是静止的，到现在为止还是一个一厢情愿的主观值。所以在理性的因果关系形成的时候，原始人已经习惯于将事件的时空发展理解为一种"位移"的发生。

以位移来理解一些较为抽象的过程概念已经是老生常谈之举。我们可以举一个类似的例子，就是做梦。在人类文明发展的几乎所有需要以图形来表现梦境的场合，从戈雅（Francisco José de Goya y Lucientes，1746年—1828年）的《理智入睡产生妖魔》到明代闵寓五（1580年—？）的版画《草桥店梦莺莺》，在构图上梦的内容一定被安排在睡眠者的"上方"，二者之间以一些不明所以的抽象符号或者干脆是突兀的空白予以分界，来暗示它们分属于彼此难以逾越的不同世界。与此类似的还有语言，语言在画面中的安排，只要布局允许通常也都是在言说者上方不远的位置。看来分量也是区分具体观念和抽象观念的一个标准，这也是为什么需要安排对白的插画里，语言都被安排在位于人物斜上方的一个形似气球的东西里，而且看起来毫无重力感。

这种观念自身就隐含了人类通过位移来理解世界进程的寓意：世界因为重力感而分成很多"层次"，梦境无形无质，肯定要比肉身"轻"，所以它们的位置应该是在"上方"保持关联的有效距离之内。出于位置上的推算，应该从一个躺倒的人的上方不远、大约是离地面高度七十厘米的地方，就开始是五彩缤纷的梦境世界。范围则差不多是人体外围一米的虚构轮廓之内，这与很多宗教艺术品中的"背光"或是"三花聚顶"的构图位置大体符合。

语言和梦境"在上"，那死亡就必然"在下"，这令人联想到深达九原的幽冥的世界。毫无疑问这种看法与古人的土葬习俗有密切的关系，当遗体埋入地下之后，它随即处于生者活动的世界之下，生者由衷地热望在那里有一个属于他们（逝者）自己的世界，从死后续存进而实现永恒。由于这个世界在直观经验上很容易被证伪，所以如果希望它存在，它必须是不可见的，这样才能相安无事。而从位置体认的角度看来，只有地下是生者看不见的。有趣的是，古人有时候其实并非真的相信在脚下的厚土之中另有一个世界，至少也不觉得它与现实世界之间的差距是一种简单的位置落差关系。我们来看《左传·隐公元年·郑伯克段于鄢》这个故事，庄公立誓不与武姜再见，说"不及黄泉，无相见也"，但是随即后悔，此时颍考叔建议说："若阙地及泉，隧而相见。""黄泉"这个词的原意是地下水，见《荀子·劝学》"上食埃土，下饮黄泉"，但这段话里的"不及黄泉"及"阙地及泉"，两个"泉"字显然并非同指。颍考叔建议挖掘一个大隧道的时候，也明知挖出来的"泉"不可能是庄公誓言里所说的"黄泉",这两个概念（黄泉一词的本意和引申意）之间是一种文化寓意上的转嫁关系。

挖坑埋葬死者,挖掘不得其法就会挖出地下水而功亏一篑,所以"黄泉"就成为了死亡的代名词。与此类似,在《圣经》的《马太福音》第 10 章第 28 节,耶稣曾警戒世人说:"能把生命和身体都灭在欣嫩谷里的,你们倒要畏惧。"欣嫩谷这个词 Gehenna,在希腊文中是 γεεννα,曾经被误译为"地狱",实际上只是耶路撒冷城外的一个常年被当作垃圾场的地名而已。早年这个地方曾有恶徒火焚活人献祭偶像信仰的行为,后来荒废成为设有焚尸炉的垃圾站。古代犹太人不准将罪人的尸体土葬而玷污大地,而是送到欣嫩谷当作垃圾焚化,所以欣嫩谷成为罪恶最终归宿的代表;在欣嫩谷焚烧垃圾及火化尸体时通常撒上硫磺粉助燃,所以地狱给人的印象也就是常年飘散着硫磺的臭味。欣嫩谷的位置在今天的 Gey Ben Hinom St.,亚美尼亚区的西南面,它的北入口在雅法门南面,南入口在戴维城南面的汲沦溪畔。这个区域现在绿草如茵,边缘市镇犹太居民和阿拉伯居民杂处。1987年,法国著名杂技大师菲利普·帕特（Philippe Petit, 1949 年—　）曾经在欣嫩谷的犹太区和阿拉伯区之间举办了一次震惊全世界的走钢丝表演,帕特原拟走到中段时,从裤子口袋里掏出一只和平鸽放飞到空中。但是令人哭笑不得的是,鸽子却停在帕特的头上、一会儿又停到他的平衡杆上,怎么也不肯飞走。帕特那一次的表演险象环生,一世英名差点付诸流水。

这就是说,你可以在地面上挖坑发现地下水,但是挖不到"黄泉";你可以从耶路撒冷市中心坐轻轨线去欣嫩谷,但去不了地狱。死后的世界只有通过死亡的意象才能与现世联系在一起。

对死后续存（Survival After Death）这种普遍的世界观,英国人吉尼斯（Ivor Owen Grattan-Guinness, 1921 年—2014 年）

在主编《心灵学》（*Psychical Research*：*A Guide to its History, Principles and Practices*，英国太空时代出版社 1982 年）一书时，承认其始终存在争端。但是吉尼斯也提出了几个难以辩驳的证据，例如他转引了临终关怀领域奥西斯（Osis）和哈拉尔德森（Haraldsson）写于 1977 年的报告《死亡之刻》（*At the hour of death*，美国雅芳出版社）里举的好几个例子，尔后总结说："例如，有几个垂死者显然看见了他或她至今还不知道（其死讯）的一个已经死亡的人，而这个人死亡的消息或者还没有到达垂死者的所在地，或者一直被有意地向他或她隐瞒着。"

我们认定一个事件不科学，并不是认为它不可信，而是无法以科学的手法来予以证明。而这些被看成是"不科学"的观点里，最为核心的问题就是死后续存的问题。几乎所有文明都构建了这样的一个世界，亡者的最终结局无论是即将轮回（佛教）还是等待复活（基督教），在死亡之后到最终结局之前的这段时间里都被允许在这个世界聚集和逗留。这个世界有时候具有奖惩亡者生前功过的特性，例如极乐或地狱；有的时候则是一个和生前没什么区别甚至一模一样的世界，例如西非传说中的"斯拉曼"世界；也有的观点声称根本没有这样的世界，只是一个过程。《瑜伽师地论》声称："又此中有，若未得生缘；极七日住。有得生缘，即不决定。若极七日未得生缘，死而复生，极七日住。如是辗转，未得生缘，乃至七七日住。自此已后，决得生缘。"认为转世的间隔最多不超过四十九日。但是《俱舍论·卷十》则言："应知中有初续刹那亦必染污。犹如生有。然余三有一一通三。谓本死中三。各善染无记。"这种观点却认为，死亡瞬间至来生出世之间绝无四十九天的漫长间隔，而仅存一"刹那"，也就是七十五分之一秒。在这时段（死亡至于转世之间）亡者的状态被称为"中有"，这个概念相当于密教的"中阴"（Antrabhara）。"中有"

类似我们在梦中的自我，仅为意识之存在，而没有实质肉体，称为"意生身"。然而中有也受到各种缘及烦恼的影响而被"染污"，无法意识到自身之中有，而是"犹如生有"，在想象出来的、烦恼的泥潭之中继续裹足不前。

《吉尔伽美什史诗》的第十二块泥板在故事上虽然独立且更为原始，但是里面记录了很多苏美尔传说中的"阴间"的景象，因而阅读起来也妙趣横生。就好像人间一样，阴世也有很多清规戒律或是行为规范。在恩启都动身之前，吉尔伽美什告诫了他一些在阴间旅行的注意事项，这些告诫主要包括第13句"你（千万别穿）干净的长袍"、第15句"你切莫涂抹祭坛的香油"、第17句"你切莫在阴间挥舞提尔帕努（一种手杖或是飞镖类型的随身武器）"，以及第19句"你手里不要拿任何东西"。第23至26句是"你不要亲吻你心爱的妻子""不要攻击你憎恨的妻子""不要亲吻你心爱的儿子""不要攻击你憎恨的儿子"，意思可能是在阴间如果遇到亲人的鬼魂也要低头避开，切不可上前相认。总之要尽一切可能避免受到鬼魂的注意，否则"冥府的嘶叫会把你抓住"（第27句）。但是第32句说"未将吉尔伽美什的叮嘱记在心头"，恩启都把吉尔伽美什的劝诫抛诸脑后，对于前面的所有戒律都来了个反其道而行之，把阴间搅得鸡犬不宁。

前文提到过，生者对于亡者的心怀愧疚可能转化为葬礼上的自残、谀美以及贿献等一系列行为，这种亏欠感是确凿无疑的。因此，将心比心地认为亡者对于生者的态度是仇恨和敌视，这种推论也符合常理。在文明的神话发展出天堂里绿草如茵的溪谷花园、镶金嵌玉的琼楼玉宇之前，亡者的愤怒一直无法平息。

出于对死亡的恐惧，阴间的生活在生者们的想象中是凄风冷雨、家徒四壁的。《奥德赛》的长诗里叙述了奥德修斯在阴间的见闻，当他准备了一些蜂蜜和牛奶向阴间的孤魂致祭时，饥肠辘辘的鬼魂们一拥而上，情形实在是凄惨无比：

> 作过祀祭，诵毕祷言，恳求过死人的部族，我抓起祭羊，割断脖子，就着地坑，将波黑的羊血注入洞口，死人的灵魂冲涌而来，从厄瑞波斯地面，有新婚的姑娘，单身的小伙，历经磨难的老人，鲜嫩的处女，受难的心魂，初度零落的愁哀，还有许多阵亡疆场的战士，死于铜枪的刺捅，仍然披着血迹斑斑的甲衣。死人的魂灵飘涌而来，从四面八方，围聚坑沿，发出惊人心魂的哭叫，吓得我透骨心寒。

为我们所熟悉的《西游记》第十回的故事里面，太宗偶游阴世，也受到了阴魂的勒索：

> 前又到枉死城，只听哄哄人嚷，分明说："李世民来了，李世民来了！"太宗听叫，心惊胆战。见一伙拖腰折臂、有足无头的鬼魅，上前拦住，都叫道："还我命来，还我命来！"慌得那太宗藏藏躲躲，只叫："崔先生救我，崔先生救我！"判官道："陛下，那些人都是那六十四处烟尘，七十二处草寇，众王子、众头目的鬼魂；尽是枉死的冤业，无收无管，不得超生，又无钱钞盘缠，都是孤寒饿鬼。陛下得些钱钞与他，我才救得哩。"

《西游记》里地狱的描述取材自佛经。东汉有一位名叫安世高的安息国高僧，出身王族，舍身前曾短期担任过安息国王，于汉桓帝初年来到中土，《安般守意经序》中说他"博学多识，贯综神模……鸟兽鸣啼，无音不照"。安世高大师曾经翻译过一本专门记载地狱惨境的《十八泥犁经》。经中记载阴世一共分为十八个"泥犁"，梵文的读音分别是先就乎、居卢伜略、乘居都、楼、旁卒、草乌卑次、都意难且、不卢都般呼、乌竞都、泥卢都、乌略、乌满、乌籍、乌呼、须健渠、末头干直呼、遒涂、沈莫。在第一个泥犁里鬼魂的受苦时间"寿人间三千七百五十岁为一日，三十日为一月，十二月为一岁，万岁，为人间百三十五亿岁"，然而一百三十五亿年只是最短的刑期，以后每深入一层泥犁，一日的长度加倍、总刑期的年数也加倍，到第十八个泥犁，刑期的长度是"寿芥种六万五千五百三十六斛，百岁去一实，芥种尽而寿未尽"，实际上应该是"不短于"2.3 乘以 10 的 25 次方。此外，在此基础上每过一个泥犁，鬼魂的受苦程度增加 20 倍。

看来死后的生活真可谓度日如年。为了弥平这种生者对于亡者的亏欠，阳世对于阴间的祭祀不能停息，这一点在世界各个文明之间达成了共识。《吉尔伽美什史诗》第十二块泥板里，也借恩启都之口谈到了没有血食的阴魂在冥府的惨景。吉尔伽美什向天神祷告，招回了恩启都的魂魄，两人开展了一段颇为实际的对话。吉尔伽美什对于"那个世界"感到好奇，要求"告诉我，朋友、告诉我，朋友"（第 90 句）、"告诉我你在冥府的见闻"（第 91 句），恩启都却有些迟疑，觉得亡者世界的凄惨绝不是任何生者所能接受的："我不能说，朋友，不能说。"（第 92 句），"如果我告诉你冥府的见闻"（第 93 句），"你会坐下哭泣"（第 94 句）。但是经不住吉尔伽美什的软磨硬泡，干脆带上吉尔伽美什到阴间一游，让他眼见为实。第 100 句和第 101 句意思不太明确，好像是恩启都指导吉尔伽美什在地面上挖了一个坑，将自己半埋起来，这可能是能令生者进入冥府的某种不传之秘。在吉尔伽美什的灵魂如愿下到阴间，这段观光旅程得以开始后，在第 102 至第 116 句里，恩启都首先指给吉尔伽美什看的是七个男人的鬼魂，他们分别有一到七个儿子。第一个鬼的境遇是"（一个钉子）钉在他的墙上，正在埋头痛哭"（第 103 句，此处意思不明确，可能是指"家徒四壁"之意），但第七个鬼却是"在一群初级神祇之间，坐在宝座上问理诉讼"

（第116句，意为享用荣华富贵）。鬼的数量也有可能不止七个，因为第118句为"如同一面辉煌的旗帜，他倚在角落"，但是从第119句到第131句全部被损毁了，完全无法辨识。这几个鬼之所以境遇之差别判若云泥，主要因为后继香烟的数量。很明显，只有一个儿子的鬼，其阴间生活颇为窘迫，不得不以泪洗面，但有七个或八个儿子的那几位仁兄却已经扈从如云，出入衣香鬓影的上流社会。

从生物性上、以及伦理上延续自己的血脉，也是人类文明体认死亡意义、从而客观地看待主观畏死这一事实的一种解读。把永生看成一种"事实"当然没有希望，但是永生作为现世的一种"意义"，却是可以追求的。人类至少能从三个方面来实现永恒的意义：有人追求名著竹帛、光耀青史；有人追求死后续存、轮回转世；有人则追求子孙绵长、不绝其祀。

从生物性上解读的人类对于血脉延续的追求，前文已经分析过了，就是丰产的意象，其极致情结（complex）是长子仇恨的意象。原始人希望自己的谷物丰产、希望自己的牲畜丰产，归根结底还是希望自己的子嗣丰产。所以原始人崇拜"丰饶"的意象而非"美"的意象，这个阶段持续的时间比有文字的历史要漫长许多倍，更不用说那种无中生有的美学史了。那位在史诗里每每兴风作浪、无事生非的伊什坦尔女神应该是个什么"样子"？恐怕不能理解为断臂的维纳斯那样的"美女"形象——就算是维纳斯自己，在现代人的审美眼光看来恐怕都是肥胖的——更不用说现代常用的诸如"楚楚可怜""梨花带雨"之类的形容词了，原始人如果看到了这样一位袅袅婷婷的现代美女，只怕要大摇其头。1909年，几个挖铁路的工人在奥地利维林多夫一处工地旁的洞穴里发现了一尊女性小雕像，后来被命名为维林多夫裸女，更诗意一点的称呼是维林多夫的维纳斯。这尊雕像没有五官，但是乳房和下腹（子宫）却被扩大到相当夸张的地步，因而看起来胖乎乎的。维林多夫这位风姿绰约的佳丽就是典型的原始人崇拜丰产的证据。此外还有巴洛克时代的不朽名作，鲁本斯（Peter Paul Rubens, 1577年—1640年）的《强劫留西帕斯的女儿》，画面中两个肌肉发达的愣头青（卡斯托耳与波吕刻斯）正在试图绑架两位形如厨娘的胖姑娘，他们骑在巨马之上，对着两位佳人手忙脚乱地一通乱扯，而两位肥胖佳人的拒不合作使得整个劫持行动险象环生。这个场面与其说是暴力，还不如说是一场充满了喜悦的情欲游戏，力量和丰盈血肉的生命张力弥漫了整个画面。解读这种形象我们可以参考两方面的线索：首先，正如希罗多德在《历史》的第12章中记载的波斯风土："子嗣繁多，在他们眼中看来乃是男性仅次于勇武的一项最大美德。每年国王都把礼物送给子嗣最多的那个人。因为他们认为人数就是力量。"在人类身处自然竞争弱势方的远古，人数是唯一可以倚重的资源，这一点需要依靠女性的丰产来实现。具有发达的乳房和子宫的女性，因为从外形上看起来更接近丰产的形象而被崇拜，至少是受到推崇。其次，母系氏族社会中晚期至于父系氏族社会，原始人虽然没有确立普遍的阶级制度，但是每个部落中总有一两位地位重要而养尊处优的女性，因为衣食无虞而肥胖，这种部族重要人物可能是人类肥胖史的先驱。原始人在羡慕她们优越生活的同时，也一并欣赏她们的体态，所以她们成为最受人爱慕的对象。"爱慕"和"羡慕"两个词，都有一个"慕"字，原始人可能并没有提炼出普适的、关于"美"的欣赏标准，但他们至少都知道自己想要什么，而这个"慕"字正好表达了这种虽不可得而心向往之的意思。"美"的原初含义包含了很大成分的占有欲，这种情况到如今只是变得文雅了一些，未曾根本改变。

所谓"毛嫱丽姬，人之所美也，鱼见之深入、鸟见之高飞、麋鹿见之决骤"，美的标准最初一定是实用主义的，然后经历了一个由实际转向观念的过程。其实血脉延续的传统也经历过类似的心路历程。前面说过，古人敌视身份不明的长子，这是一种实际的、追求血统纯正的需求，即要求后代必须"确实"是自己的血脉。但进入阶级社会之后，谱学逐渐发达，人们发现血统的纯正是一种隐性特质，终究虚无缥缈。所以古人开始由追求事实的血统转向追求"名义"上的血统，这种名义上的血统包括但不限于事实血统，我们称之为谱系。就是说，一个成年男性和一个男孩（通常是男孩）没有血缘关系，但是通过一系列的操作手续，社会也可以承认后者在谱系上的合法性。这些操作手续常常是过继、领养或是改宗，即使在今天也相当普遍。这就是说，一个孩子在实际上是不是自己的后代并没有什么关系（这在今天已经能够得到科学验证，但人们反而已经不介意它了），只要在名义上能够守灶就足够了。在有的时代和有的地方，甚至连通奸都是合法的，至少是被默许的。色诺芬（Ξενοφών，约前430年—前355年）在《拉栖代梦人的政制》一书的第1章记载，在城邦时代的拉栖代梦人，即斯巴达人的心目中，优生的分量重于道德。斯巴达人必须在最适合生育的年代婚配，老夫少妻的，就必须带一个年轻人回家；丈夫如果有一个在体质上有令他羡慕特征的朋友，可以把妻子寄养在这个朋友家借孕。所以普鲁塔克（Plutarch，·46年—120年）在《米库古传》中也说过，斯巴达人完全不懂"通奸"一词是什么意思，更不明白这种行为有何不妥之处。这样，生出来的孩子和男主人（名义、谱系及社会关系上的"父亲"）毫无血缘关系，但还是会得到视如己出的抚养，并且在光大门楣方面更令父亲（养父）骄傲。

拉栖代梦人追求丰产出于其扩张性的政治特色，但是宗嗣繁茂的祖先在死后得到祭祀这一方面确实具有优势，这是古人眼见的事实。所以问题还是回到了人们最感兴趣的、死后续存的境遇问题上。祭祀祖先与葬礼祭祀具有一定的相似性，越是挥金如土，祭祀者和被祭祀的祖先越是光荣，子嗣繁茂的优势在这里就体现出来了。在远古时代的祭祀，祭品或是被毁掉，或是干脆被神庙的祭司侵吞，例如《甲骨文合集》第32028片里有这么一句："辛未贞，桒禾于河，燎三牢，沉三牛。宜牢？""燎"字的意思是焚化，"沉"字的意思是沉入河底，可见都是在祭祀上直接摧毁祭品。这类似于现代人在祭祀上焚化纸钱，在现世的摧毁被看作向另一个世界交付的方式。不过近世人则精明得多，在祭祀结束后捏造出某种理由回收祭品，参考雷纳·格鲁塞在《蒙古帝国史》一书的第2章"蒙古国家的形成"中的描述："这是在一个春天，俺巴孩的两个寡妇，斡尔伯和莎合台两位哈敦举行祭祀祖先的祭礼……但是在分祭肉的时候，没有分给诃额仑应得的一份。"这种回收祭品的行为在汉语中称为"散福"，所以祭祀也就逐渐转化为现代的节日。人间的一切悲欢无不与死亡密切相关。

至此史诗还剩下最后几句。在目睹了子嗣厚薄不一的鬼魂身后境遇的不同以后，从第144句开始，恩启都又指给吉尔伽美什看了五个鬼魂，这几句探讨的是死亡方式和葬礼规模的问题。前三个鬼的死因分别是被桅杆砸死（毫无价值地死于意外事故）、自然死亡、战死。显然战死者身后最享殊荣，"他的父母以对他的回忆为荣、他的妻子为他哭泣"（第149句）；得享天年的鬼魂虽然谈不上有什么身后的荣耀，但他"躺在（众神）的卧榻上畅饮清泉"，也十分惬意；死于事故——"被桅杆击中"这个说法有点不明其确指，也许在苏美尔人的语言中有什么双关语用法或是典故隐喻，当然也不排除这个倒霉鬼真的是在一次意外事故中被桅杆砸死的——的鬼魂最为可怜，第145句说"唉，他的父母啊！当钉子被拔出来时，他游荡无依"。恩启都又指了两个鬼魂给吉尔伽美什看，这两个鬼魂在死的时候没有举办葬礼，所以在阴间无家可归、乞讨为生。其中一个曝尸荒野的，"他的灵魂在冥府不得安息"（第 151 句），而另一个死时没有举办葬礼的更加凄惨，"他吃着瓶里的残渣和扔在街上的面包屑"（第 153 句）。这是现今最完整版本史诗的最后几句，这个戛然而止的结尾在现今考古发现的泥板中都大同小异，目前没有发现大段佚失的内容。尼普尔出土的一块泥板上多了几句，谈了谈那些死时举办盛大葬礼的鬼魂在阴间享受的较为优厚的待遇；而吾饵出土的泥板则多了一个结局，大意是吉尔伽美什看到了这种种的阴间奇景后觉得毛骨悚然，其中，还是最后不得葬礼的鬼魂的惨景最令他感触深刻，他当即决定回家给先父母补办一次规模盛大的葬礼，还要树立起宏伟的墓碑。史诗的第十二块泥板到这里就结束了。

所谓千古艰难唯一死，死亡方式可谓人生的最后一件大事。很多版本的阴间传说里，死亡方式是给亡灵分类的一个统计学手段。就动物的本性而言，自然死亡——死于衰老当然是最理想的死亡方式，这在当今司空见惯，但在原始时代其实连这一点也不容易做到，原始人其实是大多不知道"老"为何物的。参考中国国家博物馆研究员、中国民俗学会首席顾问宋兆麟教授在《中国原始社会史》中列出的资料，考古学家抽样统计了三十八位北京人的遗骨，这些先人中，寿终于五十至六十岁的只有一人，死于四十至五十岁的和死于十四至三十岁的各为三人，剩下的全都是死于十四岁以下的，多达十五人，比前面的"高寿"人数总和多出一倍有余。原始人死亡的原因中出现最多的是营养不良，其次是传染疾病，还有洪水猛兽之类的自然事故。我们的这些祖先在困顿中举步维艰地缔造着人类的文明，他们的平均寿命（抽样统计的平均，例如前面北京人那个例子里大致统计出的平均寿命是十岁零九个半月）不太可能超过十五岁。

所以上古神话中那些高寿人瑞的传说，不消说都是空穴来风了。在永生终属镜花水月的情况下，长寿是仅次于此的诱人选择。解读这些传说有三条思路。其一，我们来看这个例子，《楚辞·天问》中有这么一句说："彭铿斟雉，帝何飨？受寿永多，夫何久长？"东汉王逸注曰："彭铿，彭祖也。"这位彭祖是中国历史上最富盛名的老寿星，《列子·力命》中说"彭祖之智不出尧舜之上而寿八百"，从此彭祖寿八百的传说千古流传。这种个人长寿的例子可能只是起源于古人的一个推论："如果"一个人不出任何致死意外的话，他究竟能活多久呢？这种一时的遐想成为了很多长寿传说的基础。

第二种思路我们可以参考这样的例子，《圣经》的《创世记》第 5 章记载了亚当及其后裔的寿命，从亚当到闪、含、雅弗三兄弟，亚当活了九百三十岁、塞特九百二十一岁、以挪士九百零五岁、该南九百一十岁、玛勒列八百九十五岁、雅列九百六十二岁、以诺三百六十五岁（未死而归神）、玛土撒拉九百六十九岁、拉麦七百七十七岁，然后《创世记》第 9 章第 29 节记载挪亚活了九百五十岁。这一支长寿家族的前后寿算总和在时间跨度上迈越一万年，这基本和人类文明所能记忆的最早时间相吻合。这其中隐含的一条信息是：他们的传奇当然主要是出于夸张，但我们也应该看到，在以文字记载历史的行为颇不发达的古代，很多默默无闻的祖先，因为其生平不能被记入档案而很快被遗忘。为了维护谱系在时间上的完整，后人只好将他们的寿算都加到那些赫赫有名、永垂青史的祖先身上。

长寿传说的第三点，人寿有尽而英名不朽。关于彭祖的长寿，汉代史学家韦昭（204 年—273 年）在注解《国语·郑语》时说："彭祖，大彭也。"无独有偶，清代人孔广森（1751 年—1786 年）在注《列子》时也说："彭祖者，彭姓之祖也……大彭历事虞夏，于商为伯，武丁之世灭之，故曰彭祖八百岁，谓彭国八百年而亡，非实箓不死也。"可见彭祖寿八百指的是大彭这个伯爵国从虞到武丁，持续了八百年。较早注意到历史人物长寿问题的是孔子的弟子宰我，在《大戴礼记·五帝德》中记载了他们师生的一段对话，宰我对于黄帝寿三百年感到困惑，问孔子说："昔者予闻诸荣伊令，黄帝三百年，请问黄帝者人邪？抑非人邪？何以至三百年乎？"对于这个问题，孔子明确地表示自己不知道："先生难言之。"但他也提出了自己的看法："生而民得其利百年，死而民畏其神百年，亡而民用其教百年，故曰三百年。"可见，生有涯而名无限，英名的流颂被看成是延续生命最伟大的方式。

这样，话题就自然地被引转到那位战死沙场的、光荣的鬼魂身上。尽管为了非个人的目的而献出生命一向被道德标注为至善和光荣，但我们还是要问，在与生物本性相悖时，"道德使然"的很多选择究竟是对还是错？叔本华（Arthur Schopenhauer，1788年—1860年）将此解释为，"生存意志"这种东西——出于形象考虑，我们姑且将之想象成一个形如某种北欧野兔的、狡诈的怪兽，某种支配一切的地下之神——具有寄生的性质，为了其自身的延续而诱使宿主做出违背其个体本性而有益于群体的选择，但是他的私淑后学尼采（Friedrich Wilhelm Nietzsche，1844年—1900年）却对于这个解释非常不满意。尼采也不屑于假手某种虚无缥缈的、想象出来的新上帝来解释世界的混乱与虚无，他认为人就是人，连上帝都是不存在的。在《论道德的谱系》这篇文章中尼采认为，我们一直以为其存在的"道德"其实是一种"高贵道德"，也就是说附和地位高贵之人的价值准则，这被看成是"对"的。古代犹太人被埃及法老劫持为奴隶，本来逆来顺受，但因为埃及法老欺人太甚，所以他们发动了一场道德上的奴隶起义。然而这场起义即便是胜利了，结果也只是"教士道德"

在埃及法老之后成为新兴的"高贵道德"。为此尼采愤怒地说：

> 接下去是金属的时代，也就是那些被践踏者、被剥夺者、被残害者、被拖走和被贩卖者的后代所看到的那个世界：据说这是矿石的时代，坚硬、冷酷、残忍、没有情感和良心；一切都被捣毁并沾满血污。假定，现在被当作"真理"的东西果如其然，假定一切文化的意义就在于把"人"从野兽驯化成一种温顺的、有教养的动物、一种家畜，那么我们就必须毫不犹豫地把所有那些反对的和仇恨的本能，那些藉以最终羞辱并打倒了贵胄及其理想的本能看作是真正的文化工具，当然无论如何不能说，那些具有这种本能的人本身同时也体现了文化。

人类道德的全部历史其实可以被解读为一种限制的历史，对于任何一个被看成是"社会的"人的个体而言，道德首先是不许他干什么，然后才是允许他干什么。而这种观点被福柯（Michel Foucault, 1926 年—1984 年）坚信，他由此而归纳出，"限制"——而非道德——才是社会的一种实质性质。几乎所有的社会福利机构，例如医院、学校以及博物馆，都带有强制的秩序性质；而在所有的社会正义机构，例如法庭、警察局，这种强制更是作为威慑而被向公众展示，"善"的上古含义至今已经变成一种彻头彻尾的嗟来之食。然而缔造者自身——所有自诩为道德的人类——也难以置身事外，他们也同样成为了这种禁制的牺牲品。一个"社会的"人从八岁到十岁开始就被灌输什么是"对"的这个概念，这种仪式最终缔造了他们人格结构中被认为最为文明的部分，也就是弗洛伊德所说的"超我"。然后他们按照这个被预设为"正确"的准则度过短暂的一生，并且真诚地相信这是他们微不足道的人生的全部意义（这一点令无数被虚度的人生看起来显得不那么遗憾，倒也没什么不好），并在死前竭力将其传承下去，好让其继续俘获他们的子孙。道德之所以青睐地位高贵者，也只是因为他们对于它（道德自身，我们在此暂且给它加上一个所有格）的传承不仅更不遗余力，实际上也有能力作出更大的贡献。而且，除了极少数地位高贵者，抑或是思想高贵者如尼采自己外，大多数人基本不会去思考道德这东西本身是对是错这样的问题，就是说，大多数人对于道德自身的存在而言是没有威胁的。尼采在《人性的、太人性的》中也认为道德的本末倒置隐秘得几乎无人能够觉察：

> 首先，人们把个别的行为称作好或坏，完全不考虑这些行为的动机，而只是考虑有用或有害的结果。但是，不久以后，人们忘记了这些称谓的起源，误以为"好"或"坏"的特性是行为本身固有的，不管其结果怎么样。由于这样的谬误，语言把石头本身称为硬的，把树称为绿的——也就是说，颠倒了因果关系。

而在文艺复兴之后，教会思想没落了，符合现代社会的道德原则俘获了社会契约。我们根据它的新特质给它起个名字，就叫"知识道德"，即具有知识者——就像莎士比亚、伏尔泰或是康南海这样的人——有权设置道德的游戏规则。到当代情形又为之一变，"知识道德"蜕变为"传媒道德"，这个我想不需要解释了。然而无论如何嬗变，它——道德，一位悬浮的、鸟瞰的、无重力的、无所不在的、无远弗届的、温文尔雅的、义正辞严的、救死扶伤的……神——始终无法摆脱其"高贵道德"的本质。

这里似乎应该加一个脚注，"传媒道德"看似草根，判断的权力掌握在每一个后现代的、个体的"人"手中，看起来很像我们构思中的"自由"的某种皮相。但是在面对牢固的、价值体系的大厦时，这些"人"自己发声的"行为"即便是自由的，其"观点"是不是自由的，也很值得商榷。每当一个传媒的事件发生，人言谔谔，看似群情激愤，但是他们的理由和言论却很少超出能够推测得到的价值观范围。这一点非但不能证明时代许诺给凡人的那些自由的最终兑现，反而证明了枷锁变得无形、更加根深蒂固、更加难以挣脱。

这样一来，只要稳住了地位高贵者的位置，让他们因为符合自身利益的思路得到贯彻而高兴，道德可以说扫平了一切颠覆性的障碍。然后，个体死亡，但是道德得以延续下去，一切又将重演。这场拉力赛的一个凄凉的战果是，道德是不死的，但在道德彻底劫持人类的社会的时候，却唯有死亡是自由的。然而如同夹缝两侧两场永无止息的风暴，这两位势均力敌的强者都不是人类所想要的。道德试图以永生来为其价值加注，然而无论是"力者永生""信者永生"还是"义者永生"最终都是镜花水月：无人永生、无人躲得过死亡永恒的追猎。

第二部分

死床——
悲剧特质的四种冲突

Ⅰ　选择的发生以及文本的可写特性

在肯定了人类文明的悲剧特质之后，这样文明记忆的特质所造成的悲剧对于读者的要求就必然是，首先，读者要接受人性的旅途中亘立着许多无法逾越的高山——不是难以逾越，而是根本无法逾越——这一事实，人性解读的阳刚论者，或是过于迷信个人主观能动性的一部分读者，首先被悲剧的世界拒之门外。其次，读者必须用"心"来感受而非用眼睛观赏，要体味剧情的寓意而非理解剧情本身，这种解读方式自身等同于一次再创造。而这种再创造的结果也完全是开放的：读者不是作家的附庸。大多数情况下，作者的暗示和读者的理解非常同步，但也不排除读者的思索太深刻而造成了双方观点相差甚远。对于这种思维的碰撞游戏，思想深刻者会深得个中三昧，而无此质地者则会感到厌烦。

在某些较为形而上的场合之下，剧情分成"表"和"里"两个层面，也就是剧情的故事部分和寓意部分。有的时候故事部分的选择看起来很容易被避免，但上升到剧情的隐喻层面，我们发现那还是一种必然的选择。这里最好的例子是《俄狄浦斯王》，俄狄浦斯（Oἰδίπους）在一次毫无必要的争端中误杀的一位老人后来被证明乃是他的生父拉伊俄斯（Λάϊος）。这场事故——俄狄浦斯和拉伊俄斯在路口争道而引发的肢体冲突——无论从什么角度看都是一场巧合，他们两个人中的任何一个只要早一分钟路过那个路口，悲剧就不会发生。这一点看似符合了某种近似巧合的条件，人们因为一个本来很容易被避免而未被避免的选择而扼腕叹息，这是悲剧的表象部分。然而索福克勒斯（Σοφοκλῆς，前497年—前405年）自己对于观众的这种理解却颇不满意，他试图声明他的悲剧之中的一切剧情都是无法避免的，为此他提出的论断是"命运"，命运是无法抗争的，但是这个经不起推敲的解释显然无法满足两千五百年来所有认知层次的观众的要求。此时，悲剧理解的再创造行为也就自然而然出现了，一些不耐烦以家长里短的情变和虚无缥缈的命运来理解悲剧的读者——比如说西格蒙德·弗洛伊德，一个颇为自负的奥地利老头——站出来声称，俄狄浦斯情结中的乱伦禁忌背景（这一点我们在第一章中提到过）是人类乃至所有群居动物无法逾越的物性天性，在这个层面上，选择根本就不存在。

　　悲剧当然更应该青睐这些绝望的"无法选择"，任何一种选择只要还有希望，就不符合悲剧极致的要求。造成这种情形的原因通常是故事的预设条件过于具体，而使得选择自然发生。对于这种先入为主的编剧专权的批评意见早在两千四百多年前就已然很成熟。阿里斯托芬（'Αριστοφάνης，约前446年—前386年）是一个生于库达特奈昂的阿提卡人，为人尖酸刻薄，大半辈子在雅典度过，著作等身。除了作为古希腊三大喜剧诗人（另外两位是克拉提诺斯〔Κρατῖνος〕和欧波利斯〔Εὔπολις〕）之中唯一有完整作品传世者而声明遐迩之外，阿里斯托芬学识渊博，和他的学生阿里斯塔科斯（'Αρίσταρχος，生卒年不详）修订过荷马史诗，是古希腊最有成就的戏剧理论家和戏剧批评家。阿里斯托芬相信一个人想得越多，他想的东西就越不值得作为普适的真理。为此他曾经挖空心思地编过一出喜剧《云》来嘲笑苏格拉底和他的学生们的哲学沉思完全是杞人忧天。这种观点，也深切地影响到他对于悲剧的看法，阿里斯托芬反对在剧作中加入各种特殊的、不常见的条件——例如独眼、断腿或是美貌倾国——而使得剧中人物变得独一无二，因为独一无二的人物将会绑架剧情，而使得所有的特殊选择看起来变得合理、量身定制和自欺欺人。这种合理恰好就会使得悲剧的认同变得庸俗化。我们来看看在《阿哈奈人》里他对于欧里庇得斯（Ευριπίδης，前480年—前406年）的一段颇不客气的质疑：

> 你写作，大可以脚踏实地，却偏要两脚凌空。难怪你在戏里创造出那些瘸子……和叫花子！……你可不知道你把悲剧都糟蹋死了！

而实际上，在底层社会形象中寻找典型却正是欧里庇得斯剧作的特点所在。阿里斯托芬在《蛙》这部剧中，设计情节让埃斯库罗斯（Αισχυλος，前525年—前456年）和欧里庇得斯从冥府还魂，展开了一场关于悲剧定位问题的别开生面的论辩。相对于埃斯库罗斯善于描写高尚、伟大的英雄人物的英雄主义风格的特点，《蛙》剧归纳欧里庇得斯的现实主义的风格特点是题材世俗化、人物公平化（每个登场人物都有台词）和角色低贱化。这种分析是中肯的，埃斯库罗斯和欧里庇得斯都倾向于人物性格的丰满和不可替代性。两位大师的鬼魂谁都说服不了谁，最后众神裁定埃斯库罗斯略胜一筹，两人不欢而散。《蛙》这出剧得到了当年雅典戏剧桂冠奖，它与其说是一部刁钻刻薄、妙语连珠的喜剧，还不如说是面向思维层次较深的观众阶层的一次两种文艺理论的辩论比赛。

这种故事的表和里，即剧情和隐喻部分的对立在罗兰·巴特（Roland Barthes，1915年—1980年）这里被称为文本的可写性质。罗兰·巴特认为，文学根据其需要分为可写特性和可读特性。可读文本看重剧情的可理解性、不需要重读、不需要多重时空寓意下的分别阐述，它体现了古典文本的单一特性；而可写文本只能通过被重读来发现个中深意，有些天才型作者——譬如卡夫卡（Franz Kafka，1883年—1924年）和普鲁斯特（Marcel Proust，1871年—1922年）——的作品只是浑若天成的深奥而已；有些技巧型的作者——譬如托尔金（John Ronald Reuel Tolkien，1892年—1973年）、威廉·吉布森（William Ford Gibson，1948年— ）和丹·布朗（Dan Brown，1964年— ）——则会在文本中埋下重重伏笔，为读者设立各种障碍，然后主导他们拨云见日、豁然开朗；而在一些观念型的作者——譬如博尔赫斯和阿兰·罗伯-格里耶（Alain Robbe-Grillet，1922年—2008年）这里，写作是一种哲学沉思的余韵，读者并不重要，他们甚至敌视读者、不希望他们的阅读行为顺利达到预期的效果，这对于读者在文本解读的多重阐释品味方面有很高的要求。

这种作者对于读者的要求——甚至可以说是刻意刁难，我们将会在本章的最后一节略加探讨。从罗兰·巴特的这种观点可以鲜明地看出他深受索绪尔（Ferdinand de Saussure，1857年—1913年）影响的痕迹。这位对包括罗兰·巴特和雅克·拉康（Jacques-Marie-émile Lacan，1901年—1981年）在内的无数语理学大师造成深切影响的、英年早逝的日内瓦大学教授是语言学家中将语言研究纳入符号学视野的第一人。索绪尔认为文本（text）和一般语用的句法（syntax）是不同的，因此，语言非但不从属于人类文明，甚至是有独立存在格的一种巨大的存在。对应文本和一般用语的句法之差别，索绪尔把言语活动分成"语言"（langue）和"言语"（parole）两部分。语言活动是独立于个人意志之外的、语言的社会学特性，是一种社会心理现象；而言语则带有深深的个人印记，一个社会的人，他的创伤性经历、口音、性经验方面的个人取舍都会影响他的言语习惯。

所以，索绪尔在此强调了第三对对位概念，即一个语词的"能指"（signifiant）和"所指"（signifie）两个范畴，他在《普通语言学教程》这本书中把语言符号看作是一个概念和一个有声意象（imageacoustigque）的统一体，有声意象（该理论到了后期也包括了语言的广义表象）是"能指"，概念语意是"所指"。我们可以简单地理解为，人们试图通过语言进行表达行为叫"能指"，而语言实际传达出来的东西叫"所指"。索绪尔认为"能指"是一种感觉，带有心理暗示的意味，属于传意技巧的范畴。这样的界定逐渐紧扣我们划分的剧情冲突类型，我们简单地概括一下，故事表达的"能指"和"所指"同步性越高，理解越没有障碍，故事也就越倾向于罗兰·巴特所言的可读特性，反之，则接近可写特性，读者可谓知音，在对于故事的领悟和复读行为本身都非常接近于作者的写作创造。

　　我们姑且认为，值得领悟和复读的是故事的深意，而非故事本身。人类的思想是一种伟大的创造，越是深沉——甚至是那些深沉得毫无希望的——的思索越配得上人类文明几千年对于思想的锤炼。这种深沉的绝望感不仅表现在剧中人物的四面楚歌、走投无路，它还应该传染给观众。观众虽然不会幼稚到真的以为剧中人就是自己，但是会感觉自己也同样没有希望。这一点很像戏剧的原始状态——巫戏或是傩戏的现场，场下相对于场上，并没有明显的置身事外感，人人都是参与者，一种精神力量强行统一了当下时空的流动。这种情况无法以理性的、具有叙事结构的知识传授过程来予以理解，它乃是一种观念的"移植"，反而与催眠术更接近一些。一出理想的悲剧哪怕流传了千百年，也始终具有这样的精神力量：它能够形成一种场效应，在这个"场"中，时空都是没有意义的，悲剧意识在掌控着其中的一切。在演员声泪俱下地吟诵的同时，观众也同时感到压抑窒息、乃至于无法卒观。封闭的剧院里，来自于他们那边的歔欷之声不绝于耳。

而大多数的戏剧、乃至于现代几乎全部的电影呢？观众无法代入剧情，他们端坐在席上，事不关己，发出阵阵哄笑，好像一群皮里阳秋的外行人。这些人总觉得，和他们付出的两包烟钱的票价相比，一切都不重要、一切都是虚假的。而且一个相当致命的问题是，即便是最浅薄的思索里面，观众也总以为自己比剧作家聪明，觉得自己一动念间构思——这种所谓构思通常也是外行的、只是将剧中的关键情节简单反转过来的浅薄之举而已——的情节才是拯救主人公的不二法门。我们以下的思索源于一个很多人在欣赏悲剧——一般意义上的悲剧——时通常会有的一种遐想，这种遐想的句式通常表现为"如果……就好了"，我们来看以下的几个命题：

　　　　如果海伦能够坚守自己的贞操、不为帕里斯所诱惑就好了，这样的话……

　　　　如果奥赛罗能够早些洞悉伊阿古的谗言就好了，这样的话……

　　　　如果宝玉在黛玉死前就发现婚礼的移花接木就好了，这样的话……

人们依靠这些他们想象出来的"如果"与悲剧的本体情节对照，来体认悲剧自身的存在，这些形形色色的"如果"赚足了千百年来一干忠实观众的泪水，成为悲剧最为令人扼腕长叹的票房强心针之所在。

　　然而我们又不能否认，这种反差巨大的遐想对比是令人满足的。正如柏拉图在《会饮篇》里总结的那样，"不仅是在剧场里而且在人生中一切悲剧和喜剧里……痛感都是和快感混合在一起的"，亚里士多德（'Αριστοτέλης, 前 384 年—前 322 年）也在《诗学》中认为，悲剧引发人的悲悯和畏惧之情，然后将之净化。伊迪斯·汉米尔顿（Edith Hamilton, 1867 年—1963 年）在《希腊精神》

这本书中则总结说:"悲剧正是痛苦借着诗歌的力量升华成快乐。"以悲伤引发的情感焦虑之释放来获得心理的满足。这样看来,产生这种反差的遐想起源于悲剧观众在观赏时暗中心理活动层面上的两种对比。第一种对比是代入对比,即悲剧人物遭遇与自身遭遇的暗中对比,来获得焦虑的释放,这是所有悲剧观众几乎共通的心路历程。这一点很容易理解,即是对于大多数悲剧——一般意义上的悲剧——而言,观众要觉得自己比起悲剧里的人物而言要来得"幸运",这样悲剧才有意义。恐怕那些生活处处不如意、境遇比悲剧人物还要悲惨的观众也没有雅兴到歌剧院浪费两个小时、甚至更长的时光,而且即便真的如此,他们也应该感受不到丝毫悲剧的魅力。悲剧的第二种对比是选择对比,就是前面说的那种在悲剧的关键性剧情方面参考相反选择的思索,即是拿剧中人物和自己进行对比。这种做法比起前一种对比而言似乎更加事不关己,而接近一种更为中允的、公正的判断,这种对比确实更容易总结出悲剧剧情所亟欲表达的冲突。

　　然而问题在于,悲剧之所以为悲剧,是仅仅存在于一些特定事件上的不同选择吗?例如众所周知的《罗密欧与朱丽叶》这出悲剧,经常被人误以为是四大悲剧之一,其实它写成于莎翁创作期中的喜剧与正剧时期(1590年—1600年)的中期,创作时间比较早,与娇艳明媚三部曲(《无事生非》《皆大欢喜》《第十二夜》)不仅创作于接近的时间,在剧中大部分用语和氛围都是相近的。罗密欧和朱丽叶一见钟情、炽热地相爱、幸福地欢会,大部分剧情是喜悦的。他们的全部悲剧并非源于卡帕莱特和蒙太古的世仇,而纯粹是来自于一个突发性的失误事件,即神父的信差没有及时把消息送到罗密欧的手中。我们现在代入本章开头提到的、多数人在观赏时都会进行对比的那种"惋惜句式",假如信使不辱使命,把信息成功送达,剧情会转变成什么样子呢?也许罗密欧和朱丽叶成功私奔、白头偕老，这样倒是很符合喜剧与正剧时期莎剧的普遍价值选择。

这就是说，认为《罗密欧和朱丽叶》是一出喜剧也没有关系，只要正视信使的失误使得这出喜剧有了一个悲哀的结局这个事实就行。我们回到这个问题，一个微不足道的、甚至连姓名都无法让人记住的小人物的无心之失，难道担当得起成就一出伟大悲剧的分量？为阿里斯托芬所警觉过的、过于具体的事件设定对于悲剧整体的劫持，在这里开始出现了。何况，我们也不能承认悲剧的意义在于对或错的选择，因为在现实生活之中，选择的一个特性就是它们——一个事件的全部选择在进行选择的当下时空环境里都是等价的。如果选择者明确地知道一个选择比另外一个更加"有价值"，那么选择就不可能存在了。所以这些寄托于选择冲突的悲剧，不朽性当然不容质疑，但是它们更接近于一种"悲伤的故事"，请注意这两者之间的区别。我们在此暂时引入这个概念，在选择的天平两端喜忧参半的剧情，更接近于我们日常讲故事的倒叙习惯，我们将之称为悲伤的故事。而"故事"既不值得也不可能让读者去为之斤斤计较。因为在生活中，站在任何当下命运的岔路口，刻意做出特别"好"或是特别"坏"的选择都是不可能的。

但凡是观众、或是一般层次上的剧作家认为自己能够左右剧情的选择的时候，他们总会作出自己更喜闻乐见的、更希望其出现的选择。但这种选择对于故事而言无疑是结构权力的遗漏。悲剧令人感到悲哀的同时，不应该让他看到希望，否则就只是一种选择游戏而已。极致的悲剧应该是怎样的模式？在这样的悲剧里，我们依然会放入一架选择的天平，所不同的是，在天平的两端，事件都应该向着坏的方向发展。

我们借用一个莎士比亚研究的名词来描述这种态势，"死床"，这个词的原意是指四大悲剧的第五幕，所有的主人公无一能逃脱死亡的命运。现在较为流行的一种解释方式是对于个人意志与时代潮流的冲突及其结果和善后，莎士比亚自己也百思不得其解，所以只能设计主人公与仇敌玉石俱焚的结局。这种说法是站得住脚的，因为莎剧的一个特点是试图以人性的"高尚取舍"来解释一切社会选择，这对于中世纪的"教士道德"而言固然具有进步意义，但不可回避的是，这是另外一种"高尚道德"——我们还是用我们臆造的那个词：这乃是一种"知识道德"，他设计的正面人物（如果其具有道德楷模的特质），譬如说那位暴躁、鲁莽而不切实际的哈姆雷特，"如果"取得最后的胜利，故事还是会出现向浅薄和缺乏可信度的说教方向发展而无法收拾的趋势。

但是正是这种失败是死胜利也是死的选择增加了悲剧的沉重程度，我们本来就不应该苛求一出悲剧的真实性。当在一出悲剧中无论作出怎样的选择都只有悲剧结局的时候，我们就认为这样的悲剧更加纯粹而在此借用这个词将之称为"死床"悲剧。

死床局面的凸现更多情况下绝非人力的剧情掌控所能左右，而是一种物性的天性，这也正是在悲剧的极致情况下情节不受重视的原因。当一个冲突上升到物性的层面，而已然无法通过选择来避免事态的恶化时，任何情节上的选择都变得无足轻重了。何谓物性冲突？我们可以借用一下文艺复兴时期的英国哲学家佛朗西斯·培根（Francis Bacon，1561年—1626年）的哲学观点来予以模拟，培根在著名的"四假相说"论断里，认为人类认知的根本障碍并非来源于主观能动的认知诉求，而是来源于客观的、个体或者种族无法逾越的自然物性。换言之，如果人类的存在是一出悲剧的话，那么这些假相就是悲剧的剧情选择，而不作出这些选择的选择却是不存在的。

我们将造成这种进退维谷的死床局面归咎于剧情冲突的自身

特性，因此我们将死床局面的分析总结为四种冲突，它们分别是伦理冲突、自由冲突、性别冲突和层次冲突。在这四种冲突的剧情选择下，天平的两端都是悲剧，选择是无法进行的。而悲剧之所以被看成是人类文明的特质，是因为这几种冲突无一例外地与我们的天性紧密相连。

II 伦理冲突：个体价值体系的建立及其暴力背景

第一种冲突是伦理冲突，我们的举例从前面谈到过的《俄狄浦斯王》开始。尽管俄狄浦斯的悲剧看起来很像是一种主人公不明真相的、悲哀的"事故"，但是不满于这种解释的弗洛伊德进一步宣称，俄狄浦斯的故事实际上是来源于一种典型的、梦的叙事结构，称为"乱伦梦境"。之所以称为典型结构，是因为与自己父母发生性关系的梦所有人都做过。美国加州大学伯克利分校哲学系教授汉斯·斯鲁格（Hans Sluga, 1939 年— ）长期从事英美哲学与欧陆哲学的交叉研究，他曾经在一本题为《维特根斯坦》的传记中记载道，朋友们有一天早晨发现维特根斯坦（Ludwig Josef Johann Wittgenstein, 1889 年—1951 年）闷闷不乐，细问之下，维特根斯坦流下眼泪来，原来他昨晚做了一个与母亲乱伦的梦，而为此感到非常不愉快。

弗洛伊德的这种解析后来在他的《图腾与禁忌》（1912 年）中蔚然大观，其较早的分析见于《梦的解析》第 5 章《梦的材料和来源》中这样的一段话：

> 如果说伊谛普斯王（此为孙名之译本的叫法）这一悲剧感动现代观众的力量不亚于它感动当时的希腊人，其唯一可能的解释只能是，这种效果并不出自命运与人类意志之间的冲突，而是在于其所举出的冲突情节中的某种特殊天性。……我们所有人的命运，也许都是把最初的性冲动

指向自己的母亲，而把最初的仇恨和原始的杀戮欲望针对自己的父亲。我们的梦向我们证实了这种说法。伊谛普斯王杀死了他的父亲拉伊俄斯并娶了自己的母亲伊俄卡斯忒为妻，不过是向我们自己表明了我们童年欲望的满足。……与伊谛普斯一样，我们在生活中对大自然所强加的这些违背道德的欲望毫无所知，而等到它们被揭露后，我们对自己童年的这些景象又闭上双眼，不敢正视。

被誉为"雅典大贤"的梭伦（Σόλων，前 638 年—前 559 年）在公元前 594 年改革雅典立法时，面面俱到，却并没有任何一条刑罚针对"弑父"这项指控。弗洛伊德据此认为梭伦的本意可能是，"弑父"乃是人类的天性，而非世俗的法律所能定罪。

因为道德的阻止，当杀死父亲的欲望不可能得到满足的时候，潜意识（这是梦境的本体，后来被弗洛伊德自己以"本我"这一引申概念取代了）至少希望父亲——被抹杀之存在——自己死去。亲族死亡之梦也是梦境的典型叙事方式，比乱伦之梦更加普遍，但这两者其实是同一个意思。所有人都在梦中见证过父母亲和兄弟姐妹的死亡，后者（兄弟姐妹死亡的梦境）则更加常见。而这里出现了一个问题，就是如果说梦是欲望的满足（弗洛伊德的基本观点），可在梦自身的叙事进程中，梦者对于亲族死亡的结果也绝非拍手称快——我们通常理解的欲望满足时的心情——而是与现实一样表现出悲哀，很多人因此而半夜哭醒。这是怎么一回事呢？

其实这个问题解释起来非常简单。梦是欲望的满足，当梦境的上演进入主要情节——亲友死亡时，梦者的欲望已经得到满足了。也就是说，他希望亲友死亡，此时（梦境中的进程）亲友已经死亡了，所以这种潜意识的欲望诉求交易已经完成。接下来梦境的一个重要的任务是，延续这种胜利的喜悦，也就是梦境要尽可能地延长自身，不被扼杀。梦境，也就是潜意识，或是本我，最大的敌人是意识，或者说是自我和超我。自我的作用，在于以现实和道德监控潜意识的欲望，不符合现实原则和道德原则的，不让其逸出潜意识的范畴而进入意识层面。梦境之所以发生，也是因为自我在睡眠之中麻痹，降低了对于潜意识的监控。但如果梦境中的欲望诉求在情感上过于强烈，自我的麻痹就会被惊动，梦境也就随之中断了。所以弗洛伊德认为梦境堪比欲望满足的第二方面的重要特性是，这种欲望的满足往往以伪装的方式哄骗意识层面，这种伪装具有很鲜明的修辞特色。当你梦见父母去世，你的表现如果是在葬礼上哈哈大笑，这个梦境就会立即中断。梦境就是梦者的本我，本我虽然混沌，但并不愚蠢，它（我们姑且用这个所有格，这确实非常耐人寻味）也懂得尽可能地延续自身的存在。所以在梦中的父母葬礼上我们也是以泪洗面，沉重的清晨在这种深沉的哀思中到来，梦里流下的泪水沾湿了我们现实中的枕巾。

在孩童看来，父母是可怕的，当然父母主要表现出慈祥和抚育的一面，但他们还是可怕的。父母对于孩童的体罚，在孩童看来是一种威胁自身安全的攻击行为，他必须为避免这种攻击行为付出代价，这种代价包括不准尿床、不准打破餐具、不准在墙上涂画、不准在草地上挖坑、不准让沙子进入到鞋子里面去、不准晚睡、不准晏起、不准玩火、不准玩水、不准玩泥巴、不准爬树、不准从两级以上的台阶上跳下来、不准挑食、不准撕破书、不准……看起来我们就好像初到人家、要被立规矩的吉娃娃狗，要修的学分还真不少。而个人对于社会的融入，就是在这样的强迫中完成的，我们将这种强制的约法三章称为教育。前面提到了那位对于弑父罪态度暧昧的雅典立法者梭伦，对于教育的态度却毫不含糊，梭伦制定的法律中恰好就有这样一条，规定雅典公民，必须让儿子学会一种手艺，否则儿子将来可以拒绝赡养父亲。当这一系列清规戒律被以体罚的方式固化到孩童自身的行为法则之中去以后，父母们才如释重负地露出欣慰的微笑：认为一个社会的人格因此而被建立了，他们因此而无愧于文明、众神、祖先与氏族。

对于世界的这种别有深意一知半解的小孩而言，"教育"从表象上来看更像是一种整治、一种恶作剧，可是，管他呢，先活下来再说。所以相对于自然性的"本我"而言，"自我"更接近于一种现实化了的权衡，既要获得满足，又要规避体罚。更何况很多情况下父母对于孩子的体罚也并没有高尚到了完全出于为了孩子的完美人格着想。孩童在玩沙的时候把沙子弄到鞋里去了，需要清理善后的父母不胜其烦，所以把孩子痛打一顿。这样一来，尽管玩沙并不违背道德，而且对于孩子的智力成长而言甚至是大有裨益的，但是他以后还是再也不敢玩了。

自然法则中的亲子关系，只是一种繁殖关系，幼体不为这种关系付出任何代价，而当它性成熟之后，它在繁育自己的后代这一行为之中也同样收不到任何代价。在这层关系之外，就只是两个强弱关系不时发生变化的、淘汰和被淘汰关系的单独个体。父慈子孝——伦理只是在有了语言之后才发展出来的观念。在这种赤裸裸的、混乱而狂暴的原生意象面前我们不知所措，唯有胆战心惊地闭上眼睛，尽可能地表现出一个弱者的全部软弱。而在进化出风花雪月、湖光山色这一类语言属性的美——苏珊·桑塔格（Susan Sontag, 1933 年—2004 年）谓之人迹审美（坎普），这个我们后文会提到——之前，自然的本来面貌就是这样混乱而狂暴。面对自然法则，就是面对我们自己的软弱，我们创造出道德来对抗自然法则的尝试持续了两万年，但显然除了加诸自己的铁锁缠身之外收效甚微。在我们的心中有一部分属于且永远属于这种原生的自然，所以我们也是混乱而狂暴的，我们心中的混乱和狂暴也已经危险到了我们自己所不敢正视的地步。为了避免我们的祖先苦心孤诣建立的道德的大厦被这种人性凄厉的风暴夷为平地，我们唯有将之深深埋藏。人的心灵结构中"本我"的部分充沛、蓬勃和充满侵略性，这是自然留给心灵的最后无法为道德所侵染——这种侵染通常被理解为是一种净化——的一个角落，虽然它是纯真的，然而这种纯真恰好是一种"纯真之恶"，充满了欲望、侵略、谋杀和挣扎，而显而易见绝非一片净土。

当然，出于负责任的考虑，我们也不能危言耸听。我们还是回到那种亲友死亡之梦的分析上来。这种梦境是童年潜意识的一种返照，必须正视这种孩童希望亲族死亡的欲望，与我们想象中的血腥狂暴和嗜杀成性也不完全是一回事。因为，孩童对于死亡的理解绝非我们成年人耳濡目染的那样，死亡的世界充满了堆积如山的尸首、腐败恶臭的棺木和阴阳永隔的鬼魂。死亡的恐惧最初只是一种本能而已，当语言文明令它形成一种故事性的叙事结构以后，也至少要等到聆听人能够理解这个故事之所指的时候才有意义。而孩童根本不懂得死亡的恐怖，对于他们而言，死亡的直观表象就是一种离开。在一个小朋友看来，五月三日，他养的金丝雀飞走了；五月五日，他的曾祖母去世了，他其实区分不出这二者之间的区别。他只知道这两位，金丝雀和老奶奶，被告知再也看不到了。《梦的解析》的第 5 章里有这样的一段话：

> 当人们不在时，儿童们并不十分在意；许多母亲感到很伤心，因为她们在暑假离开家有几个星期之久，回家后才知道孩子们连一次也没有问及妈妈。如果母亲真的到那"乌有之乡"去了，永不再回，儿童们似乎最初忘记了她，只是到了后来才会在心中伤悼他的亡母。

而等到他主观地期待某人——譬如说刚刚责打过他的父亲、或是分走他一半蛋糕的小妹——从他的生活中消失的时候，他发现"死亡"还是"有用"的。

这个杠杆的另外一面，父亲对于孩子的看法，也是一个死局。成年人——他们其实只是刚刚说到的那些孩子们的块头变大了一点的版本而已——很多时候也并非像我们想象的那样能够在所有层面理性而公平地看待问题。令人哭笑不得的是，恰如前文说到世界很多古老的民族都有"宜弟"的风俗，父亲对儿子心中同样深埋杀机。本文第一部分之中提到了《墨子》中记载的"宜弟"恶俗，其实在很多古书当中都有记载。譬如《列子·汤问第五》："越之东有'辄沐之国'，其长子生，则鲜而食之，谓之宜弟。"以及《旧唐书·卷四一·地理志四·邕管·贵州》："乌浒之俗：男女同川而浴；生首子食之；云'宜弟'，取妻美让兄；相习以鼻饮。"《列子》里面提到的"鲜而食之"的"鲜"字揭示了这种风俗，婴儿一降生就要快刀斩乱麻地予以处决，否则就会因牵连而难断。苏东坡在黄州时，他的朋友王天麟经常收留拯救弃婴，这一善举给他很大触动。东坡为此给鄂州太守朱寿昌（1014年—1083年）写了一封信，倡议关爱弃婴的慈善事业应该制度化。

顺带一提，这位朱寿昌太守本来就是一个人品高尚的善心人，二十四孝之一"弃官寻母"这个故事的主角正是他本人。在伦理——亲子之爱的这个问题上，《宋史·卷第四五六·列传第二一五·朱寿昌传》是这样记载这位朱太守的：

> 寿昌母刘氏，巽妾也。巽守京兆，刘氏方娠而出。寿昌生数岁始归父家，母子不相闻五十年。行四方求之不置，饮食罕御酒肉，言辄流涕。用浮屠法灼背烧顶，刺血书佛经，力所可致，无不为者。熙宁初，与家人辞诀，弃官入秦，曰："不见母，吾不反矣。"遂得之于同州。刘时年七十余矣，嫁党氏有数子，悉迎以归。京兆钱明逸以其事

闻，诏还就官，由是以孝闻天下。自王安石、苏颂、苏轼以下，士大夫争为诗美之。寿昌以养母故，求通判河中府。数岁母卒，寿昌居丧几丧明。既葬，有白乌集墓上。拊同母弟妹益笃。

所以，在慈善这个问题上两人可谓心有灵犀。在这封《与朱鄂州书》中，东坡注意到了这样一个现象，即是有的婴儿一出生就被遗弃，但如果被救活送回父母家，父母与其一起生活了数日之后，就无论如何也舍不得再遗弃他了："天麟每闻其侧近者有此，辄往救之，量与衣服饮食，全活者非一。既旬日，有无子息人欲乞其者，辄亦不肯。以此知其父子之爱，天性故在，特牵于习俗耳。"

很多初为人父者，对于第一个孩子的爱真的如同东坡文中所说的"既旬日"才会突然觉醒和暴发，这十多天的时间可能是男性对于父亲这个社会身份的接受和转换的必要时间。这样看来，既然父子之情要比孩子诞生到来得略晚数日，孩子一出生就马上遭到宜弟和弃婴就不能被看成是一种情感憎恶，而是一种权衡的结果，更确切地说，是一种利益权衡的结果。

这种权衡的思路其实并不难理解。本文第一部分已经说过，每个婚姻的头生子具有很大的血统嫌疑。而除此之外，伦理冲突的基本原因是父子关系里面，儿子作为父亲所有财产的法定继承人这一事实是没有疑问的，在这其中长子更是第一顺位的继承人。所以对于"父亲"而言，"儿子"这个身份天生就带有"觊觎他所拥有的一切"的这种概念；同样的道理，对于"儿子"而言，"父亲"身份也在相当程度上看起来像是在阻止他获得将要获得的一切。虽然父亲让儿子继承自己的一切当然是心甘情愿的，但是这改变不了这种觊觎和被觊觎的潜在关系。

这也是对于伦理冲突的一种解读，而这对冲突关系具有两方面的指标。首先是父亲所占有的资源越丰富，他保护自己所有财产的欲望就越强烈，而觊觎者夺取它的理由就越充分，这对冲突的矛盾就越难以调和。其次，父亲和长子之间的年纪相差越接近，觊觎矛盾越难以调和。古代人、尤其是古代的贵人几乎是一达到性成熟就迎来了自己的长子，父子相差不过十几岁。清世祖顺治（1638 年—1661 年）驾崩的时候只有二十四岁，这一年清圣祖康熙（1654 年—1722 年）已经八岁，而且并非顺治的长子。如果顺治活到壮年四十岁，那时候康熙也接近而立之年。父亲在壮年享受其所拥有的一切的时候，儿子也到达了类似的年龄层次，相处就会变得越来越危险。很多父亲更钟爱幼子，就是希望这种竞争晚一点到来。

　　这种"父亲"自掌财产而猜忌"儿子"的情形，在面对某些极大的实际利益的时候，就变得非常突出而无法再相安无事。一代英主康熙皇帝两次废黜太子，我们参考历史文件的记载，可以很明显地看出康熙对太子看法的变化轨迹。在《清圣祖实录》里康熙早年对于太子的看法是："皇太子自幼读书，深明大义，必然谨慎。上则祖庙社稷之福，下则臣民之造化也。朕不胜喜悦。"但在《清史稿·卷二二零·列传第七·理密亲王列传》中，看得出到了康熙三十五年，太子十八岁，康熙开始渐渐顾忌太子的权力："有为蜚语闻上者，谓太子昵比匪人，素行遂变。上还京师，录太子左右用事者置于法。自此眷爱渐替。"再到康熙四十八年，太子三十一岁，第一次废太子时，评价已经变成了"允礽不法祖德，不遵朕训，肆恶虐众，暴戾淫乱，朕包容二十年矣"。其实从客观中允的、第三方的角度看来，胤礽根本没有那么不堪。1697 年，康熙皇帝的好友、传教士白晋（Joachim Bouvet, 1656 年—1730 年）奉康熙之命回到法国从事外交活动，船队于这一年三月在布雷斯特登岸，五月份到达巴黎，刚到耳顺之年的路易十四（Louis-

Dieudonné，1638 年—1715 年）召他进宫，饶有兴趣地问这问那。为了迎合路易十四的好奇心，白晋在巴黎写了《中国现状》和《康熙皇帝》两本书，敬献给路易十四本人和勃艮第公爵夫妇祖孙三人。在《康熙皇帝》这本书中，他对于胤礽的描述是这样的：

> 可以说，此刻已 23 岁的皇太子，他那英俊端正的仪表在北京宫廷里同年龄的皇族中是最完美无缺的。他是一个十全十美的皇太子，以至在皇族中，在宫廷中没有一个人不称赞他，都相信有朝一日，他像他父亲一样，成为中华帝国前所未有的伟大皇帝之一。

如果说康熙三十五年开始胤礽因为种种行为开始招致皇帝的不满，《康熙皇帝》成书时（1697 年）已经是康熙三十六年，从描述中看得出胤礽还是相当优秀，没有什么招致联想的、堕落的言谈举止。也许正是这种优秀——他的年轻、伟岸和完美——开始招致君父的猜忌。

中国历史上从周幽王开始，至少十位国王或皇帝（周幽王、楚成王、蔡景侯、赵武灵王、头曼单于、北魏道武帝、南朝宋文帝、隋文帝、后梁太祖、闽太宗、西夏景宗）死在儿子手上，而也有不少于十位的王子（如晋献公世子申生、汉景帝太子刘荣、汉武帝太子刘据、汉成帝许美人子、王莽三位皇子、晋惠帝太子司马遹、北魏太武帝太子元晃、北魏孝文帝太子元恂、后赵武帝太子石邃和石宣、唐太宗太子李承乾、唐高宗太子李弘和李贤、后唐太祖义子李存孝、辽道宗太子耶律濬）死在父亲（或母亲）手里。当然，这种父子关系是特殊的，巨大的利益使得父子亲情在价值体系——天地君亲师——中只能排到第四顺位。看来不是冤家不成父子，这句话算是很有道理的了。

我们好像有一点过度诠释了，还是回到伦理冲突的主题上来吧。伦理的双方，父与子，彼此对于对方心存芥蒂，这矛盾就无法调和。父亲是儿子的榜样，父亲的恩义山高海深，这是伦理冲突中"爱"（调和）的部分；但是父权带有专制和暴力的性质，这也是个体所体认到的最早关于"自由"的障碍，这是伦理冲突中"恨"（冲突）的部分。在通常意义的情感态度上，"爱"和"恨"都是可以被舍弃的，"爱"一个东西的通常寓意就是我不会再"恨"它了，反之亦然。但是我们发现这种最简单的解释却不适用于伦理冲突。伦理冲突在任何时候都是爱恨交织的二元表象、而且无法淡化彼此，所以它是一出无解的"死床"。统一到这一点（伦理冲突的二元情感）上我们最终题名的例子是捷克文豪弗兰茨·卡夫卡。

卡夫卡的小说中不变的主题是懦弱的个体对于父权专制的残暴性的恐惧，以及社会权力的父权印象这一观点，在文学评论界早已盖棺论定。社会权力的"压力培养"在个人身上的失败，以及由此而来的自暴自弃和懦弱封闭的后果，是这样的人成为"社会生产"的"等外品"，为社会所鄙夷，他们自己也鄙夷自己，在妄自菲薄中消磨完自己的一生，死后被人遗忘。在和卡夫卡差不多同时，弗洛伊德在《超越快乐原则》这本书中首先提出了人性除了有"生本能"之外还有"死本能"，人类的天性带有自我毁灭的冲动，而卡夫卡可谓是最早证实了这一观点的著名事例。卡夫卡1883年出生于布拉格，1904年开始文学创作，1906年在父亲的强迫下取得了一个毫无用处的法律学博士的学位。他出于幼年对于父亲威严的恐惧，而在成长的过程中变成一个忧郁而自闭的人，对于自己的健康状况自暴自弃、听之任之，在1924年41岁上即撒手人寰。尽管，我们通过社会分析也可以将卡夫卡悲惨的一生及其令人茫然而可体验到巨大空洞感（卡夫卡效应）的创作归咎于时代的影响——卡夫卡生活在奥匈帝国即将崩溃的时代，又深受尼采、柏格森（Henri Bergson，1859年—1941年）

哲学影响，对政治事件也一直抱旁观态度，故其作品大都用变形荒诞的形象和象征直觉的手法，表现被充满敌意的社会环境包围的孤立、绝望的个人——但对于他的现实主义创作产生最大影响的还是他自己的人生。卡夫卡幼年在父权的威严之下养成了自闭的性格，这种性格让他难以与人相处、觉得社会与自己两不相干。成年以后，卡夫卡没有爱情、没有家，靠一份微薄的收入（一家意大利保险公司的职员）维持简单的生活。与一般技巧型的作家不同的是，卡夫卡的文学创作甚至不用过多思考，人性深处黑暗的深渊里荡漾着恐惧的幽光和悔恨的波澜，那里有的是他取之不尽的创作源泉。

卡夫卡在早年接触过弗洛伊德的学说，受到其中释梦理论的影响，很多文学评论家因此而将他的作品定性为融合了宗教意识的早期弗洛伊德主义；在存在主义的文学流派看来，卡夫卡的作品只关注自身的存在——社会在不干扰个体存在的情况下对于个体而言几乎没有意义，但是这种"不干扰"又是不可能的——无疑是早期存在主义的鲜明代表；而一些社会分析的流派，则将卡夫卡作品的出现归咎于生活在布拉格的德国犹太人境遇的缩影；最后还有一种观点较为中允，认为卡夫卡在表现主义的观念之中，运用的那种精确的、手到擒来的书写方式乃是一种残留的、不纯粹的自然主义形态。而文学评论进入到现代，更多人相信卡夫卡无门无派，他的作品的个人面貌高于可被分类的学派面貌，而通常我们认为雨果（Victor-Marie Hugo，1802 年—1885 年）、托尔斯泰（Лев Николаевич Толстой，1828 年—1910 年）或是索尔·贝娄（Saul Bellow 1915 年—2005 年）很容易被划分到某种表现手段阵营或是某个流派里面，但卡夫卡显然和他们不同。

卡夫卡的作品是孤独的，就好像卡夫卡这个人也是在孤独中消磨了自己的一生一样。卡夫卡小说里的人物阴郁、自闭、惧怕一切。弗洛伊德学派和自然主义的定性各有其合理之处，这些小说里前言不搭后语的描述接近于一种梦境之中的无规律叙事：有的时候，转机突如其来、猝不及防；更多的时候，忧郁的睡前故事时分，读者发现等待了几周的时间，情节都没有发生任何变化，喋喋不休的叙述好像是走不到尽头的迷宫。

卡夫卡作品中深沉的茫然决非某些可以被卖弄的文学技巧能够达到，而是要求作家的心和他的生活真的沉沦在深渊，从某些方面来说，这是他得到不朽的代价。我们来看看卡夫卡日记里的如下几条：

> 我经过那妓院，好像经过一个所爱者的家。（1910年）

> 星期天。睡觉，醒来。睡觉，醒来。糟糕的生活。（1910年7月19日）

> 星期一。很不耐烦地读《诗与真》。我外面僵硬、内在寒冷。今天，去F博士那里时，虽然我们彼此缓慢地、审慎地接近，但那就像是我们像球一样在碰撞，互相碰到一起弹回来，失去了控制，丢失了。我问他是否累了，他不累。我为什么要问？我累了，我回答道，坐了下来。（1912年2月5日）

> 昨天过了最糟的一夜，似乎一切都到了尽头。（1922年3月7日）

> 近来可怕的间歇发病，无法计算次数，几乎没有中断过。散步，夜晚，白天，无法做任何事，只有痛苦。（1923年6月12日，半年多以后卡夫卡去世）

生存的痛苦是卡夫卡创作的源泉，可是他在这种痛苦面前的表现是软弱的、不符合一个社会认定的"人"的标准。他穷困潦倒、病体支离、度日如年，但却从未想过去改变这一切。就是说，他不像他的同类那样迅速地适应社会，以一种侵略性的扩张来反击社会的侵蚀，而是选择了逆来顺受。逆来顺受可谓是卡夫卡剧情的一个关键词，他从不试图在社会的黑暗力量面前表现出人性的不屈和强大，而是转而关注人性的懦弱和被动。在《变形记》这篇小说中，"父亲"将苹果一只接一只地砸向萨姆沙的时候，他连躲避的念头都没有，而是木然承受着无缘无故的击打。其中一只苹果砸进了他的附翅里并在那边腐烂，严重影响了他的健康。

这种逆来顺受其实每个人都不陌生，这是孩童时期的我们面对大人的责罚时唯一的选择。在有的场合，父母责罚孩子的理由如果孩子自己能懂（譬如说打破了玻璃杯），那么他就被社会看作是"长大"了一点；而多数时候，父母责打孩子的原因是孩童自己所不能理解的（譬如说应该和别的孩子分享自己的玩具）——所以要学习——这种原因不可理解的、突如其来的残暴的印象就会成为一种记忆的伤痕。卡夫卡和常人的区别是，我们一般人在成长以后会重新审视这样的童年轶事，成功地取得理解和释然，但是卡夫卡终其一生没有迎来这种自欺欺人的释然。

卡夫卡的父亲卡夫卡老爹（Heiman Kafka，生卒年不详）是一个白手起家的商人，为人粗鲁、专制和自以为是，他对卡夫卡的教育缺乏（但并非完全没有）那种孩童最容易接受的慈爱态度。这一点使得卡夫卡终生都惧怕父亲，当然他随后就明白父亲对于他只是性格使然的、态度上的生硬，而并非没有情谊，但是一切为时已晚矣。卡夫卡认为自己懦弱的性格缘自母亲，因为他的母亲出身于布拉格的犹太望族，家教森严，在卡夫卡1919年给父亲写的一封信中，卡夫卡承认他过多继承了母亲温文尔雅的女性特质：

> 比较一下我俩吧：我，简言之，一个洛维（卡夫卡的母姓），具有某种卡夫卡气质，但是使这种气质活跃起来的，并非卡夫卡式的生命意志、创业雄心、征服愿望，而

是洛维式的刺激，这种刺激在另一个方向上比较隐秘、虚怯地起作用，甚至常常戛然而止。你（父亲）则是一个真正的卡夫卡，强壮、健康、食欲旺盛、声音洪亮、能说会道、自鸣得意、高人一等、坚韧沉着、有识人之明、相当慷慨，当然还有与这些优点相连的所有缺点与弱点，你的性情以及有时你的暴躁使你犯这些毛病。

这种特质在男性之身会转化为一种退避和懦弱的性格，而当父亲恨铁不成钢的粗暴教育加于其身时，懦弱者会变得更加懦弱。

一个与卡夫卡惊人相似的例子是，俄罗斯皇家科学院院士、世界三大短篇小说宗师之一的安东·巴甫洛维奇·契诃夫（Антон Павлович Чехов，1860 年—1904 年），在被人问及过往人生的时候时常抱怨"我没有过童年"。我们参考契诃夫的大哥、幽默作家亚历山大·巴甫洛维奇·契诃夫（Александр Павлович Чехов，生卒年不详）的回忆录，他们的父亲帕维尔·叶果洛维奇·契诃夫（Павел Егорович Чехов，生卒年不详）是一个唯利是图的小杂货店主。契诃夫兄弟幼年时经常被父亲强迫去看管店堂，一下就荒废掉整个下午时间，百无聊赖。在那个嘈杂的街角无法学习，但是即便是因为照顾生意因而影响到了考试成绩，也同样会受到父亲的责打。帕维尔·叶果洛维奇是一个虔诚的老实人，信奉棍棒底下出孝子，在契诃夫童年，来自父亲方面的无理要求还包括去火车站开分店、参加一个铁匠组成的合唱团等，没有一件事是有价值的。但是既然帕维尔·叶果洛维奇觉得自己是正确的，孩子们也只好照单全收。契诃夫的母亲叶夫根尼亚（Евгений）大娘是个善良而没有见识的市井女子，通过讲述形形色色的故事给孩子们灌输心灵的正义。对于自己的父母，契诃夫曾经总结过，"我们的天赋源自我们的父亲，但我们的灵魂源自母亲"。

亚历山大回忆，晚年的帕维尔·叶果洛维奇回忆起年轻时对三个儿子和两个乌克兰学徒们又打又骂的情形也是懊悔不迭，在家庭聚会时大家把小时候的蠢事当成笑话来活跃气氛时，已经老态龙钟的帕维尔·叶果洛维奇却红着脸小声忏悔说："一代人有一代人的教育方式，唉，不该、很是不该。"当然，这只是一点题外话。

　　一个比契诃夫和卡夫卡略晚一些时候的人，卡尔·古斯塔夫·荣格，认为男性心中会有一种"女性的自我认同"，反过来也一样，所有人终其一生闲暇时都会时常想"假如我是个女人（男人）那会怎么样"，这种性别的困惑是人类心中最早勾勒的、对于世界面貌的一种"自解释"，因此荣格将"阿妮玛"（anima，男性心中的女性自我认同）和"阿尼姆斯"（animus，女性心中的男性自我认同）归为两种基本的原型。在性器官成熟产生神经感觉之前，这种性别认同首先是以一种"知识"的形态固化在孩童的心间：他觉得哪种性别比较"有趣"。这是一个二选一的游戏，这个游戏直接决定了我们的性格。而在卡夫卡看来，男性的标准形象实在太可怕：

　　　　那时候，我在各方面都需要鼓励。单单你的体魄就已把我压倒了。比如，我还记得我们经常一起在更衣间脱衣服的情景。我瘦削、羸弱、窄肩膀，你强壮、高大、宽肩膀。在更衣间里我已觉得自己很可怜了，不单单在你面前，在整个世界面前也是如此，因为你是我衡量万物的尺度。

而这段话可以说是卡夫卡在死前（写这封信的五年之后卡夫卡去世）对于自己一生的一种精准无比的解读：父亲是儿子衡量万物的尺度，如果这个尺度不太准确，变形的就是世界自身。尼采在一个场合也说过，世界的发展是一种持续"男性化"的过程（《艺术的灵魂·三》），文明在健壮、粗鲁、活力充沛而充满侵略性中继往开来。而卡夫卡终其一生没有变成他父亲那样的人，所以他很快地就被人世所遗忘，而他自己却在自暴自弃中很满意这种遗忘，临死前交代好友马克斯·勃罗德（Max Brod，1884年—1968年）焚毁他的全部手稿。

那么在卡夫卡心中（真正的"心中"）父亲是怎样的一个形象呢？卡夫卡在1917年9月20日晚上做了这样的一个梦：

> 有一小群听众（为了表示出他的特征，方塔夫人也在其中），父亲头一次在他们面前当众提出社会改革的时间安排。……让他很快召开了一次大型的公众集会……穿上了一件黑色的礼服大衣，并以标志着非专业者的极端焦虑来描述时间表。……他期待着反对意见，对反对意见的无效极其自信（虽然反对意见经常显得冒犯了他）……没有多少人对它感兴趣。……父亲完全不为普遍的情绪所动，划掉了讲演笔记，拿起一叠白色纸条，那是他为记下地址而准备的。我只能听见某个叫斯特里查诺维斯基的枢密院官员的名字，或是某些相似的名字。……

根据卡夫卡信件里的线索，这个梦中演讲得不到回馈的情形可能来源于卡夫卡在幼年，与父亲交谈时被告之"不准顶嘴"而被禁言的体验，所以他固执地认为交流就是反对意见，而反对意见就是冒犯。穿着黑色大衣的演说者和大型公众集会的时空环境，凸出了一种"英雄"原型的世俗形象或是某种令人膜拜的宗教形象，"英雄"原型本来就是"父亲"原型的升格意象，其寓意的要点在于表现出保护者的无所不能的同时，要求被保护者（孩子）安于现状。这个形象并非"父亲"，而是卡夫卡自己希望成为一个类似他父亲那样的人，因为这是卡夫卡老爹对于他的一贯期望。可惜的是他外强中干的性格到梦境里也坏了大事，听众们的注意力开始涣散，心不在焉，窃窃私语，他成为英雄的愿望付诸梦幻泡影。而另外一方面，他同时也从心底里希望这种危如累卵的冒险计划——社会改革的时间表——遭到失败的命运，因为成功实在太危险，将会令他完全暴露在社会的众目睽睽之下，思之令人不寒而栗。所以"父亲"毫不在意听众的不合作，因为这是意料之中的。为了避免自责，他将失败归咎于"父亲"计划的陈词滥调和"观众"的敷衍塞责，淡去了自己懦弱而卑微的身影。

正如他自己在信中说的，"你是我衡量万物的尺度"，父母对于孩童而言就是最早窥视他存身于其间的这个世界的窗口。对于很小的孩童而言，他并不觉得父母（或是祖母以及某位如影随形的老家人）和他自己是两个"不同"的个体。恰如拉康所言，世界对于最原初的我们而言是浑然一体的和内省的，一个牙牙学语的孩童可以花费一个多小时甚至更长的时间躺在床上重复一些不知寓意的动作，而对于周围的人来人往熟视无睹。我们从父母这里学到的、我们原本不会的事情越多，"我"和"世界"的差异——所有人都觉得这种差异是确有其事的——就越明显，并且两者从此分道扬镳。

基于这个观点，期望和否定是卡夫卡小说之中的第一个意象，即，孩童从父母的教育和期望甚至惩罚那里知道了父母，也就是这个世界希望他成为一个什么样的人，但对于我们大多数人而言这是一个终生可望而不可及的目标。不幸的是，卡夫卡就是这样的一个人，童年时，无论他怎么努力，都无法令父亲满意。他不知道自己该变成一个什么样的人，只知道自己永远不可能变成那样的人，因而蹉跎了一生。

自1922年1月开始，卡夫卡花了半年时间完成了长篇小说《城堡》的大部分，但是到了9月份因为健康原因不得不中止这个写作计划。《城堡》的故事情节是土地测量员K受命赴某城上任，来到了一个城堡下的小镇。城堡位于眼前一座小山上，建筑杂乱无章，可望而不可即，视觉感上没有丝毫神圣性。城堡的存在代表了一个庞大的官僚机构，等级森严，有数不尽的部门、数不尽的官吏，还有数不尽的文书尘封在昏暗之中，经年累月无人过目。这一切都由一位名叫卡拉姆的男子所统治，他是城堡的最高掌权者。K需要办理暂居证明，要得到卡拉姆的批准。卡拉姆对于K的到来表现出一定程度的友善，对于他的工作也给予了相当的方便。K原来以为自己很容易就能见到卡拉姆，不料却因为某些没有人说得上来的原因受阻于城堡大门外，于是K同城堡当局围绕能否进入城堡之事展开了持久烦琐的拉锯战。但是这种努力越深入，K发现这位卡拉姆就越是神秘。他好像是一个无所不在的影子，影响着他周围的所有人，而所有人也仿佛和他很熟稔，只有K自己是一个入侵者。K无论怎么努力都见不到卡拉姆，而他也越来越好奇。到最后这种纯粹公务的争执开始变成了一种意气之争，K作出各种努力想要见到卡拉姆，甚至为此设计了一个计划，勾引卡拉姆的情妇，但结果永远是不得要领。小说到这里就中断了，后来因为卡夫卡健康状况日渐恶化而终至于遗恨人间。卡夫卡去世之后，他的侄女将他的手稿捐献出来，人们在一则笔记中发现了《城堡》小说未完成部分的简要梗概。情况果如人们之所料，K后来客死在城堡山下的小镇上，一无所获。临死的时候他收到了一封卡拉姆签发的文件，大意是K虽然不是小镇居民，但出于对他勘测工作的支持，特发给他城堡的暂居批准。他的努力越深入，发现真相就离他越远，到最后K筋疲力尽，城堡还在那里，波诡云谲，对他紧闭大门。

很明显，城堡混乱而官僚重重的情形隐喻的就是社会。K初次看见的印象，发现这个"城堡"并非中世纪时期的骑士城堡，而是由一堆杂乱无章的、一层或是两层的矮房子胡乱拼凑组成，带有一个东倒西歪的钟楼。相比于骑士城堡的威严，卡拉姆统治

114

的这座城堡更多地表现出了无序的意象。这一点很容易理解，在王政时代结束之后，人类习惯民主世界之前，社会在表象上是混乱的。卡夫卡去世前不久，奥匈帝国因为一战的结束而瓦解。奥匈帝国的末代皇帝卡尔一世（Karl I，1887年—1922年）身兼三个帝位，作为奥地利皇帝，称卡尔一世；作为匈牙利国王，称卡洛伊四世（IV. Károly）；作为波希米亚国王，称卡莱尔五世（Karel V），但也难以逃脱为历史所遗忘的命运。卡尔一世的退位，不仅标志着奥匈帝国的土崩瓦解，还是具有六百年历史的哈布斯堡王朝的末日。第一次世界大战前后的欧洲，礼崩乐坏，与日耳曼人回忆中骑士时代（中世纪和神圣罗马帝国时期）的万众一心、投鞭断流自然不能同日而语了。

然而掌握权力者作为一个个体的消失，并不代表着人类从此脱离了权力的桎梏。在王政时代，一个皇帝死亡，另一个皇帝即位时，人类还是能够延续习以为常的生活；但现在进入了新时代，一个皇帝死了，人们不再选择新皇帝了，那原来皇帝掌握的那些权力去了哪里？这是卡夫卡在小说中表露出来的第一层意思。"权威"不是"人"的附属品，"人"才是"权威"的附属品。在迫不得已的时候，"权威"可以脱离"人"而存在于一种游离的状态，这种权力自身的游离状态给人的一种直观印象就很像是一个掌握权威的、但是看不见的"人"。它萦绕在我们身边，不时作用于我们存身的社会，它是一种我们自己捏造出来的鬼魂。

回想我们遥远的童年，其实权力的淫威早已对于我们予取予夺。权力是从什么地方来的？这是卡夫卡想要通过作品思索的另一层意思。在我们幼年的时候，父母责备我们的时候总是会说"你是个坏孩子""你真不害臊"，或是"你不应该如此（或那样）"，世界给予我们的重重禁制在那个时候已经令我们裹足不前。

时间，甚至连时间也是一种强加于人的观念，而非实有。

法国心理医生、精神分析学家、cv（阴蒂和阴道口）距离感度理论的发现者玛丽·波拿巴公主（Marie Bonaparte，1882年—1962年）——这位心理学大师的公主称谓来自她的家世，她是拿破仑皇帝的侄孙女、弗洛伊德的高足，曾经动用自己的财势帮助弗洛伊德逃离纳粹德国——曾讲过这样的一段话：

> 童年时代似乎在某种意义上逍遥于时间之外。童年时代的这些日子——让我们都来回忆这些时光——对儿童来说似乎就是永恒……当然，那些抚养孩子长大的人总是严格地按照他们自己的时间观念灌输给孩子……然而孩子却感到这种由成人强行灌输的时间观念就像是一种外来的入侵，而孩子自己的时间本质上却是一种无限的时间。

所以对于幼童而言，世界是不能理解的，横亘着许多清规戒律要靠死记硬背。最为保险的一种策略就是完全以父母作为蓝本，来定制一个完全一样的自己，但是谈何容易。小孩子试图学习父母的一切行为，包括缺点，但是还是会挨骂，情况基本没有发生任何改变。等到孩童更大一点的时候，他的世界里加入了家族外的他人的评价作为秩序的对位参考，情况变得更加难以收拾。他发现尽管他模仿父母的功力已臻九成火候，可他和别的小朋友的处事方式还是不同。在这些行为选择之中，有的时候歪打正着，有的时候则还是会被老师责备。当他声明他是按照他的父母的行为规范遵奉不移的时候，换来的依然是社会的嘲笑，他因此才知道他的父母也不完美。可是这样一来，孩童变成了不仅要为了自己的错误、还要为了父母的错误承担责任，秩序的重担一下子落到了他柔弱的双肩上。家庭对于孩童而言本来是个秩序井然的城堡，父母就是里面的国王，当他发现这个城堡里所有的价值是"不对"的、至少不完全是"对"的时，城堡就坍塌了，留下一个乱七八糟的烂摊子。高高在上的国王（父母）的权威也被社会秩序谋杀了，找不到了，但是他们对于孩童的要求——变成一个"了不起"的人——因为和秩序一致，而幸存了下来。这样，对于自身完美的梦想就变得不可捉摸，可望而不可即，我们茫然失措，不知道社会秩序需要我们进化成怎样的形态。我们应该变成什么样的人才会得到秩序的青睐，荣获它颁发青眼有加的居住许可证。然后我们就终生营营，奔走寻找那本永远拿不到手的居住许可证。而那个仅剩情感令人唏嘘不已的"家"，我们的童年，所剩下的就只有一个城堡的废墟和城堡里面国王的幽灵。

社会颠覆了每个人幼年的、纯真的"正误"，然后才能将符合自身价值的正误强加于人。在《在流放地》这篇小说之中，卡夫卡设计了一个对于行刑乐此不疲的军官的形象，他操纵一种精密设计的仪器处死囚犯，他视杀人为艺术，草菅人命，暗示的是社会的破坏力永远充沛而且不问对象。他充任不仅仅在社会名义上的一种维护"正义"或"纲纪"的角色，甚至在本性上也是纯洁的，他在职务操守上有着奉公自律、一丝不苟且视工作为生命的品德，无论从哪个方面来看，他扮演一个令"社会—父亲"颇为满意的"个人—儿子"的角色可谓成功，而全无杀人如麻的凶徒那种混乱的精神面貌。这种形象令人想起了《悲惨世界》里的沙威探长，在沙威死的时候，雨果写下的几句慨然长叹的话是这样的：

迄今为止他是靠了盲目的信仰生活着，由此而产生一种黑暗的正直。现在这一信仰已经失去，所以这一正直也不复存在。他所信仰的一切都消逝了。他不愿接触的真理严酷地折磨着他。今后他得做另外一种人了。他感到一种奇特的痛苦，一种良心在除去蒙蔽后的痛苦。他见到了他所不愿见到的事。他感到自己空虚、无用，和过去的生活脱了节，被撤了职，毁了。权力在他思想里已经死去，他没有理由再活着。

只有一个人在坚信自己所作为的是"正确"的时候，才会有这样正直而清澈的精神面貌，可越是智力超群的人往往越是不敢肯定这一点。但是我们回到前一段的描述上，评判"正确"或是"错误"，从来不是任何一个"个人"的权力，也许有些有识之士呼吁过将这种权力发放给每一个天赋人性的、健全的人类手中，可那只是一厢情愿，人类从来没有亲掌过自己的正误。判断"正确"和"错误"的权力在谁的手中呢？刚刚的那节我们已经谈到过了，在个人尚未踏入社会时，父母掌控着这种权力；而当个人涉入社会之后，这种权力就被移交到了社会的秩序面貌之上。社会也确实有相应的秩序机构，在福柯那里被称为"禁制"，来确保评判个人正误的工作顺利实行，这一点我们在下一节里会详细论述。而社会认同的"正确"其实只是一种权衡的结果，对于一个人正确的选择，对于另外一个人而言未必正确，所以我们只能尽可能选择符合大多数人价值的结果作为"正确"的参考答案，我们不需要全票，也无法获得全票，多数通过就已然足够。除掉这一层略显混乱的关系之外，"社会"对于"个人"的要求就和"父亲"对于"儿子"的要求基本是一致的了。卡夫卡老爹需要一个绝对听话的"儿子"，"老司令"需要一个完全服从而绝不越雷池一步的"下属"，"流放地"需要一群完全被征服不敢反抗的"囚犯"，而"社会"需要的是整齐有秩序的"个人"。

一个人，如果做到了儿时让"父亲"满意、涉世以后让上司满意、继而在从习惯到法律的所有层面上令社会秩序也无可挑剔，那他对于社会而言就是一个完美的成员，他对于社会的代入是无懈可击的，而不像卡夫卡自己这样潦倒、贫乏和乏善可陈。其实做到这一点并不困难，社会要求的"完美"与文明要求的"完美"意义是不同的，社会的要求非常低，遵循不悖即可。沙威就是这样的人，《在流放地》里的军官也是这样的人。在这个基础上，社会再根据"无害"的创造力层次将人群分类——这种精神面貌的人群其实彼此之间已经非常接近了，但是还是分得出良莠的——驯良而稍具智力、或是驯良而稍具攻击性的，可以成为牧羊犬；驯良而在创造性上毫无特色的，则成为羊群。这样，一场绿草如茵的原野上牧歌悠扬的游戏，也就初具规模了。

城堡是卡夫卡心中社会不完整、却绝非虚构的形象。卡拉姆的神秘莫测就是"父亲"的原型借由秩序的否定之后残存下来的那种呈游离态的判决个人价值——"正确"和"错误"——的权力，或者说是这种权力的模糊回忆。"秩序"之所以有权力否决"父亲"的判断，其原因在于"秩序"和"父亲"是同质的，而且"秩序"的这种否决只是过滤了"父亲"观念中的血统和亲情部分，使它变得更冷漠和不近人情而已，并非本质上的改变。假如说那种判断个人正误的权力就是"父亲"的话，那么"秩序"就是"父亲"的复数，就好像"社会"是"我"的复数，出于便于理解的需要，我们可以谐称它为"父亲们"。一个人处于四面楚歌的社会之中，秩序总是先禁止他做什么，然后才会允许他做什么。而我们所有人的成长，都经历过前面所说的从父权的绝对到对父权的怀疑这个过程。而在这个不断否定他人、否定年轻人的过程之中，这种怀疑或是否定自身变得不朽乃至于获得了人格甚至神格，它形成了秩序本身。这种不为了任何目的而否定的、单纯的否定自身成为了所有人心目中对秩序的第一印象。对于这个社会而言，所有孩子都是错的、所有人都是错的，因为他们的父亲也都是错的，但是没有谁是正确的，而且那也不重要。

否定就是拒绝，现在我们差不多能猜出 K 想要获得卡拉姆的青睐基本上是痴人说梦的了。无论他怎么努力，卡拉姆都不会认可，不可能在他面前展现真容。K 是如此，那些在他周围看似

119

更加熟稔卡拉姆的镇民，比如说村长、弗丽达、佩皮，又何尝不是如此，他们也没有见过卡拉姆本人——也许弗丽达见过，她是卡拉姆的情妇，性关系在普适的社会关系之中稍微特别一点——他们和 K 的唯一区别只是他们比 K 更习惯于相安无事，就好像面对社会的否定，成年人比小朋友更加泰然自若。因为秩序没有面貌，它只能依靠否定一切——包括其自身——来让人们感觉到它的存在。这个描述的灵感来源于《肇论》里的一个才华横溢的比喻：世界是"空"的，为我们所体认的"世界"其实是一种二级事实，它是"缘"作用于"空"之中的结果，这种效果差不多相当于微风吹皱激滟的波光，使得清澈见底、完全透明的水潭看起来像是某种更实在的存在。

卡夫卡小说中的第二个代表意象是社会关系的暴力本性，即在我们所有的社会关系之中，不管是父子、兄弟、性关系、朋友、同事，这种相处关系自身，不论亲疏，都带有暴力的本质。而归根结底，这种暴力性还是不脱童年父权残暴性的阴影。那些即将被处决的囚犯"现出一副蠢相，张着大嘴，头发蓬松，脸上显出迷惘的神情，兵士手里拿着一根沉重的铁链，大链子控制了犯人脚踝、手腕和脖子上的小链子，小链子之间又都有链条连接着。不论从哪方面看，这个罪犯都很像一条听话的狗，使人简直以为尽可以放他在周围山上乱跑，只要临刑前吹个口哨就召回来了"，他们逆来顺受，觉得一切都理所当然。

现在这套恐怖的刑具被展现在外来者面前，它的几部分甚至各有个幽默的外号，分别叫"设计者""床"和"耙子"，功用是用铁针在犯人身上刺字，持续十二个小时，针刺越来越深，直到把犯人刺死。这个时候，军官和旅行家谈起了一位已经卸任的"老司令"，这个角色一直到结束都没有在故事中出现，就好像《城堡》里面的卡拉姆一样，我们所能找到的只有当事人对于他的回忆。老司令是军官非常景仰的一位先贤，但在他卸任后，他的继任者打算改革死刑制度，这一点令迷恋死刑的军官非常烦恼。军官试图说服旅行者以游说人的身份干预这场改革，但是遭到旅行者的拒绝。军官恼羞成怒，冲动地爬到刑具上——这种冲动绝非一时疯癫而已，卡夫卡深受弗洛伊德影响，认为人类天生有毁灭自己的冲动，就好像孩子心甘情愿被父母责打一样，自我毁灭的本能永远存在在我们的心头，它只是平素被理智抑制着，但是从来不曾消失——开动机器，把自己刺死了。

作为社会革新者和被革新者之间关系的缩影，"老司令"和现任的司令是一对对位概念，他们都没有在故事中直接出现。这位流放地的老司令是刑具的发明者，也是军官相当崇拜的对象。他温文尔雅、风度翩翩，颇受女性青睐，残忍于不动声色之中。这种形象被认为是"父亲"这种身份在中年岁月精力最为充沛时的形象的缩影，而这个年纪的男性也处于侵略性最强的阶段。将老司令的形象看成是卡夫卡小说之中挥之不去的父亲权威的阴影，这一点早已盖棺定论。老司令制定酷刑的行为动机，是童年孩童对于父母责罚自己的原因的无数种推论中最为重要的一个。前面说过，父母责罚孩童的理由孩童自己有的时候能够理解，有的时候则是心中一片茫然。这时候，一种非常"儿童化"的推测就很自然出现了，几乎所有的孩子都想过，父母对于自己的责罚是一种兴之所致的、娱乐性的行为。因为孩子的世界里只有自我满足的意识（本我），所以他们将心比心地认为父母的行为也是一种欲望的满足。这种时候孩童会想，"我是你的孩子，这（体罚）是你应该得到的"，这种自我牺牲的想法形成了一种最原始的、利他主义的拯救欲望，觉得自己被毁灭对于大家（自己及父母）都是一件好事。这可以看成是孩童们向世界"预支"时间的一种代价，要延迟到他们成长以后的很多年才本利收讫。等到孩童长大了，也做了父母，他们潜意识深处依然有着幼年时期被愚弄的回忆，这种回忆让他们觉得他们也"应该"管教自己的孩子，这就真的成为一种欲望、一种天性、一种喜闻乐见的责任。社会的价值取向就这样得以传承下去。不论父母责打孩子是出于"爱"或是"责任"，还是法庭处决罪犯是出于"正义"，在对于判断力的维护之中，暴力始终是最为行之有效的一种手段。

这种父权的、社会的暴力习惯无人可以幸免，因为每个人都是受害者，每个人也都是施暴者，所以每个人都是维护者。当听说新司令试图改动老司令的死刑制度，军官气得夜不能寐，在种种抗拒无果之后，最后他自己也套上刑具，自杀了。这个结局看起来相当荒诞，但其寓意是社会制度的暴力维持是普遍有效的，没有人能够置身事外。在我们开始阅读这篇小说的时候，军官和囚犯的情形有天壤之别，囚犯逆来顺受，军官以统治者自居，但当我们阅读到最后的时候，发现其实这两者并没有什么区别。流放地的囚犯痴痴傻傻，对于酷刑的接受心甘情愿；军官看起来比他们似乎多具备一些知识，或是多掌握一些权力，介绍起流放地的情形妙语连珠、如数家珍，但是结局一样，对于酷刑的接受也是心甘情愿。造成一开始的区别感的原因是社会对于智力层次不同的个人，分别精心定制了一套令其就范的方式，并不全部是以暴力作为形式，但是全部以暴力作为后盾。

可能出于某种操作上的失误，死刑机器被军官弄坏了，磕磕绊绊地完成了死刑，最后一颗大钉子刺穿了他的眉心。目睹了行刑过程的旅行者精疲力尽，但还是支撑着拜谒了老司令的坟墓，这处坟墓的位置极其诡异，在他用餐的小酒馆的桌底。此时距离小说结束不远，叙述已经进入了一种类似梦呓的谵妄氛围之中。他发现墓碑上刻着的几行字是这样写的：

老司令官长眠于此。他的信徒迫于时势只得匿名建坟立碑。有预言云：若干年后，司令官必将复活，率领信徒由此出发，收复流放地。坚信吧！等待吧！

旅行者读完了墓志铭，发现周围的人都在看着他并露出一种怪异的微笑，似乎在期待他作出某种响应，旅行者觉得危险，就匆匆告辞，上船离开了这块是非之地。

旧世界的已经死了的神被新世界宣布为非法（神父不准将老司令葬入公墓），但这只是一种蜕变而已。每个人都会哀悼"父亲"、或是偶像、或是神祇，但"父亲"从来没有死过，因为他的一切已经转化为我们自己的人格、以及我们学会并且越来越熟练运用的怎样和社会相处的生存之道，并会这样传承下去。我们在教育自己的孩子时，沿用的是父亲教育我们的那些教条（期望）和手段（暴力），这时候"父亲"就复活了。老司令的墓是"信徒"所立，而非他世俗的家庭，这条线索揭示的是老司令的身份就是"父亲—孩子"关系中"偶像—信徒"的这个侧面的人格化，也是亲子矛盾的社会投射，而对于这些信徒，以军官作为代表，暴力就是他们的信仰。除了这个侧面之外的慈爱、给予、保护等其他的侧面以及因此而爆发的、高尚侧面的个人情感，卡夫卡——或者说这个社会——从来没有在意过。流放地的一切看起来都是理性的、制度的，但是老司令墓碑上宛如梦魇的铭文却充满了一种宗教性狂热的语气，因而显得格格不入。这种巨大的反差除了揭示在流放地光怪陆离的一切恐怖幻境都是南柯一梦之外，科学主义的社会制度和宗教的偶像崇拜其实没有什么不同。从父亲，到社会、到制度、到正义，最后到上帝，都是且只是某一位荒唐的、具有神格意象的存在始终在饶有兴趣地自导自演着角色转换的独角戏而已。

Ⅲ 自由冲突：社会自由制度对于个体自由额度的审判

　　自由冲突是我们探讨的第二种关系，它实际上是个人自由与社会制度的关系，其无解的要点在于双方任何一端的过度发展都会令局面崩溃，但很难保持平衡。我们稍微延续一下对于《在流放地》的探讨。"临刑前"一个口哨呼之即到的罪犯代表了大多数不具备足够创造力抗拒社会而选择逆来顺受的人群，这些人创造力层次虽然最低，但是人数最多，对于社会而言也是一股潜藏的危险力量之所在。社会首先要在这些成员的诉求层次上做到尽善尽美，抵消他们反抗的理由，然后才能顺利地因势利导。福柯认为，用皮鞭强迫奴隶去修建金字塔的举动是愚蠢的，因为面对皮鞭，智力层次再低的个体也会领悟到其中的恶意，并且诉诸本能的自卫举动。何况将大量的社会财富投放在维持安全所需的暴力机构之上也是一种得不偿失的危险之举。进入文明社会之后，各种社会形态都不约而同地以福利取代了法老时代的皮鞭。这种进化令很多人弹冠相庆，认为人类最文明的黄金时代又要来临了。但个别智者——比如说涂尔干和以赛亚·伯林——却发现福利的发放形式和法老时代的皮鞭并没有什么不同，依然是一种强制，从奴隶的孩子无权接受教育变成了现在的孩子被强迫着接受一些只对社会自身有益的教育，社会只是为了适应新的平均知识层次情况进行了一次不动神色的、换汤不换药的变革而已。在《在流放地》的小说里，因为行刑时间长达十二个小时，中间会给囚犯喂食一点稀粥，以防止他们体力耗尽而过早断气。经过细心的统计军官发现，几乎所有的囚犯都因为伤势过重一吃就吐，但还没有一个囚犯因为绝望或是高傲而拒绝这种恩赐。

前面说过，人与人相处的关系具有一种暴力本性。这个观点在窗明几净的办公室里，在受过高等教育的同事的进退揖让之间看起来显得像是一种无稽之谈。但是不要忘记，社会的本质关系是一种自然竞争关系，人们占有的社会资源总量的一部分在被彻底消耗之前，总是难以定论鹿死谁手。就是说，在这一份（出于计算的方便，我们姑且捏造一个量词）社会资源被彻底消耗转化之前，它的所有权其实属于两个人，一个是消耗者，另一个是虚无缥缈的（但肯定存在）掠夺者，竞争到最后一刻才会止息。这就是为什么试图淘汰别人总是人的生存之道，有时候对手并不在身边，但是你知道他肯定存在。

我们开始渐渐谈到重点了——这种普适的、无所不在的、人人能够接受的角逐的保证是什么？没错，这种社会竞争的后盾就是暴力。每个人具有了一定的暴力——对他人的威胁力——作为资本之后才能介入到社会竞争之中去，而且具有这样的暴力背景对于竞争者而言也是一种保障。这种社会竞争就很像是拳击比赛，至少得要会点拳击才能参加比赛，而且万一真的有个闪失，武功较弱的选手被对手击倒在地也不用太过担心自身的安全，这里是体育馆，不是古罗马的角斗场，在社会强大的暴力后盾的保证下，至少他不用担心对手打得兴起，顺手取了他的性命。

当然拳击赛能赢还是比较好一点，至少赢家得到的好处更实惠。说到拳击比赛，在古希腊，运动会的冠军所获得的好处一生受用不尽，不仅仅是荣誉而已。罗得斯岛上有个人名叫提阿哥拉斯（Διαγόρας，生卒年不详，约活动在公元前 5 世纪），年轻的

125

时候也是一位名闻遐迩的拳击手，两次在奥林匹克赛会、至少一次在皮提亚赛会、四次在地峡赛会、两次在尼米亚赛会上拿过拳击冠军，也多次在雅典、忒拜、厄吉纳、培林尼和麦加拉等地举行的各种地域性赛会上夺冠。受到他的影响，他的家庭体育氛围浓厚，他的儿子和孙子也都是各种赛会的冠军。最让他自豪的是，他的两个儿子在公元前448年的奥林匹克赛会上分别赢得了掼拳（散打）和拳击的桂冠。两名年轻人兴高采烈地扛起父亲，并将桂冠戴在父亲的头上、绕场游行庆祝。观众们羡慕不已，觉得那种程度的福分非凡人所能享有，席上有人起哄道：

你可以死了，提阿格拉斯，你不死还想怎样，难道还要升天成神不成？

（Κάτθανε, Διαγόρας, οὐ καὶ ἐς Ὄλυμπον ἀναβήσῃ.）

提阿格拉斯老汉这时已经老态龙钟，在极度的兴奋中激动得喘不过气来，当场带着幸福的笑容死在了儿子的怀里。品达罗斯（Πίνδαρος, 约前518年—约前438年）曾经写诗盛赞过这件事，在诗中称赞他是一位"巨人和真正的斗士"，这首献给他和他的后代的赞歌用金字刻在罗得斯岛雅典娜神庙的墙壁上。

暴力的神，保护着有暴力嗜好的信徒为了取悦他而上演的暴力的活剧。

几乎所有的古希腊冠军（甚至在其健在的时候）都在城邦广场拥有自己的雕像，在古希腊一个人获得公众雕像的寓意几乎等同于他获得了神格，与此相比那些享用不尽的荣华富贵更是不值一提。有一个名叫米龙的人，在奥林匹亚赛会上获得了冠军以后回乡立刻就被任命为将军。这位仁兄上战场时刻意打扮成赫拉克勒斯（Ηρακλής）的样子，挥舞大棒耀武扬威地走在队伍最前面，但这种古代版本的美国队长式闹剧却往往能有令敌人望风披靡的奇效。现在我们的话题回到自由冲突上来。这种社会赋予的带有奖励性质的资源究竟是什么？荣华富贵、声名不朽，其实归根结底都是一种社会"自由"的表现形式。金钱、社会地位、人们心中美好的印象、青史留名的成就，都是这种无差别的"自由"的有限额度。

前面说过，在一份社会资源被彻底消耗前，相关者其实具有拥有者—掠夺者的复合所有格，各自拥有对方的身份，对于一个人而言，他是拥有者，而对于他的对手而言，他是掠夺者。在有些场合，比如说拳来脚往的角斗场，拥有者和竞争者直接面对面，咬牙切齿、摩拳擦掌；而在大多数场合，比如说在人头攒动的股票交易大厅，拥有者不知道自己的掠夺者在哪里，但知道他肯定存在。现代的金融交易更加凸显了这种特性：财富不会凭空多出来，有一个多头投资者致富的时候，必然有一个空头投资者破产。那么，那种费尽千辛万苦得来的"自由"的额度到底派什么用处呢？这个时候它的用途渐渐明显了，在这种竞争中，拥有自由额度较多的竞争者会在胜利机率上得到不同程度的加码。

令人一直难以理解的马太效应（Matthew Effect）在这个层面上变得豁然开朗。马太效应这个词来自《圣经》的《马太福音》第 25 章第 28 节里的一句话："凡有的，还要加倍给他叫他多余；没有的，连他所有的也要夺过来。"其实这样的表述中国古代也有，《道德经》第 77 章里有这样一句话：

天之道损有余而补不足。人道则不然，损不足，奉有余。
其实天之道也是损不足以奉有余，野外的食肉动物，吃饱了才有力气追杀作为下一顿饭的猎物，而如果一顿没吃饱，恐怕就会陷入一种恶性循环之中。马太效应看似和我们一直以为的平衡原则相悖，实际上它揭示的是社会资源流动的一种重力关系：我们在杠杆的两端放上两堆砝码，结果必然是轻的那端滑向重的那端，重的那端越来越重。

这就没有什么难以理解之处了。连观念也必须遵循重力的规律，重力是成就这个宇宙的基本语法。

"公平"是、而且仅是、而且从来都仅是一种没有实际基础的推算结果，它是完全幻想出来的东西。

这种自由的竞争涉及社会生活的一切方面，有的时候甚至无聊透顶，但也遵循着这种重力法则。我们来看看《世说新语·汰侈》里的这样一个故事：

> 石崇与王恺争豪，并穷绮丽，以饰舆服。武帝，恺之甥也，每助恺。尝以一珊瑚树高二尺许赐恺，枝柯扶疏，世罕其比。恺以示崇。崇视讫，以铁如意击之，应手而碎。恺既惋惜，又以为疾己之宝，声色甚厉。崇曰："不足恨，今还卿。"乃命左右悉取珊瑚树，有三尺四尺、条干绝世，光采溢目者六七枚，如恺者甚众。恺惘然自失。

但是自由又很像是某种具有几何形状的东西，它的面积越大，其边缘受到压力也就越大。这位挥金如土的石崇的结局如何呢？我们来看看《晋书·卷三三·列传第三》里的记载：

> （孙）秀觉之，遂矫诏收崇及潘岳、欧阳建等。……及车载诣东市，崇乃叹曰："奴辈利吾家财。"收者答曰："知财致害，何不早散之？"崇不能答。

我们现在引入一种对于已拥有的自由的对位观念，那就是对已拥有的自由额度的充分发挥及获得更多的自由额度的阻力。通常的哲学范畴里用"限制"来表示这种阻力，自由越大，受到的限制也越大。但这两个作用力不是均等的，自由的力量略大一些——好吧，大很多，否则人类也没必要前赴后继地完全醉心于获得自由的努力，凡人将这种行为称为"事业"，并各自为此蹉跎了一生。

用"限制"来描述"自由的反作用力"的解释完全是掩耳盗铃。就好像外国人不会说中国话，把"请坐"说成了"请置尊臀"，看起来更斯文，但是一点用都没有。"限制"就是自由，确切地说，"限制"就是"他人的自由"。而对于某一个个体而言，考虑自身利益的时候，用"自由"；考虑"他人的自由"对于自身的压力的时候，用"限制"；考虑这二者之间的平衡之道的时候，用"道德"。谢天谢地，我们总算绕到道德这个字眼上了。

那么"他人的自由"里面这位大号"他人"的仁兄是何方神圣呢？显而易见，就是社会。这样，这对冲突的意象就很明显了：一个人在尽可能地运用他从社会这里掠夺来的自由，但是道德也在尽可能地阻止他这么做，所以对于个人而言，道德是有恶意的。这个冲突的死床局面在于，在这场角力之中，个人胜出（极少数的情况），个人会因为膨胀而毁灭；道德胜出，个人会因为空乏而毁灭。

在第一部的末尾我们提到了尼采对于道德的看法。其实尼采认为道德的起源也是一种谋求自由的手段，因为在远古，人类面对自然的时候过于渺小，他们个体的自由边界没有接壤，更不用谈冲突，有大把的处女地可以开发。这种时候，面对自然竞争，更大的力量和更行之有效的手段是主要的，为了这一点个体可以牺牲一点自由的额度来换取帮助。一个猎人也许一年能打到四百斤肉，但他如果和别人合作可以打到一千斤而各自分到五百斤，除去那个合作者自身的额度四百斤，他们的收获多了两百斤，为了保持这种合作关系，他牺牲了一百斤给他的合作者，对方也是如此。如果说他拥有的自由额度是一个圆形的话，被他牺牲掉的那部分额度其实是在这圆形的边界之外，就好像刚刚那个例子里面，多出来的这一百斤肉是一笔意外之财，并不包括在他们个人额度的四百斤之内。契约在签订的时候其实只是一张空头支票，他也不知道有多少，而且也并不在意。当然，红利兑现的日子总是令人心痛的，但是契约已经签订，也就难以挽回了。

尼采接下来认为，在顺利征服自然、生存变得毫无困难之后，紧接下来人类的经济体系开始建立并且日臻成熟，自由的额度更是可以以价值衡量，待价而沽，这种契约的实际意义其实已经终止了。但是因为原始时代持续的时间实在比文明的历史漫长太多，它已经变成了一种血脉相融的事实，短暂时间内我们是无法摆脱的了。这样一来，一个明明可以靠自己力量生活的现代人，却无端地觉得让利和分享才是正确的，这一点连他自己都不知道是为什么。就是说，道德已经变成了一种时过境迁的不合时宜，但是文过饰非的天性让我们找出种种借口来维护它的存在。最核心的一个借口就是，似乎真的存在这样一个东西，叫作"道德"，它以某种类似航拍卫星轨道那样的视角在俯瞰和监视着每一个人。只是生产力低下的时代已然过去，道德变得没有"用"，但是还存在一个名义。为了使它更经得起推敲，必须为这个名义塑造一种拟人的所有格。

但是道德这个东西的存在毕竟还是能够发挥新的用处的，因为道德也随时代发展了，变得语言化了。尼采继续说，它在号召谦让方面的影响力依然深远。这一点就引起了那些本来就拥有大部分自由、并且依然期待他人谦让自身自由额度的人的青睐。尼采认为文明时代的道德其实都是一种"高尚道德"，也就是社会地位比较低的人盲从社会地位较高者的道德规范，要安于现状、不能反抗，要按照道德的要求充分谦让出自身在社会权力方面的自由额度。退一步说，即便不能做到谦让自身，高尚道德也要求地位低下者安于本分，不要试图去谋取自己之外的自由额度。而论述到现在，我们可以试着归纳一个初步的定义，所谓道德，就是社会自由额度之间的让渡协议。

因为道德起源于欲望（原始人征服自然获取收获的欲望及其实现手段），所以即便情况真的如尼采之所言，它已经没有用了，可认为它纯粹是一个抽象概念的看法还是不确切的。与真正纯粹的抽象概念——例如费马大定理或是哥德巴赫猜想——相比，道德显得更像是某种有生命的东西，几乎所有人都忘记了中学教课书上的热力学三大定律，但是道德却从来没有被遗忘。究其原因，道德因其起源于欲望而与我等血脉相连，而欲望是有罪的，所有人都是有罪的。

这种每个人都有罪的看法是卡夫卡小说《审判》的中心思想，它是我们分析道德冲突的借例文本。卡夫卡创作《审判》的初衷是他在生活中遇到的一个事件。1914年，卡夫卡和当时的未婚妻费莉莎准备结婚，但是却与费莉莎的闺密格莱特发生了暧昧的关系。这种出轨表现出卡夫卡自己在潜意识中对于婚姻的恐惧：他不想结婚，但又认为自己作为"未婚夫"，有一种社会义务来完成这场婚姻。对于这次的出轨事件，他结婚的责任感越强烈，他就越感到内疚，越怀有一种不贞的负罪感，而他的负罪感越强烈，他就越想表明自己的真意，想在结婚这个问题上表现出积极的态度。这种恶性循环的心路历程使他感觉自己面临两场审判：被判决婚姻和被判决不贞，两边都是恐惧的深渊。

费莉莎知道这件事后非常生气。1914年7月11日，卡夫卡来到柏林，费莉莎带着和这个事件有关的当事人格莱特以及费莉莎的妹妹爱尔娜，还有一位见证人，卡夫卡的朋友作家瓦尔斯，来到旅馆和卡夫卡摊牌。虽然这只是一个亲友的聚会，当然它带有兴师问罪的性质，但在卡夫卡看来，来访的四个人组成了一个法庭，他成为了这个法庭的被告。费莉莎在情绪激动之下，言辞刻薄地指责卡夫卡是个反复无常的不贞之辈，爱尔娜在旁煽风点火。本就不太善于与人交流的卡夫卡在错误的自责和他人的攻击性谈话之中百口莫辩、如坐针毡。判决总算作出了，费莉莎决定解除和卡夫卡的婚约。卡夫卡松了一口气的同时，更加觉得内疚。

过了半年时间，爱尔娜在一次通信中告诉卡夫卡，她们的父亲去世了，家境变得窘迫。卡夫卡觉得这种惨境是自己的背叛造成的，在世俗的审判结束以后，他又被卷入了一场更加旷日持久的、良心的审判。在这样的情况下，他写下了《审判》。

与一般小说的写法不同的是，卡夫卡一下笔抢先写完了《审判》的结局部分，也就是现在的第10章。在写完主人公 K 被执行死刑之后，卡夫卡的精神看得出显然轻松了许多。他陆续写完了其他章节，但是前后叙述杂乱无章。卡夫卡死后，勃罗德整理出版他的遗稿的时候，《审判》的章节顺序完全出于勃罗德自己对于卡夫卡那一个时期言谈的回忆。但勃罗德还是觉得即便是他的记忆有所失序也没有关系，因为这篇小说描写的本来就是混乱的死局，他是这样看待《审判》的：

> 卡夫卡认为这部小说还没有写完。在最后一章之前，一定还该描写这个神秘的审判的各式各样阶段。可是，根据作者自己的看法，既然这个审判永远不可能提到最高法庭那里去，那么，在某种意义上来说，这本小说也可说是无法完结的。

《审判》的故事梗概是一个小官吏约瑟夫·K 在一个晴朗的早晨接待了两个陌生人的来访，对方告知他他被一个机构审判为有罪。这个机构看起来像是某种非官方的法庭，但它不宣布罪状、不接受上诉，只做出判决。一经被告，就判决有罪，无从赦免。K 虽然莫名其妙、申诉自己没有罪，但是这个法庭审判的根据不是罪状，而是某种至今未知的伦理原则，所以到头来 K 还是不得要领。好在这个法庭同时也没有羁押，在最终判决书送达之前被告有充分的行动自由。K 开始奔走，聘请律师，辗转找到法庭的服务员和画师求情，但是都是徒劳。在奔走的过程中 K 逐渐发现，这个法庭是一个庞大的官僚机构的衍生物，它在社会之中具有隐形的特质，无人向它负责，它也不向任何人负责，它只是永无休止地运转着，专门与人们为敌。

这个真相的揭示令 K 感到震惊和沮丧，因为他自己就是那个庞大的官僚机构的一员。他虽然不知道法庭的存在，但是他和他的同事们的案牍工作——令官僚机构运转——无疑为法庭填充了取之不竭的能源。意识到了这一点之后，K 陷入了一种犯罪感，觉得自己受到法庭的审判是罪有应得，因而放弃了奔走和努力。在 31 岁生日（卡夫卡被费莉莎姐妹问罪的那次聚会离他自己的 31 岁生日还有几天）那天，两个穿制服的执达吏把他带到一处荒废的采石场，执行判决。其中一个人扼住他的喉咙——这个举动后来被证明根本没有必要，因为 K 连反抗的念头都没有起——另一个用一把匕首刺进他的心脏，并在里面搅了两圈。K 扑地气绝，这一场旷日持久的审判终于被画上了句号。

作为官僚体系一个组成部分、维护社会机器运转的 K，作为社会普通一人、拥有自己妻儿的 K，大多数人也一样同时拥有这两种身份，我们时常关注的是这两个身份在一人之身的统一和转换问题，但是卡夫卡关注的是这两种身份在一人之身的截然分立和相互对立的问题。就是说，官僚 K 的工作维护了法庭的运转，法庭审判了被告 K，所以是官僚 K 审判了被告 K。被告 K 最后放弃了奔走，一方面是自暴自弃，而另一方面则是意识到了情况的不可拯救性，被告 K 被判有罪，则被告 K 接受毁灭；而被告 K 如果被叛无罪，则官僚 K 就有罪，二者必居其一。然而问题在于，审判被告 K 的除了官僚 K 之外尚有官僚 J、官僚 L、官僚 N……除非判决他们全部有罪，也就是判决法庭有罪，否则被告 K 不可能单独受到赦免。其他有罪者也同样无罪，社会开始向着失序的方向发展。而如果被告无罪而官僚有罪真的成立的话，这个审判的权力游戏只是颠倒了一个方向，它的稳定性还是没有受到任何质疑。所以，结果只能是，审判是永恒的、原告和被告都只是过眼烟云而已。

个人对于社会自由的理解永远从自身利益出发，这在审判程序中属于一种"特赦"。也许被告 K 受到无端指控是不公正的，但是他被单独赦免同样是不公正的，而且那也不可能。K 意识到了这一点，放弃了抵抗。个人的自由边界在社会范围内相互接壤的时候相安无事，但如果相互侵入了就会爆发矛盾。但这种矛盾其实不能用世俗的审判去予以裁决，因为入侵他人自由边界的个体，其边界依然是边界，他没有改变任何规则，在双方自由阈的交集里，可以说他的边界也是被侵犯的。

所以，世俗的法律无法裁决这种古老的竞争机制自身，唯独将之认同为一个个"个案"，借助动机方式等一系列辅助数据做出判决。所谓"杀人者死，伤人及盗者偿创"，世俗的法律永远有且只有习惯法这一种形式，而无法判决更加形而上的案例。根据色诺芬《回忆苏格拉底》中的记载，苏格拉底有一天遇到了一个狂妄自大的青年尤苏戴莫斯（Εὐθύδημος），他们之间有过一段关于善恶的非常著名的问答，大意如下：

苏："请问你知道什么是善行什么是恶行吗？"

尤："当然知道。"

苏："那么我问你，虚伪、欺骗、偷盗、奴役他人是善行还是恶行？"

尤："这些行为自然都是恶行了。"

苏："可是，如果一位将军战胜并奴役了危害自己祖国的敌人，这是恶行吗？"

尤："不是。"

苏："如果这个将军在作战时欺骗了敌人，并偷走了敌人的作战物资，这是恶行吗？"

尤："不是。"

苏："你刚才讲欺骗、奴役和偷盗都是恶行，怎么现在又认为不是呢？"

尤："我的意思是对朋友、亲人实施上述行为的话是恶行，而你列举的情况都是针对敌人的。"

苏："好吧，那么我们就专门讨论一下对自己人的问题。如果一个将军率军作战时被敌人包围，士兵们因伤亡、困乏而丧失了作战的勇气。将军欺骗他们说：'援军即将到来，我们来个里应外合将敌人一举歼灭吧。'从而鼓起士兵的勇气，赢得了战争的胜利，请问这是善行还是恶行？"

尤："我想这是善行。"

苏："如果一个孩子生病需要吃药而又嫌药太苦不肯吃，他父亲欺骗他说药很好吃，哄他吃了，孩子很快恢复了健康。父亲这种行为是善行还是恶行？"

尤："是善行。"

苏："如果有人发现他的朋友绝望得想自杀，就偷走了朋友藏在枕头下的刀，这是善行还是恶行？"

尤："是善行。"

苏："你刚才说对敌人的行为，即便是欺骗、奴役、偷盗也不是恶行，这种行为也只能对敌人，对自己人的话是恶行。那现在这几种情况都是对自己人，你怎么认为它们都是善行呢？"

尤："哎呀，我已经不知道什么是善行、什么是恶行啦！"

社会宛如水的流动，个人的自由边界永远处于被侵犯之中，有的时候产生的结果双方都能接受，有时候则不然。就好像苏格拉底说的一样，如果盗窃有罪，那么偷刀救人者就有罪，因为他和偷人钱财者一样冒犯了他人的自由。这种时候，判决只能依靠动机和是否双方都能接受的结果等等一系列辅助数据来得出结论，审判的就不再是"偷盗"，而是"偷盗的动机"或是"偷盗的结果"，请注意，这些概念本来就是各自有别的。

这就是说，审判"偷盗"这种形而上的概念，只有一个形而上的法庭有权裁决，而 K 这样的小人物大概是无此殊荣的。所以，当我们无法审判"观念"的时候，我们退而求其次，审判"行为"。"行为"是有罪的吗？大多数情况下恐怕是的，因为自由的边界已然接壤，不侵犯他人的自由就无法活下去。最平和不具备侵略性的生物也要依靠从对手那里竞争生存资源来维持生命。在这种情况下，社会不分青红皂白地各打五十大板，判决所有人都有罪，其命中率也是弹无虚发的。

对于一个"社会"的人，在其步入社会之前预先就有罪，很多哲学家和神秘学家不约而同地同意这一观点，即便这种与身俱来的"罪"和某种十字花科的植物的果实之间没有实际的关联，它大概也是没有偏颇的。初生的乳狗一边吃奶一边试图阻止其他小狗吃奶，想要霸占全部的乳头，难道人类不是如此？自私是所有物种的天性。社会无法改变这种天性，但是可以利用，通过自私来建立一部维护自私的法典。强调这种对于自私的无差别保护就是现代社会，而反之——维护特定对象的自私——则是古代社会。

所以当一个人被从社会之中孤立出来单独体认的时候，他就被看成了社会的对立面，他的自私状态就会由群体自私的规则变得非常实际，处处想要雁过拔毛，他的罪状也就成立了。社会对于个人的基本态度是一种敌视态度，每个人都想要生存，每个人都是有罪的。

与《城堡》一样，卡夫卡在《审判》这篇小说中继续痴迷于构建一种巴别塔式的社会结构，它具有重重叠叠的等级秩序，既具有建筑的层次、又带有生物性的食物链的结构。卡夫卡以这种兼具生物特色和纪念碑性的建筑意象来隐喻社会。在《城堡》中，卡夫卡揭示了社会的特性，它是不友好的，不接受任何个人情感的亲近；而在《审判》中，它依然不友好，并在此基础上开始攻击个体。就如同福柯所论断的，社会对于个人而言本来就具有一种攻击性，或者说是侵蚀性，只是卡夫卡在小说中将这种作用扩大了，使之变得可视化了（死刑）而已。在《城堡》里社会的威能借一个人（卡拉姆）的肉身来使自己实体化（这是大多数宗教信仰常用的叙事模式），而到了《审判》里，则借助了一种制度、一种机构来实现这一点，这表明了文明的发展由亲族社会向法理社会的进化完成之后，社会变得更机械、更制度化，它在判决上更加公正无私，但同时也变得更加不近人情。

　　但是我们不得不承认这样的社会是合理的，至少适合"人类"这种东西。一个具有完美生态结构的社会本来就应该在敌对态度上表现出更鲜明的立场，多元的社会结构应该包括社会自身的敌人。因为相对于"矛盾"而言，"融洽"对于社会的破坏力更大。我们不应该继续迷信那种黄金时代的、乌托邦的、康培内拉（Tommaso Campanella，1569 年—1638 年）式的"融洽"会令人类从此过上幸福生活的鬼话，在想象中的幸福生活来临之前，"融洽"就会抢先毁灭社会。为此我们可以举一个不算恰当的例子，1788 年，第一批英国移民首先抵达悉尼开始对澳大利亚的殖民。这些人以囚犯、强盗和恶棍为主，也有一些一穷二白的平民，也许还有些其他什么人，总之认为这群亡命之徒全无生态学的知识大概不会有错。他们出于某种至今无人能够理解的理由，在船上捎带了几只兔子来到了这块蛮荒的大地。由于澳大利亚特殊的次大陆生态，它全境几乎没有进化出强有力的、中型以上食肉动物，这几只兔子在澳大利亚着陆之后大概就像《太阳城》里所描绘的，几个外乡人来到了一块净土，没有敌人，只有其乐融融的一团和气。故事的开端，也许像很多动画片里描述的那样，可爱的、毛茸茸的小兔子在碧草蓝天之间无忧无虑地奔跑。可是好景不长，兔子们适应了天堂的环境之后，很快开始繁殖，它们的数量以一种几何级数方式增加，迅速地消耗澳大利亚的自然资源。本就不具备与外来物种相抗衡能力的本地食物链，被这个迅速壮大的兔子黑帮挤兑得窘迫万分。就这样，几个毛茸茸的、全无侵略性的小家伙几乎毁掉了整个澳大利亚和新西兰的生态结构。这是物种进化史上令《兔子共和国》（理查德·亚当斯著，1972 年）颇感扬眉吐气的一次大捷：这场令人心有余悸的进化战争在那个地方开始，时至今日依然余威未息，新西兰很多草地现在被野兔挖掘得如同瑞士干酪似的千疮百孔，放眼过去，全是大如小狗的野兔在这些通道里钻来钻去。

即便是一种居于生物链底端的、毛茸茸的、只知道没完没了地理毛和索要食物的小动物，也会成为颠覆世界的恐怖灾星。与自然浑厚的原生力相比，只有不到一万年文明历史的人类社会简直脆弱得不堪一击。所以，对于社会而言和谐和乌托邦是致命的。回到卡夫卡的小说，卡夫卡从来不认为社会具有某种稳定的态势，它永远以权力的自由（法庭）毁灭个体的自由作为常态，但是因为个体的自由为数实在太多、而且层出不穷，所以这种毁灭和重生也变成了一种平衡，这是数千年来人类社会真实的平衡。一个具有独立人格的"个人"可能会被社会无声无息地毁灭，而且甚至他是无辜的，但是毁灭他的那种力量（社会）也是由在他之外、像他这样的人组成。毁灭或者被毁灭，没有第三个选择。在他没有被毁灭的时候，他也一定成为了毁灭他人的帮凶。K 一定是看穿了这一点，所以他连挣扎的念头都没有起，空荡荡的荒地也没有路人经过，死刑得以顺利地执行。

K放弃了上诉乃至于放弃了反抗的行为在我们看来很像是一种自杀的心理状态，那么此时一个附带的问题浮上水面：在一个自由制度健全的社会里，自杀是不是合法的？涂尔干在《自杀论》里面讲自杀分成四种形式，即利己型、利他型、失范型和宿命型。利己型自杀者是极端的个人主义者，拒绝承认社会的存在；但是利他型自杀则是过度迷信社会秩序而违抗自然的天性；失范型是对于社会不理解，失去了生存的规范；而宿命型则是由于社会控制过度造成的，个人失去了任何希望（涂尔干认为这种类型的自杀在现代社会并不常见，他没有对此作详细的讨论）。由此可见，自杀的四种类型全部与社会有关，无怪乎人类是唯一一种会主动结束自己生命的动物，社会是一个血债累累的凶手。但是也必须看到，根据社会自由的定义，人的各种行为以其自身自由额度的理解，都可以被看作是对于他人的一种侵犯，但有一个例外，自杀就是这个例外。自杀是对于他人侵略性最低、近乎零的举动，所以自杀在自由层次上是最低的。

如果区分K最后的自暴自弃乃至放弃抵抗的行为，我们将之归为宿命型自杀，带有一点点失范的因素。我们此时再提出一个"假如"：假如行刑的时候有不明真相的路人经过，将他救下，这种古典的、通常被认为是侠义之举的见义勇为是不是触犯了K主观选择上的自由？一个略晚于卡夫卡的古人，牛津大学教授、沃尔夫森学院院长以赛亚·伯林认为，衡量一个社会的自由层次，不应该参考个体所能享受的最高层次自由来决定，而是恰恰相反，个体最低限度的自由——消极自由，才是反映社会自由层次的镜子。所谓消极自由，是指在没有人或群体干涉"我"的行动程度之内，"我"是自由的。这就是说，社会的高尚在于它对个体的容忍程度。一个有很多孔的水桶能够装多少水，其水平面的位置是由最下方的那个孔所决定的。如果这个推论是正确——它确实在逻辑上没有什么毛病——的话，那我们只能说我们所相信的、文明的悲剧特质再一次被证明了：这个人类社会，其自由层次之低，基本上处于一种原始的洪荒状态，一个被认为是"道德"的社会从来没有允许过个人出于任何理由、"无害"地自杀。

埃及法老也不希望建造金字塔的奴隶自杀。这种矛盾在我们的祖先还是动物的时候是没有的，人类有了语言，就有了一切烦恼。我们现在暂时再跳出《审判》这个事例将这个思路继续下去：对于自杀的"仁慈阻止"的反方向表现行为是什么？我在此捏造了一个词，即社会对于个人的"仁慈劝进"。不是每个人在人生中都会遇到自杀的窘境，但是每个人的人生都一定会遇到种种来自社会的压力在催促着他向着更高层次——社会认为的更高层次——进步，这是毫无疑问的。阿德勒认为这种情形源自人心中的"在上意志"，但是对于我们——大多数胸无大志者——而言，社会的推进力无疑更加实际、更加可感，而且更加具有攻击性，它甚至在我们的周围形成了一种恒常的压力。比起自杀、破坏，劝进的压力虽然不算是最低层次的自由额度，但也实在令人头疼。因为社会作出此等举动时是以一种拯救者的姿态出现的，你可以拒绝社会对于你的迫害，人们会同情你的处境（但是毫无实际用处）；但你如果拒绝了社会给予你的福利——即便这种福利是强迫性质的嗟来之食——错误就完全在于你自己：是你不识抬举。用棍棒强迫孩子练习拉赫马尼诺夫（Сергей Васильевич Рахманиновf, 1873 年—1943 年）的钢琴曲是为了让他们拥有更优雅的品味，用戒尺逼使学生背熟四书五经的全部篇章是为了让他们拥有更丰富的学识，用步枪押解犯人在监狱的天井里放风是为了让他们拥有更强健的体魄，用皮鞭驱赶奴隶建造金字塔是为了让他有幸参与缔造文明史上最伟大的奇迹。

以赛亚·伯林在七十五岁以后染上了乱吃零食的坏习惯，接待很多来访者的时候，他一边在零食罐里翻来翻去，找出巧克力、太妃糖和花生酥大嚼，一边心不在焉地回忆过往的岁月，这个场面往往令大多数到访者感到温暖。伯林所能回忆起来的最早的一件事是在他三岁的时候，父母在客厅里举办家庭聚会，他因为音乐的喧闹令自己难以入睡而大发雷霆。三岁的伯林穿着睡衣冲到矫揉造作的舞会现场，暴跳如雷地跳脚大喊"Ich hasse diese Scheissemusik"（我讨厌这狗屁音乐），大人们大吃一惊，匆匆结束轰趴，作鸟兽散。

在伯林的父母看来，音乐无疑是"美"的，但是在三岁的伯林眼中，它即便是美的也还是一种"冒犯"，因为它扰人清梦。观念的对立在这个时候还允许一点点冲突，但是在个体再成长一点，被灌输"美""礼貌"之类的诸多观念的时候，强制就出现了。伯林天生就对于犹太的某些生活传统不以为然，这个英国籍的带有俄罗斯血统的犹太人，对于事功的不屑一顾似乎是与生俱来的，他与犹太传统彻底决裂，既不吃"可食"（Kosher），也不愿意去教堂。当采访者从他父亲的回忆录中摘选出关于他从来不读犹太法典的指责时，已届八十高龄而白发苍苍的伯林相当孩子气地辩解说："他自己也不读。"

文明以一种被解释为阳光向上的奋发态度来要求它的全部成员，为了更好地诠释这种剥夺自由的方式，受益者通常被理解为正是受强迫者自己。这种价值观一旦被确立——当然这也是好几千年前的事了——前进就再也停不下来。多且越来越多的人跟不上文明的脚步，而被文明所抛弃。诚如尼采所说的，文明的发展是一种"男性化"的进程，就好像一个男人成长得越健壮，跑得就越快，而且他"应该"跑得快，他"不得不"跑得快。

宋仁宗嘉佑二年（1057 年），二十一岁的苏东坡参加礼部进士考试，提交了一篇令主考官欧阳永叔读而为之汗出的短文《刑赏忠厚之至论》。在这篇文章中，年轻的苏轼发现"仁"和"义"两个概念是可以区分开来的，而且越深究，它们的分歧就越大。"仁"就是人性善良的天性层面，而"义"则是这种天性的社会契约化。东坡在文中说：

　　　　可以赏，可以无赏，赏之过乎仁；可以罚，可以无罚，
　　罚之过乎义。过乎仁，不失为君子；过乎义，则流而入于
　　忍人。故仁可过也，义不可过也。

"义"就是正义，这种社会秩序化了的、带有强制性的善良，我们称之为道德，它的首要特质已经不是善良，而是秩序，也就是福柯所说的管制和控制。东坡是为数不多的、将这个问题区分得那么清楚的古人之一，他的灵感来源于《尚书·大禹谟》中的一句话，"罪疑惟轻，功疑惟重。与其杀不辜，宁失不经"，而孔安国(约前156年—前74年)注此句时说的"刑疑付轻，赏疑从重，忠厚之至"，成为了论文的题目。东坡感慨地认为，像尧这样的古人在处理问题时体现出了极高的弹性艺术因而显得超凡入圣：

　　　　何尧之不听皋陶之杀人，而从四岳之用鲧也？
但是这种统治艺术永远依赖个人素质，我们参考《晋书·卷四·帝纪第四》，现实中有的皇帝却是这样的：

　　　　（晋惠）帝文尝在华林园，闻虾蟆声，谓左右曰："此
　　鸣者为官乎，私乎？"或对曰："在官地为官，在私地为
　　私。"及天下荒乱，百姓饿死，帝曰："何不食肉糜？"
东坡在此陷入了与柏拉图一样的思索死局，将人类的文明进程完全托付于"哲学王"，即智慧超群的统治者在主观构思上的个人灵感，是一种不负责任的赌博行为。

　　顺带一提，东坡的这种特有的视角在现代人看来是不可接受

的，但是可以谅解。尽管"从四岳之用鲧"被看成是尧的美德，可事实证明鲧这个人确实是用错了。这个多淹死了几十万老百姓的责任，最高决策者即便真的一点都不用承担，也似乎不当成为一种被溢美的光辉事迹。我们将此看成是维科所认为的、古人与现代人思维迥异这种观点的一个注脚。

言归正传，这种思索伴随了东坡的一生。几年之后，熙宁变法的开始正好应证了东坡所担忧的那种社会以强制性力量推行正义的冷酷作风。对此他的拒绝几乎是出于本能的。为此而屡与三苏龃龉的、这场变法的核心人物，那位文豪宰相王安石，未及仁而过于义，正是东坡心目中"皋陶"这一类人物在当时最精准的注解。

结果众所周知，东坡兄弟被看成眼中钉，罪名是阻碍社会的文明进步。东坡被赶到黄州去种地，道德又一次剔除了对于自身发展产生威胁的不利因素。那些跟不上文明脚步的人，有的固然是主观排斥，也有的是能力不济，但都会被文明抛弃。这种抛弃就是文明对于个人的判决，有的时候，对于有的对象，这种抛弃说不上是一种坏事。陶彭泽的《五柳先生传》全文不过百余字，洋溢着这种被文明遗忘的庆幸和释然，我们来看看这位贫穷而自得其乐的读书人是什么样子的：

> 环堵萧然，不蔽风日，短褐穿结，箪瓢屡空，晏如也。常着文章自娱，颇示己志。忘怀得失，以此自终。赞曰：黔娄之妻有言："不戚戚于贫贱，不汲汲于富贵。"其言兹若人之俦乎？衔觞赋诗，以乐其志，无怀氏之民欤？葛天氏之民欤？

他可能不能见容于一时的社会，但是从社会的整个历史——我们称此为文明——看来，他的影响——选择归隐而不是选择抗争，对于文明的发展还是非常有意义的。陶渊明当然没有被文明遗忘，反而因被纪念而名垂青史。无怪乎在梁朝的阮孝绪的隐士分类等级之中，陶渊明属于"始终不耗、姓名可录"的第二层次，而不是第一层次的"言行高逸，名氏弗备"，当然第一层次的这个标准本来就是一个悖论：一个你连他是谁都不知道的人，如何知道他"言行高逸"呢？

如果说，一个本来有能力追上文明的脚步，甚至能够赶超在领头的位置的运动员自愿让出奖杯选择退隐，这种行为被我们赞赏为是出于一种高洁的品德的话，那么那些原本就孱弱而难以跟上社会脚步的、被社会注解为真正的"失败者"的参赛选手的境遇就没有那么幸运了，他们像K一样受到判决时得不到丝毫怜悯，因为判决者不懂得怜悯，那些有可能怜悯他的同层次邻人则自顾不暇。而受到判决的唯一罪名就是他们无法达到社会要求他们达到的那种光明的、向上的、奋发的，归根结底是对于社会有益的层次。

有时候这种判决甚至是赤裸裸而毫无掩饰的。我们参考一下福柯在《癫狂与文明》的第2章中举的这样一个例子：

> 1630年，英国国王设立了一个委员会，负责严格执行"贫民法"。同年，该委员会发布了一系列"命令和指示"。它建议起诉乞丐、流浪汉和一切以游手好闲为生而不为合理的工资工作的人、在小酒馆里胡乱度日的人，依法惩治他们，将他们投入教养院。它要求调查那些携妇挈幼者，检查他们是否举行过婚礼，其子女是否受过洗礼。"因为这些人像野蛮人那样生活，不履行婚礼、葬礼和洗礼。正是这种放肆的自由使很多人乐于流浪。"尽管在该世纪的中期英国的经济已经开始复苏，但是在克伦威尔时代问题仍没有解决。伦敦市长抱怨说："这些寄生虫成群结伙地出现在这个城市中，骚扰公共秩序、袭击马车、在

教堂和私人住宅门前大喊大叫，要求施舍。"

福柯的这段描写作为本章节的总结叙述非常合适。我们从《审判》中发现社会对于生存在其中的个体而言是一种非友好的、甚至具有攻击性的力量，但是《审判》没有告诉我们 K 的罪状是什么。层层抽丝剥茧的分析使我们发现，"社会"这个东西，其计算基数乃是一种个人的自由额度，这种额度在允许的范围之内对于社会而言是一种动力，但是其边界过于膨胀则会变成一种破坏性的力量。扩张这种额度（侵略性）是生物的天性，所以社会的第一个职责是抑制生物的这种自由边界的扩张。但是——死床冲突的另一端则是——如果个体对于自由额度的要求过低，显然也不符合社会自身发展的需求，个体的存在同样会被社会判决为非法。所以，探讨一个文明的自由额度自身是没有意义的，它（个体的自由额度）的唯一标准是对于当下的社会以及在整体时间跨度中的纵深社会——文明而言有没有、有多少"用"。社会每时每刻都在判决着个人，他就是一张表格上很多名字里的一个，被归入这张表格的这一个或那一个范围之中，其中的一个区域就是判决名单。被遗忘是唯一的刑罚，而且刑期没有尽头。被遗忘就是永远的消失。

IV 性别冲突：性伦理及性别政治的文明史

性别冲突是我们要探讨的第三种冲突方式，性别冲突其实应该说就是"性的"冲突，但是经过对前因后果的深思熟虑，我觉得还是用"性别"这个词比较合适一点。因为性的融洽无需我等论述，我们应该将更多的注意力放在性的侵略特质及两性的博弈方面，于此冲突才有所可能。

我们恐怕要第三次提到乱伦禁忌的问题。到了弗洛伊德晚年，阿德勒和荣格出于对他的泛性论和精神分析的独断性的不满，先后与他决裂，也因此促成了心理学界一枝三叶大放异彩的繁荣局面的出现。阿德勒在"个别无意识"学说中认为人的"童年回忆"就是一个乱七八糟的垃圾堆，是社会人性的根基和给养，所有社会人在心理上的焦虑都祖述于童年的"创伤性回忆"；荣格的"集体无意识"则认为，我们心中的很多观念是先验的，它们不以个人意志和个人的知识遭遇为转移，而是一种文明的共同回忆，这个观点描绘了一幅祖先记忆随血脉万古长青的图景。虽然阿德勒和荣格对于弗洛伊德的很多观点提出了不同意见，但是对于俄狄浦斯情结的论述却鲜有不同意见。因为在所有人的回忆之中，母亲都是婴儿的第一个异性形象——这一点符合阿德勒的个别无意识学说；而在远古时期的父系文明，性权力是被争夺的目标，而所谓的"异性"即是谱系上（为"父亲"所垄断的）的"母亲"——这一点则符合荣格的集体无意识观点。综合上面的这两句对于俄狄浦斯情结解释的话，我们得出的一个结论是，母亲是一个男人接触到的最早的女性，也是他的理解中"女性"这个概念的唯一尺度。

在前文的思索之中，我们侧重于理解俄狄浦斯情结之中父子之间的敌对关系这个侧面，但是其核心思想应该在于这个悲剧的后半部分，即弗洛伊德所关注的，母亲对于婴儿而言在"性"这个问题上的意义。这种思考有利于我们进一步地理解性别的冲突是什么、以及社会对此的道德态度。在本节中我们的思索借三个层次的视角予以展开，其一是性欲的禁忌性，即性与道德之间的冲突关系；其二是性欲的前语言性以及性行为的语言盲区；其三是作为个体的性，即受性行为影响的性别政治现状。

一个弗洛伊德的晚辈，雅各布·拉康，在弗洛伊德"口欲—肛欲—性欲"需求进化理论的基础上再进一步提出他的理论。此人是法国精神分析学派的核心人物，被誉为法国的弗洛伊德。面对弗洛伊德的快感进化层次理论，拉康认为欲求就是欲求，欲求与其获得方式不应该被割裂开来。拉康受到索绪尔的影响，认为欲望是欲求焦虑的"能指"部分，它无差别地寻求满足，但是它寻求满足的方式，是欲求焦虑的"所指"部分，具有社会的习性，不具备社会生活能力的婴儿除了乞求他人之外无法开展任何满足欲求的行动。拉康将人的欲求焦虑的进化分成三个部分和三个诉求对象：首先是"需求—现实界"，婴儿想要的东西拿来就用，不知道索取，因为此时现实世界的边界和个体的边界基本处于重叠的原始状态之中，他自己就是世界，有一些在以后的经验中被证明不属于这个世界（他自己）的意象，例如父母、奶瓶，还有那只游手好闲的、呼噜呼噜的、没事就跑来盯着他研究几个钟头之久的大花猫，此刻还依然被体认为是"自己"的一部分；其次是"请求—想象界"，婴儿开始意识到自己个体的边界之外有一个对象可供索取，他并不知道那是什么，也不知道那个东西是什么样子的，更不明白那个东西其实是一个他存身于其间的范围，他只知道那是一个对象，所以这一对索取和获得的关系是"点对点"的，就好像个人与镜中的自身；第三个阶段是"欲求—象征界"，世界的外沿在认知中变得丰富多彩，诉求的途径也变得更具有语言特色，大千世界的一切存在都以象征的形式存在在心中。在熟练运用语言后，个人发现世界上所有的诉求在语法上都是相近的。几乎每个人在每个瞬间都会说"我要某某"，这样的句式被重复了千百次以后，好像真的有一个东西叫"某某"，所有人都想要它，但是所有人都得不到它。这样，"某某"就如同柏拉图的"理念"或是黑格尔的"纯有"一样被精萃为需求对象的理念形态，但它的基础是一种语言结构，没有语言就没有"某某"这种说法。于是人们突然发现，好像真的有一个核心的概念居于语言世界的中心，这东西很像传说中的神，但更像自身达成完满的一个缺失部分，总之每个人都想要它，拉康将这个东西称为"大它"。如果说，人是因为"缺乏"某些东西而"需要"某些东西的话，那么"大它"就是这种"缺失—需求"的动宾结构的理念化和形而上形态。这样一来，人突然就明白了自己所需要的林林总总是一种"象征"，从本质上说摆脱不了"大它"的范畴，而语言只是这种象征实体化的途径。而且，语言使之所具有的意义也是一种语言的意义，举个例子，"我想吃这个（出现在面前的）苹果"这种欲求，在有了语言之后，才会抽象成"我想吃'一个'苹果"、进而进化成"我想吃红富士苹果、不想吃红蛇苹果"这样具体的要求。而对于兔子而言，这种要求却是没有意义的，它只会选择吃不吃眼前实有的存在。它并不是没有记忆，而是没有学会去统计那些抽象的东西，例如两种苹果在味道上的细微差异，所以这两者的差异其实是没有意义的。为了某种记忆中的味道而在米其林杂志上撰文夸赞大汤锅饭店（Bouillon Chartier，地址是 7 Rue du Faubourg Monmartre，75009）神乎其神的厨艺，这种举动连带为之所堆砌的辞藻也绝非啮齿类动物所能理解。所以，拉康相信，人的欲求有语言性和象征意义，也就是说，具有社会性和禁忌性。一个个体的欲求可以代表一个人的身份，无论它（欲求）多么个人和私密，都有被社会审判的需要，因为欲求自身也具有社会结构。

那么人缺乏的是什么呢？这个"大它"是父系性质的，它的性别背景决定了这种存在概念的性欲特色，拉康进一步阐释说，它具有父亲的特点，因为父亲能够和母亲性交——补充她的缺失，但是个体自己则永远不能。所以"大它"是可望而不可即的，每个人都因此而遗憾。为此不妨给"大它"的性欲侧面起一个更加形象的名字，叫"石祖"，也就是纪念碑化了的阴茎。这样，对于父亲的阴茎的崇拜成为了一种信仰，因为父亲可以填补母亲——婴儿心中第一个也是唯一的女性——的缺失，而自己不能。因此其实所有男性都像卡夫卡那样在面对父亲的时候感到自卑，父亲形成了一种信仰，而这个信仰的核心是对父亲阴茎的膜拜。

这样一来，社会对于个人的审判是天网恢恢的，因为所有人的欲求都一样，而反过来说，欲求就是这种审判自身。当人追求一种完美的理想的时候，就会发现自身其实是无法达到完美的，因为对于"石祖"的艳羡是一种自然性质。"石祖"，或者说是"大它"有一个模糊的边界，这个边界一方面使得它看起来更像是某种可以被看见的、更实在的存在，另一方面保护着"大它"的国度不被狂热的探求者僭入。这个探求并被拒绝的游戏持续了好几万年的时间。有人——包括拉康自己——认为这个"大它"具有性欲方面的特色，所以为他塑造了一个纪念碑形的、可供膜拜的巨大阴茎的形象。而人类自己的、纪念碑性质的建筑，从巨石阵到比萨塔，从科隆大教堂到哈里发大厦，这些高耸入云的被看作是具有神性的建筑，风格中无不透露出了膜拜这位古老神祇的痕迹。

对于"儿子"这个角色而言，"父亲"就是"石祖"，就是神，当他一知半解地进入性成熟阶段之后发现，自己能够做和"神"一样的事情，他首先感到的并非荣耀而是恐慌，因为偶像的神秘性至此荡然无存，世界的尺度已然失去，他面临着自身从现实中失范的危险。而且，最重要的是，这种事情（性交），他全然不会。这一点切实颠覆了世界的诉求印象，而使得它（世界）变得需要依靠掠夺、谋取和乞求来得到满足，对于世界的理解也就变成了一种实实在在的、举棋不定的茫然。

我们不妨在拉康的理论基础上稍微发散开来思索片刻。这个时候，世界不再是免费的自助餐，他在谋得性欲满足的同时也肩负填补他人空虚（满足女性性欲）的付出，而实际的性心理统计研究表明，男性对于满足女性的性欲，在要求级别上其实优先于满足自身的性欲，也就是说，性满足其实是分成两个层面的，自身欢愉和令他人（女性）欢愉，看到女性性欢愉的情景也是一种满足的方式，它和自身的性满足被割裂开来，而成为一种形而上的、利他的需求，这是脱离了动物性行为的高级形态。之所以将之看成是形而上的和高级的，是因为欣赏和联想本来就是一种语言结构，而且这是一种纯粹的语言性联想，因为一个男人能够理解另一个男人射精时产生的快感，但是永远不可能知道女性的性高潮是什么感受。这就是说，一次性交完成了两个仪式性的性满足过程，肉体上的（自身的性满足）和语言上的（对于向女性提供性满足的联想），事件的复杂程度被加倍了，无数的不完美和不和谐因此而诞生，令人心力交瘁。这时候，迷恋自身完美的人就会期望切断与"石祖"之间的联系，以期实现世界的重构，回到一种稳定的、无所谓欢愉也无所谓迷惘的原始状态中去。弗洛伊德将这种观念称为"阉割情结"，当一个人阉割自身之后，他就没有了欲求，同时也避开了掠夺、罪孽和审判，他觉得自己从此可以在道德——道德是完美的，因而它毋需被填补（性欲），人横生的性欲对于道德而言反而是一种缺失——的面前挺直腰杆。而除此之外，每个人都是不完美的，在一个语言结构的社会范畴之内，每个人都有罪。面对这种罪孽，人束手无策，一切努力都徒劳无功。1846 年到 1878 年在位的罗马老教皇庇护九世（Pius IX，1792 年—1878 年）是天主教世界最后一位还拥有世俗权威的教皇。1857 年，他突然灵机一动，声称在雕塑上准确无误地表现男性的身体是一种提醒人类性欲存在的龌龊举动，所以他就用凿子和椎棒把教廷城内每个男子雕像的生殖器全都砸掉，被他毁坏的艺术品出自米开朗基罗（Michelangelo di Lodovico Buonarroti Simoni, 1475 年—1564 年）、布拉曼特（Donato Bramante，约 1444 年—1514 年）、贝尼尼（Giovanni Lorenzo Bernini， 1598 年—1680 年）等多位大师之手。随后教皇命人在被破坏的地方镶上了用石灰做的无花果叶子。

前面提到过，父亲的财产让儿子继承是亲情的经济表现，父与子的这对关系因为利益而折射出了或多或少的觊觎和被觊觎的对立。这些资源除了财物之外——财物其实并不重要，首要的是母亲，"母亲"是"儿子"最早的性对象，这个观点非常"弗洛伊德化"，但是我们还得承认它是有道理的。对于血亲乱伦的避免甚至在连道德所指为何都不知道的原始人部落里都被小心翼翼地奉行不移，敢越雷池一步的违背者都要受到极为严厉的惩罚。然而，那种实际上会破坏氏族血统质量的、儿子与母亲——生母发生乱伦关系的可能性，在我们的祖先还是动物的时候就已经进化到了几乎不会出现，为什么还要这样战战兢兢呢？原因很简单，对于"儿子"而言，他不仅有一位"血统"上的母亲，同时也还有很多位"谱系"上的母亲。所以财物的资源不重要，性对象的资源才是重要的。当一位"父亲"的渔色涉猎之广泛，到了即便没有垄断全部族的交配权——这在远古的人类以及一些动物的族群中是完全有可能发生的——也至少妻妾成群的时候，"儿子"与这些谱系上的"母亲"发生乱伦关系的可能性就越来越大了。一个男子仰慕部落里的一位少女，可是这个少女是"属于"他父亲的，也就是说，这个少女是他在谱系上的"母亲"。这时候，这种性欲的指向性令他感到羞耻，他唯有两个选择：其一是如前所言阉割自身；其二就是弑父自为。当"他"开始嫉恨父亲，想要拥有母亲的时候，自然会表现出对父亲的敌视，但是很快他会发现自己不够强大来抵制父亲，转而，他会向父亲学习并在此过程中产生认同，一个社会的人也就慢慢地成长起来了。

在《资治通鉴·卷一八零·隋纪四》中有这样一段记载："陈夫人平旦出更衣，为太子所逼，拒之，得免，归于上所；上（隋文帝）怪其神色有异，问其故。夫人泫然曰：'太子（杨广）无礼！'上恚，抵床曰：'畜生何足付大事！独孤（文信后独孤伽罗）误我！'"侵犯"母亲"这个事件可以说改变了整个中国历史，而且也确实是像隋文帝这样的"父亲"最为忌讳的事，这样的故事在以道貌岸然著称的中国历史上层出不穷。这种时候"父亲"就会有一种自己权威以及实际利益被僭越的愤怒感，而"儿子"则会有一种非法谋取的愧疚感，双方越来越难以相处。财物并不重要，财物是可以被继承的，但有的东西永远不能被继承。远古时期流行过很长一段时期的姬妾殉葬，我们参考《左传·宣公十五年》中这么一个故事："初，魏武子有嬖妾，无子。武子疾，命颗曰：'必嫁是。'疾病，则曰：'必以为殉。'及卒，颗嫁之，曰：'疾病则乱，吾从其治也。'"魏颗认为父亲魏武子的出尔反尔是因为临死的时候病糊涂了，实际上这种残忍风俗的出发点是维护氏族的乱伦禁忌。

乱伦禁忌就是由性欲联想到父亲的性权力、再联想到父亲的性对象、最后联想到母亲的心路历程，这条路每一步都很难走，所以性行为从一开始就被认为是一种"不该做"的事情。为了谋求心理焦虑的平息，唯有抹杀"父亲"在现实中的存在，但是这样做无疑会带来"弑父"的、更深一层的焦虑。一个折衷的办法是，抹杀"父亲"现世的存在，而将其神格化并予以膜拜，然后，在膜拜"石祖—神—父亲"的时候也必须无条件地以他的视角来看待问题，承认性是"错误"的，承认自己有罪。虽然我们无法避免不停地犯这个错误，但它就是"错误"的。至今我们依然能敏锐地感觉到，很多宗教的祭礼行为看上去和求饶或悔罪时的表现如出一辙。几千年来，我们通过阳奉阴违和殷勤的忏悔来平息诸神的愤怒。

既然乱伦禁忌被看成是性这个观念的第一个注解，那么显而易见在语言框架之中，它（性）的美好性是受到质疑的。很多原始宗教，譬如说萨满教和婆罗门教所提倡的自残和苦修行为，以及几乎所有成熟宗教提倡的禁欲教义，都是这种质疑的体现。这种禁忌的焦虑早在我们的祖先还是动物的时候就已经初现端倪，所以说它比语言自身还要古老。尽管人类文明是具有鲜明的语言特色的，但还是有一些过于古老的观念具有前语言性，它们自身以及对于它们的解读都无法通过语言来精准把握。这些"前语言性"的观念多为一些基本的心理机制，例如"似曾相识感"——拉丁文为 deja vu，人无端地觉得眼前情景曾经经历过，但无法精确描绘，也不能预知。对此 1987 年诺贝尔医学奖得主、麻省理工学院神经生物学专家利根川进（Tonegawa Susumu，1939年—　）教授作出的解读是，大脑中的海马体结构收到刺激发出的错误的记忆扰动。类似的还有浅睡之中的高空坠落之梦等，它们介于身体反应和语法观念之间，大多数对于文明的构造影响力有限。其中不能忽视的是，性欲和性行为是这些前语言观念中最具有影响的一大门类，和文明的发展却是息息相关。认为性观念具有前语言的特色的原因来自它的难以描述性，即用现有的理性的语言框架，无法通过某些精准的、约定俗成的词来形容性欲、性交和性高潮的感受。造成这种情形的一个重要原因是性的禁忌性，是这种古老而难以面对的禁忌阻碍了语言在这个领域的持续发展。这样认为的理由是对于一些同样古老的感受，语言完全能够做到描述上的"非常精准"，譬如说有人问一盘炒青菜是什么味道，回答是"咸"，"咸"这个形容和"甜"及"苦"等词完全平行，对它的理解不会产生歧义；有的时候描述虽然不够精准，但是他人能够理解，譬如再问一盘新采摘的嫩笋是什么味道，回答是"鲜"，"鲜"这个形容词显然比"咸"要形而上一点，但是但凡以前吃过鲜笋的人都能够理解这种评价的意思，即便是一个第一次食用鲜笋的孩子或是外国食客，也可以回答这种令人愉悦的咸味（或甜味）叫作"鲜"。这样一来，味觉的语言体系就非常稳定，食客之间彼此交换对于某道菜的评价，大家都能够互相听懂，不用参考米其林的星级评价。

还有一些感受用一个形容词无法精准描述的，可以再加一个，如"撕裂的痛""针扎般的麻"，总之事情总能说得清楚。但是对于性欲及性高潮的感受，没有一个词可以做到精确描述。尽管很多文章之中都带有长篇累牍的性描写，但那只是环境或是行为描写，而且绝大多数肤浅之至。

性一直到现代的语言系统之中都是难以启齿的，不是无法描述，而是对于它的描述始终未获得人类语言体系的合法性认同。在我们小的时候，我们的言谈之中只要带上一点点涉性的词语，立刻会受到父母义正词严的阻止："你真不害臊"，或是"你怎么能说下流话"。这样一来，涉性语言就是"下流话"的观点，就根深蒂固了，这是我们对于禁忌的最早认识。涉性语言的外延有时候甚至牵涉到了一些和性完全无关的观念之上，例如"乳房""臀部"以及"大腿"，还有中国古代的"小脚"，这些器官根本不是性器官，和生殖行为一点关系都没有，但是也被无情地"连坐"了。因为性的禁忌性令我们无法面对，而这种无法面对又至少需要一个理由，所以"它（性观念）是坏的"很自然地就成为了这种无法面对性的理由。所以，尽管我们其实是惧怕性禁忌的这种庞大的阴谋感，但我们还是将这个理由沿用了几千年时间，它既行之有效，又冠冕堂皇，而且也不会令我们太丢面子。

曾任海南省作家协会主席的韩少功在他的杰作《马桥词典》中曾经提到过这种未被正统语词体系授权的语言的边缘境况。曾被1999年《亚洲周刊》评为20世纪中文小说一百强之一的《马桥词典》，书里面描述的那个属于汨罗地区的名为"马桥弓"的小村庄当然是虚构的，就好像里面那些野蛮而迷信的村民一样虚无缥缈。但是这种于现代思想和古老的巫楚文化夹缝之间的、时而发生的观念冲突给人以一种时空错位感，似乎非常适合现代人沉思一些古老的、文明本源的问题。对于这种性行为的前语言性，韩少功在书中《打车子》这一章节中曾为之感叹不已：

> 汉语中关于食欲的论述并不缺乏。……比较说来，同是生理的一种需要，关于性事的词似乎就少得多，完全不成比例。孔子说"食色性也"，语言遗产把孔子的这个观点抹掉了一半。

> 当然还有一些所谓下流话。这些话大多是一些劣制品，大路货，到处可见的口腔排泄物。虽然数量并不算少，但毛病太明显。一是彼此雷同，互相重复，了无新意；二

是空洞无物，粗略笼统，大而无当，类似政客们的国事演讲，或是文客们的相互嘉许。更重要的是，这些话大多是借用词，文不及义，辞不达义，全靠临时性的默契来将就，给人张冠李戴相驴为马的荒唐感。"云雨""伦敦""打炮"……全部类如黑帮暗语。人们不得已这样说的时候，差不多已经有了黑帮们心虚闪避的表情，已经在语言的伦理秩序中把性事视同黑帮罪恶——某种怯于明说也怯于细说的勾当。

这些性语词无疑是人类性感粗糙化、公式化、功利化、偷偷摸摸化鬼鬼祟祟化的结果。两性交流过程中的涌动和激荡，来自身体深处的细微颤动和闪烁，相互征服又相互救助的焦灼、顽强、同情和惊喜，暗道上的艰难探索和巅峰上暴风骤雨似的寂灭之境迷醉之境飞扬飘滑之境，活跃于各不相同的具体部位，具体过程……这一切一直隐匿在语言无能达到和深入的盲区是很可惜的。

……

人并不怕展示自己的身体。在洗澡堂、体检室、游泳场甚至西方某些国家的裸泳海滩，人们没有感到什么不自在也没有畏惧。人只有在性交的时候才感到关闭窗帘和房门的必要，像一只只企图钻进地洞的老鼠。形成这种差别当然有很多原因。在我看来，其中一直被忽略的原因，是人们对洗澡、体检、游泳一类活动有充分的语言把握，也就有了对自己和他人的有效控制，足以运作自己的理智。只有当人们脱下裤子，面对性的无限深广的语言盲区时，不安全感才会在不由自主的迷惑和茫然中萌生，人才会下意识地躲入巢穴。他们在害怕什么。与其说他们害怕公众礼教的舆论，勿宁说他们在下意识里更害怕自己，害怕自己在性的无名化暗夜里迷失，他们一旦脱下裤子就会有焦灼、紧张、惶乱、心悸、血压升高、多疑和被窥视幻想，如同他们投入了一心向往的巴黎或纽约，但要把寓所的门窗紧紧关闭。

性是不可言说的，我们无法面对它的茫然和深广，但是仍充满好奇和带有自我牺牲性质的窥险欲望。我们的心理机制也是这样，在弗洛伊德看来，很多看起来和性一点关系都没有的举动、行为、口误、笔误以及突发遗忘，都摆脱不了其涉性的本质，这种旁敲侧击的表现正是性心理不能合法进入语言体系（意识）的铁证。大量这样鸡毛蒜皮的小事作为案例收录在《日常生活的精神病病理学》和《论诙谐及其与无意识的关系》这两本著作之中。例如在《日常生活的精神病病理学》的第 9 章《症状性行为和偶发性行为》之中，1907 年版的脚注（到 1924 年版改为正文）里收录了这样两个案例：

> 一位男子，由于幼年时与母亲的关系太亲密，现在屡患阳痿。他谈过自己有装饰以"S"字母开头的小册子和笔记的嗜好，而 S 是他母亲名字的第一个字母。从家里来的信，他绝不愿意它被别处的来信碰到，认为那是一种亵渎，所以只好把它们分开来放。

> 一位少妇，当她前一号的病人还在时，忽然拉开诊查室的门。她解释说她把前一位忘掉了。不久便证知，从小她强烈的好奇就常使她突然闯入父母的房间。

而后一位病人，那位少妇幼年的经历很明显是她在好奇心的驱使下窥见了父母的性交，但不能理解。性行为在孩子的眼中是神秘的，这种神秘不仅伴随我们一生，还伴随着整个文明的进化。以孩子的理解看来，性既像游戏、又像是搏斗，显得过火而又辉煌。加之它（性行为）看起来非常暴力，孩子很容易将之与自己受到的责打混淆起来，因而感到惧怕。而基于其禁忌的和前语言的性质，父母既不愿、又无法向他解释清楚来龙去脉。

但是性行为的原本目的，毕竟还带有繁衍血脉、使家族之树万古长青的自然责任，这一点是"父亲"和"神"都喜闻乐见的，所以性欲尽管不受普适的语法体系的认同，但毕竟没有——也无法——完全沦入"不道德"的阵营而被禁止。但是如我们在前面篇章说过的，血脉的正统性必须经过认证才有意义。如何看待一个晚辈是否自己骨血的这一鉴别工作，除了处决身份不明的长子、禁锢配偶的行动以外，还必须诉诸于法律，至少是社会制度，而使之完成一种契约上的命名仪式。很显然，婚姻就是这种仪式。婚姻的意义在于"合法"地性交并且产生具有正统血脉的后代，康德说过，婚姻就是合法地使用对方的性器官，这种说法虽然有失忠厚，但并非完全没有道理。

凡人在习惯上一般把现行的"婚姻制度"和虚无缥缈的"道德"混为一谈，认为符合制度的就必定符合道德。既然道德不允许人在"父亲的"国度里渔色，但是它又要求人为"父亲"延续血脉，那婚姻就是这两者之间的最好的折衷方案。在一夫一妻制社会之中一个男子的寻花问柳与在一夫多妻制社会中一个男子的妻妾成群在实质上没有什么区别，但是后者显然具有社会特许的性质而在道德面前具有更强的抗打击能力。所谓名正则言顺，道德对待在习惯上经过默许的、名义上正确，也就是符合其价值体系的问题时，压力会自然减轻，而且并非是全然不能让步的。有的时候个人在婚姻生活之中也不免遇到道德问题，道德和责任（繁衍后代的责任）产生冲突的时候，哪一方应该让步？永远找不到一个标准，但标准似乎又是无处不在、唾手可得的。我们来参考这样一个例子，这是俞曲园（1821年—1907年）在《右台仙笔馆记》之中记载的、一个乔姓的美貌少妇的遭遇，这是一个伟大的母爱的故事：

　　松江邹生，娶妻乔氏，生一子名阿九，甫周岁而邹死，乔守志抚孤；家尚小康，颇足自存。而是时粤贼已据苏杭，松江亦陷于贼。乔虑不免，思一死以自全；而顾此呱呱者，又非每不活，意未能决。其夜忽梦夫谓之曰："吾家三世单传，今止此一块肉，吾已请于先亡诸尊长矣；汝宁失节，毋弃孤儿。"

　　乔寤而思之：夫言虽有理，然妇人以节为重，终不可失；意仍未决。其夜又梦夫偕二老人至，一翁一媪，曰："吾乃汝舅姑也。汝意大佳，然为汝一身计，则以守节为重，为我一家计，则以存孤为重；愿汝为吾一家计，勿徒为一身计。"妇寤，乃设祭拜其舅姑与夫曰："吾闻命矣。"后母子皆为贼所得，从贼至苏州。

　　乔有绝色，为贼所嬖，而乔抱阿九，无一日离。语贼曰："若爱妾者，顾兼爱儿，此儿死妾亦死矣。"贼恋其色，竟不夺阿九。久之，以乔为"贞人"，以阿九为"公子"。"贞人"者，贼妇中之有名号者也。

　　方是时贼踞苏杭久，城外村聚，焚掠殆尽，雉豚之类，亦皆断种，贼中日用所需，无不以重价买之江北。于是江北诸贫民，率以小舟载杂货渡江，私售于贼。有张秃子者，夫妇二人操是业最久，贼尤信之，予以小旗，凡贼境内，无不可至。乔闻之，乃使人传"贞人"命，召张妻入内与语，使买江北诸物。往来既稔，乃密以情告之，谋与俱亡。乘贼魁赴湖州，伪言己生日，醉诸侍者以酒，而夜抱阿九登张秃子舟以遁。

　　舟有贼旗，无谁何者，安稳达江北。而张夫妇意乔居贼中久，必有所赢，侦之无有，颇失望；乃载之扬州，鬻乔于娼家，乔不知也。

娼家率多人纂之去，乔仍抱阿九不释，语娼家曰："汝家买我者，以我为钱树子耳，此儿死，我亦死，汝家人财两失矣。若听我抚养此儿，则我故失行之妇，岂当复论名节。"娼家然之。乔居娼家数年，阿九亦长成，乔自以缠头资为束脩、傅阿九从塾师读。

俄而贼平，乔自蓄钱偿娼家赎身，挈阿九归松江，从其兄弟以居。阿九长，为娶妇；乃复设祭拜舅姑与夫曰："奉命存孤，幸不辱命。然妇人究以节为重，我一妇人，始为贼贞人，继为娼，尚何百目复生人世乎？"继而死。

俞曲园曰："此妇人以不死存孤，而仍以一死明节，不失为完人。程子云，饿死事小，失节事大，然饿死失节，皆以一身言耳。若所失者，一身之名节，而所存者，祖父之血食，则又似祖父之血食重而一身之名节轻矣！"

这个故事中的乔大姐走投无路、忍辱负重的遭遇令人闻之而为涕泣。这个故事里，乔大姐亡夫托梦的桥段是虚无缥缈的，但是因此作出的选择依然得到了社会的谅解。对于我们思索的性别冲突而言就是一个最好的注解：母爱是天性，贞操是道德，符合天性者不必符合道德。而这两者在个体身上的斗争最后必以毁灭个体自身为终，这个冲突的天平两端都是没有希望的死局。尽管为了让这个故事看起来不那么摧心，俞樾在文章结尾引用程伊川（1033年—1107年）的话，加入了一段总结性的正面评价，以表示乔氏身后赢得了社会的器重而万古流芳，可谓死得其所者也。这看起来稍微改变了一点点这个悲哀的天平两端的分量，而实际上那一点用都没有。

顺带一提"饿死事极小，失节事极大"这句话最早出于《二程全书·遗书第二二》，记载的是一段闲谈，原文是这样的：

160

或问："孀妇于理，似不可取，如何？"

伊川先生曰："然。凡取，以配身也。若取失节者以配身，是己失节也。"

又问："人或居孀贫穷无托者，可再嫁否？"

曰："只是后世怕寒饿死，故有是说。然饿死事极小，失节事极大。"

这是一段闲聊而非正式交谈，程颐生前也并未继续演绎这种观点，后来朱熹发现了这段话并将之收入《近思录·卷六》，才逐渐变成了宋以后的社会伦理法则。其实在宋以前，甚至在宋朝寡妇再嫁根本算不得什么骇人听闻的事，范仲淹（989年—1052年）在制定《义庄田约》时特别加注过一条，规定寡妇再嫁由族中给予经济支持；《西湖余志》中记载南宋孝宗年间有一个老婆婆，先嫁单氏，寡后又嫁耿氏，各育一子，这对同母异父的兄弟同朝为官、亲切友爱，却在老婆婆过世之后为争抢厚葬母亲而相持不下，后来皇帝亲自出面为他们斡旋，传为一时佳话。

中国人是举世公认的、深谋远虑的民族，在其他文明之中，醮夫再嫁就更加常见。古罗马的大阿格里披娜（Vipsania Agrippina，前14年—33年）的女儿小阿格里披娜（Julia Augusta Agrippina，15年—59年），与第一任丈夫多密提乌斯（Gnaeus Domitius Ahenobarbus，前2年—40年）生下了一个名叫卢修斯的男孩，为了让卢修斯获得更好的教育和更舒适的生活，她寡后再嫁了一位富商；为了让卢修斯当上皇帝，她选择了皇帝克劳狄乌斯（Tiberius Claudius Caesar Augustus Germanicus，前10年—54年）作为她的第三任丈夫。有理由相信那位倒霉的富商和克劳狄乌斯本人都死于小阿格里披娜的毒杀。她苦心孤诣的目的终于达到了，公元54年，卢修斯终于在母亲的不懈努力下登上了罗马帝国的皇位。顺带一提，这位年轻、知识渊博而修养过人的贵公子皇帝还有一个更加声闻遐迩的名字——尼禄（Nerō Claudius Caesar Augustus Germanicus，37 年—68 年）。

所谓母子天性，乔大姐和小阿格里披娜的举动可谓鲜明的对比，但是这两位女性为了抚养孩子而在社会上忍辱含垢、曲意逢迎的遭遇是近似的。这些例子表明繁衍后代的天性从未改变，但是道德的容忍程度却始终在动摇，以改变来符合一个时期、乃至一种特殊条件下的社会实际情况，可见道德是派生的，它是一种语言特性的次生事实。这也是在乔大姐的故事里面，道德不得不让步于血脉天性的原因。道德的真理就是掌握话语权者的真理。

接下来的问题是，在男性看来，无论是乔大姐的自我牺牲、小阿格里披娜的阴谋迭出，还是前面第一章里提到过的"断腕太后"述律平的斩钉截铁，女性在态度上似乎往往过激。这是因为性别政治的原因，女性在道德的侵略性力量袭来之际受到的冲击往往更大，她们为了抵抗这种侵袭也必须采取更加强烈的手段。无怪乎几千年的（父系）人类道德历史长河中，悲惨的故事层出不穷。

父系氏族社会对于母系氏族社会的取代在生产力的发展上是一次飞跃，因为男性体力更强、生理上更无羁绊，所以更适合担任社会生产的主要角色。但是男性也更狂暴、侵略性更强、更容易痴迷于权力和暴力。所以我们的文明在男性当家之后，女士们的日子一直没有舒坦过。

男性权威的暴力性，有一半基于女性的逆来顺受，这种不抵抗的顺从助长了男性淫威的臻于极致。《资治通鉴·卷九五·晋纪第一三》记载有这样一句话：

> （后赵武帝石虎）既而逸骄淫残忍，好妆饰美姬，斩其首，洗血置盘上，与宾客传观之，又烹其肉共食之。

作为中国历史上最残暴的皇帝之一，可以看出石虎（295 年—

349 年）在石勒（274 年—333 年）去世、谋朝篡位获得成功之后，精神状态已经颇不正常。如果把石虎的残暴看成是一个疯子的举动，认为不可借例的话，那么我们来看看被中国文人奉为枕中珍卷的、以风雅和清隽著称的《世说新语》，在《汰侈第三十》里面，记载了这样一个故事：

> 石崇每要客燕集，常令美人行酒。客饮酒不尽者，使黄门交斩美人。王丞相与大将军尝共诣崇。丞相素不能饮，辄自勉强，至于沉醉。每至大将军，固不饮，以观其变。已斩三人，颜色如故，尚不肯饮。丞相让之，大将军曰："自杀伊家人，何预卿事！"

石虎的草菅人命可以看成是出于他的凶残成性的赳赳武夫身份，但是石崇是那种中国封建时代标准的文人。《全晋文》里收录的石崇的作品一共有《思归叹》《自理表》《请征扬州刺史何攀表》《议奏封赏当依准旧事》《楚妃叹序》《琵琶引序》《金谷诗序》七篇，其中《金谷诗序》甚至是连李太白都非常推崇的作品。顺带一提，关于这座庞大、豪华、堆金积玉的金谷园的遗址现在有四种说法，一说在洛阳火车站附近的金谷园村，一说在白马寺附近，一说在孟津县送庄乡凤凰台村附近，还有一说就是在孟津县白鹤镇北部的黄河岸上边——这些地方仿佛至今依然能听见无辜冤魂的号哭太息。

在野蛮的时代，女性的生命安全得不到保障当然是令人发指的特殊情况，但是与此相比的大多数情形，则是女性的社会地位更加没有保障。石虎的暴行即便是在愚昧的时代也当然是被千夫所指的，但是封建社会里普通女性的社会地位更加危险，因为长期的压迫令人们忘记了那是"错"的，麻木的沉沦才是真正的沉沦。即便是公认的品德高尚的好男人，也把女性看成是私有财产，对于女性的追求完全遵循着与扩充财货相同的途径，依然是女性的逆来顺受助长了这种专权和霸道。不仅男性认为女性是私有财产，连女性也自认为是从属于男性的。《诗经·卫风·伯兮》中有这样一句话：

> 自伯以东，首如飞蓬，岂无膏沐，谁适为容。

因为爱人不在而拒绝化妆，这种情感轨迹连现代的女性都觉得不能理解：在现代社会的时尚丽人看来，无论是化妆给某个特定的人看还是因为爱人不在就不化妆，都是不可想象的。

《红楼梦》第四十六回里面，邢夫人知道贾赦想纳妾，主动请熙凤来商量：

> 邢夫人将房内人遣出，悄悄向凤姐儿道："叫你来不为别的，有一件为难的事，老爷托我，我不得主意，先和你商议。老爷因看上了老太太屋里的鸳鸯，要他在房里，叫我和老太太讨去。我想这倒是常有的事，就怕老太太不给。你可有法子办这件事么？"

像邢夫人这样的女性，不仅被男性看成私有的财产，她自己也认为自己是男性的"财产"，而完全根据男性的利益主导来思考，这是因为时代的道德教导她们这样是"对"的。"七出"的条例规定了女子不得"妒嫉"，否则可以被休黜，所以女性就觉得"妒嫉"是错误的。但是从来没有一条世俗的习惯法规定男性嫉妒是"错"的，所以男性几千年来可以堂而皇之地嫉妒。这种男性的嫉妒甚至成为了一种道德戒律乃至于法律，那就是普适于几乎世界所有角落的贞操观念。

几乎是父系氏族社会一告开始，女性就被男性看成是一种"财产"，而非值得尊重的生活的伙伴。道德也就开始要求女性守贞。贞操的观念也是父系氏族社会的伴生物，它在一开始只是一种父亲衡量及保证孩子是否自己血脉的工具，没有任何形而上的寓意。保证伴侣所生产的后代全部是己出的方法，原始人尝试过"宜弟"，但是杀害婴儿的举动毕竟违反天性。于是，一种更折衷的、也是更科学的方法被发现，就是对于处女的维护，这至少保证了头生子的血脉正统。原始人很早发现，在室的少女与经人事的女子在生理结构上略有不同，处女膜的发现使得女性的贞操与否变成了一种可见的事实，这一点令所有的男子雀跃。几千年来，尤其是中国人，品评一位女士的道德层次完全参考于初次性交造成的处女膜挫伤性出血，因为太过于习以为常，人们（包括女性自己）都已经不再觉得那有什么不妥之处。

处女膜是令人厌恶的，它是一个必需小心呵护的、令人讨厌的东西，对于动物性而言它一点用都没有——有人辩称说它是阴道卫生的天然屏障，照这种观点看来，也许真的只有处女是"干净"的——但对于语言社会的人类而言，它的意义却远非一种生理结构，而仿佛更接近是某件产品的附带原装保证证书，被绑定上人品、教育、信仰和家族的荣誉。现代人在贞操方面的观念，还不如几千年前的一位古人，那位依靠老母亲的努力身登大宝的罗马皇帝——同时也是一位剧作家和诗人——尼禄看得透彻，苏维托尼乌斯（Gaius Suetoanius Tranquillus, 69 年—140 年）在《罗马十二帝王传》中记载，尼禄最为深恶痛绝的就是凡人在性方面的虚伪和矫揉造作：

> 我从某些人那里获悉，尼禄深信，没有哪一个人是贞洁的，甚或他身体的哪一部分是洁白无瑕的，人们只是在掩饰自己的恶行，狡猾地给他们盖上遮羞布。因此，凡向他供认自己淫荡的人，他连同他们的一切其他恶行都饶恕了。

除去某些童年受到过创伤性性伤害的心理疾病罹患者远离性行为的选择属于其安全观念的自由外，其他人的贞操观念都是虚伪的。处女膜也是令人厌恶的、男性淫威的标志，但是它却确确实实地长在那里，在女性自己身上，妇女姐妹们也只好自认倒霉。

一位才华横溢的、介于现代性与后现代性之间继往开来的女性作家卫慧，曾经以一种女性特有的敏感性关注到了这个问题。在男性为了女子的贞操而欣喜的同时，女性无疑是自己加上了一道待价而沽的、自由的枷锁。卫慧以女性的身份来描写女性的性意识，这种做法本身就是一种对于男性渔色暴权的蔑视，在女性越来越重要的当代社会，我们需要这样的声音。在《蝴蝶的尖叫》这篇长篇小说之中，卫慧创造了一个名叫"小米"的完美的少女形象，她青春、自信、艳光四射，看起来似乎具有很高的、作为性对象的价值（我们只能这么说，因为男性对于女性的衡量从来都是物化的、浅薄的和不人道的），而且她对于性的需求也水到渠成，没有那种古典而虚伪的半推半就姿态。可是，在一个晚上，"小米"的表姐、故事的见证人"张猫"却窥见她正在进行一次仿佛带有某种仪式性的、难以理解的手淫：

　　　　张猫像只猫一样，轻巧无声地踩上窗外的一堆杂物，这堆杂物恰到好处地放在那儿，似乎就是专供偷窥的。目光穿过气窗的玻璃，屋里却是一幅骇世惊俗足以让人喘不过气来的图像。

　　　　幽暗的床上是具苍白修长的女体，裸着，一半陷在阴暗里，另一半曝在月光下。阴暗是沉重的，月光却是轻飘飘的蓝，光影的斑驳使床和床上的人，具有了一种美轮美奂又可疑可怖的力量，犹如一瞬间从深埋的地层横空出世的一幅油画。

　　　　头发半遮着小米的脸，她来回转动着身体，不住地轻叹着。两条夺人魂魄的腿交缠开合，天哪，她在干什么？她在往自己的身体里塞着什么东西？

而过了一段时间之后，张猫逐渐理解了小米的用意，并为此感慨万分：

随着时间的推移，张猫逐渐能够理解小米在那一晚古怪的自渎行为。处在青春期的孩子，尤其是像小米这样乖张独立的性格，更易于产生一种迫切的长大成人的欲望，成人的标志就包括着性成熟和性经验，小米的潜意识里也许就是这么想的。踏入一个有着游戏规则、有着自由与决断的圈子，能够被别人认同，能够独立地安排生活，这些对于她来说是重要的保证，也许意味着信心和力量。被男人拒绝，如果只是因为她还是个孩子，是个处女，那么就难免陷入某种偏执倾向，自己动手，为的就是捅破那层薄膜。

卫慧笔下的性意识阴翳、潮湿而深邃，具有某种女性自己的——而非迎合男性的——私密和体己的印象，符合女性性高潮曲线的那种在基于生理特征的、缓发缓收的时间轴要点。而对于这一点——女性在性行为中获得自身愉悦而非提供他人愉悦——的演绎体现出女性主义书写的一种东方特性。一时间，卫慧作为一种女性体感书写的先驱人物，从者多如过江之鲫，但是有成就者寥寥无几。大多数人的写法并没有得到女性主义书写的精髓，尽管她们几乎全部是女作家，但很多人错误地将性描写定位为一种哗众取宠的书写行为。很多小说中将侵略性地掠夺性爱中的愉悦配额的主角由男性转变为女性，这只是一种纵欲游戏的角色转换而已，性描写的难处就在于性意识是有感觉基础的。这些号称"用身体写作"的女作家之中有的无力达到自己想要的那种境界，有的则只是一堆狂暴的、用文学形式表现出来的肉欲描写，这一点也从侧面证明了我们的观点，性观念因为其前语言性而表现出一种无法言说的意象。

这样看来，女性在观念上、社会上取得权力必需从女性自己的性权力开始，亦即女性为了自身的性欢愉而非取悦男性。社会权力在面对不同性别时，其公平性受到质疑，这一点毫无疑问。

有一个名叫茱迪丝·巴特勒（Judith Butler, 1956年— ）的社会学家，曾经撰写过一篇题为《暂时的基础：女权主义与"后现代主义"问题》的文章，这篇文章被中国读者接触到的时机，是其被收录在一部题为《性别政治》的译丛之中。巴特勒认为一直到现代主义为止，社会都致力于追求一种崇高的、伟大的、纪念碑式的权力意识的登峰造极意象，而且也一直没有女性同胞的份。当人类文明发展到女性主义觉醒、女性问鼎权力意志的时代，追求个性而反偶像的后现代却到来了。这不能不说是一种社会阴谋，在后现代的普适价值观里，公众性和自身以外的社会理想不再是崇高的代名词，女性权力意识颠覆男权的战争还没有开始就面临着日薄西山的危险。在巴特勒看来，人间的一切在性别权力上都是不平等的，她列举出了一个案例，指责自况为公平正义的法律，甚至在几乎所有的用语上都是滑天下之大稽的：

在关于强奸的话语中，当妇女的"性"被提出要为她自己受到的侵害负责任时，一种相似的逻辑在起作用。在新贝德福集体强奸案中，辩护律师问原告："如果你和一个男人住在一起，你干吗在大街上到处游逛而受到强奸？"在这个句子当中，"到处游逛（running around）"与"受到强奸（getting raped）"在语法上是相互抵触的；"得到（getting）"是取得、获得、具有，好像这是她在到处寻求的一件珍宝，但"受到强奸"暗示被动语态。当然，按字面意思，"到处游逛"与"受到强奸"很难在同一时间发生，这暗示此处一定省略了一个环节，也许是从前者导致后者的方向？假如句子的意义是"到处游逛（以寻求）受到强奸"，这是看起来唯一符合逻辑的联通句子两个部分的办法，那么强奸作为一种被动的获得就精确地成为她主动寻求的目标。前面的从句的意思是她"属于"家里，和她的男人在一起，家庭应该是她属于那个男人的家庭财产的场所，"大街"使她成为开放之地，假如她寻求被强奸，她就是在寻求成为其他人的财产，而这个目的被装进她的欲望，这里被构想成非常狂乱的追求。

男性与女性的性交行为从其特点上来说都带有强奸的性质，所有人都有罪。

性交的本质就是社会权力高者强奸社会权力低者，性权力从来就不公平，不要期待莫须有的公平。

有了社会地位，就有了性权力，历史从来不会计较那些女性掌权者的守贞情况，由此可见贞操观念本来就是虚伪的。中国历史上较早的女性政治家秦宣太后芈八子（？—前265年），晚年青睐男宠魏丑夫，《战国策·秦策二》中记载了这么一个故事：

> 秦宣太后爱魏丑夫。太后病将死，出令曰："为我葬，必以魏子为殉。"魏子患之。庸芮为魏子说太后曰："以死者为有知乎？"太后曰："无知也。"曰："若太后之神灵明知死者之无知矣，何为空以生所爱葬于无知之死人哉？若死者有知，先王积怒之日久矣。太后救过不赡，何暇乃私魏丑夫乎？"太后曰："善。"乃止。

与前文提到的魏武子不同，宣太后虽然垂暮，却很讲道理。这个故事里面，因为知道自己要被殉葬而吓得魂不附体的魏丑夫，他的遭遇几千年来的女性一直在重复，而且那些命运悲惨的女性可没有他的好运气。女性统治者要男人殉葬是一件很解恨的事情，可惜被道学先生劝止了，而当男性残害女性的时候，却鲜见有人挺身而出、为她们仗义执言。

也许出于对于女性登上权力顶峰的忌讳，像魏丑夫这样的男性也会受到鄙视，被认为是父系社会的叛徒。武则天皇帝晚年倦政之后，在武周政权的风雨飘摇之中，皇帝的男宠张昌宗（？—

705年）、张易之（？—705年）兄弟受到的来自各方面的攻击压力最大，《新唐书·卷第一零四·列传第二九·张行成传》记载：

> 神龙元年，张柬之、崔玄暐等率羽林兵迎皇太子入，诛易之、昌宗于迎仙院，及其兄昌期、同休、从弟景雄皆枭首天津桥，士庶欢踊，脔取之，一夕尽。坐流贬者数十人。

这个事件的爆发令敏锐的武则天皇帝预见到了自己的末日。这些年里，硕果仅存的、能够仗义执言的勋重老臣狄仁杰（630年—700年），也已经于五年前去世。神龙政变后不久，武则天皇帝自己也去世了。出于某种人之将死的感叹之情，她给自己设计了一块宏伟的墓碑，但是碑上却一个字也没有刻。

何况张柬之（625年—706年）为相，正是出于狄仁杰的坚请。狄仁杰对于武则天本人无恶感，但是看不起张昌宗。张昌宗这样的男子，因为助长了女性的权威而被认为是大逆不道的和可鄙的。《太平广记·卷第四五零·宝第六》里记载了这么一个故事：

> 则天时，南海郡献集翠裘，珍丽异常。张昌宗侍侧，则天因以赐之。遂命披裘，供奉双陆。宰相狄仁杰，时入奏事。则天令升坐，因命仁杰与昌宗双陆。狄拜恩就局。则天曰：“卿二人赌何物？”狄对曰：“争三筹，赌昌宗所衣毛裘。”则天谓曰：“卿以何物为对？”狄指所衣紫䌷袍曰：“臣以此敌。”则天笑曰：“卿未知。此裘价逾千金。卿之所指，为不等矣。”狄起曰：“臣此袍，乃大臣朝见奏对之衣；昌宗所衣，乃嬖幸宠遇之服。对臣此袍，臣犹怏怏。”则天业已处分，遂依其说。而昌宗心赧神沮，气势索寞，累局连北。狄对御，就脱其裘，拜恩而出。至光范门，遂付家奴衣之，促马而去。

而这个故事归根结底还是男性社会对于女性掌权的不满和顾忌。

只要一位女性获得了社会的认同而取得较高的社会地位，她在性权力上的自由就会被大大拓展，这个目的一点也不难达到。而真正的难点在于女性如何从父系社会之中夺取权力。我们举出的又一个例子是上古时期的一位功勋卓著的女英雄，妇好，她是商王武丁的法定配偶，庙号为"后母辛"，平生开疆拓土，战功显赫。妇好的大名即便在几千年后的今天也为人们所熟知，仅在安阳殷墟出土的万余片甲骨中，提及她的就有两百多次。妇好是武丁的六十多位"诸妇"——妻子中地位最高者，她和武丁的关系与其说是夫妇，还不如说是工作搭档。妇好领兵出征过尸方、巴方、印方、土方，在很多战争中表现出娴熟的兵法修养：

辛未卜，争贞：妇好其比沚馘伐印方，王自东亳（薄）伐捍，陷于妇好立（位）。

其中规模最大的一次出征是出征羌方：

辛子卜，□贞：登妇好三千，登旅万，呼伐羌。

这也是目前发现的整个商朝甲骨文记载中投注兵力最大的一次军事行动。妇好经常主持祭礼，甚至有自己的封地。女性直接作为封国领主的情形，妇好在中国历史中是第一次，也是最后一次，在之后的几千年中都没有再出现过。妇好的封地在"井方"，距离朝歌遥远，非常独立。卜辞中记载"妇好其来；贞妇好不至；乎妇好往于果京"，他们夫妇的每次团聚都是一次兴师动众的朝觐举动。"井"字在甲骨文中通"邢""刑"，"井方"的位置根据目前统一的考证意见为今天的河北邢台。

妇好的地位近似于后世帝国的首相或是最高军事统帅，而非一种国王的私人生活伙伴。妇好在三十多岁的时候去世，这在商代并不算短寿，但她死后，武丁又活了二十多年，根据甲骨文的推算，武丁的寿命是五十九岁。在殷墟甲骨文的第 2636 片之中，人们发现了一条古怪的卜辞，这条卜辞后来被附会成"妇好有娶？唯祖甲娶"，也就是妇好死后被武丁许配给阴间的先王的故事，被传诵一时，实际上祖甲是武丁的次子、祖庚之弟，此处实为"大甲"之误，大甲就是那位被伊尹流放到桐宫的"太甲"，而里面的"唐"就是"汤"。这段神秘的第2636片卜辞原文从上至下其实是这样的：

□（此字仅余半边，当为"贞"字）隹□（此字仅余半边，当为"唐"字）取□（此字仅余半边，当为"帚"字）好。

贞隹大（太）甲。

隹祖乙。

贞隹唐取帚（妇）好。

贞帚好出（之）取上？

贞隹大甲取帚。

贞帚好出取不？

贞隹祖乙取帚。

一、二，告二。

这条卜辞牵涉到的三位商代先王，按时间顺序是武丁的祖先成汤（子履）、太甲（子至）和祖乙（子滕），人们因此而困惑，妇好是武丁的妻子，怎么会"有取（娶）"？而且根据卜辞的干支顺序，这次占卜发生时妇好很有可能已经去世多年了。中华书局的考古学专家赵诚认为，这是武丁问卜于鬼神，在阴间将妇好许配给商代的先王，以此期望老妻在另一个世界也拥有家庭的温暖。另外一种观点认为，尽管"娶"字在《说文解字》里也被解释为婚配，这里还是应该理解为一种灵活的用法，是"迎接"的意思，也就是武丁请求自己的祖先在另外一个世界里善待妇好。不管武丁此举的目的为何，妇好因其功勋和地位，享有父系社会中女性一般无法享用的自由，这一点基本是没有疑问的了。

女性争夺社会权力固然险阻重重，获得权力之后她们所享用的也不过就是一般男性领主的生活而已。前文提到的小阿格里披娜，她在儿子登基之后如愿以偿、志得意满，尼禄在刚刚当皇帝的时候对于母亲还是很顺从。根据《罗马十二帝王传》的记载，在登基之后，"他把一切国事和私事的管理委托给母亲。即位第一天，他向卫队长发布的口令便是'良母'。此后他时常同她一起乘坐她的肩舆出现在大街上"。可是好景不长，尼禄逐渐变得残暴，为了独揽大权，在几次派刺客谋杀阿格里披娜而她几次又都化险为夷之后，他不耐烦继续这样的攻守游戏，干脆派出一支军队去消灭了他的母亲。

因为这个事件，社会上逐渐传出了一些讥讽尼禄弑母的歌谣，其中有一首是这样写的：

只要数一下，定会发现，尼禄等于弑母者。

这句歌词要仔细寻思一下才能恍然大悟，英译者罗尔夫解释说，"尼禄"的名字用希腊文拼出来代表一个数字1005，而"弑母者"这几个词的数值刚好也是1005，所以尼禄等同于弑母者。还有一首诗歌的嘲讽更直接：

谁能否认尼禄出自艾涅阿斯的伟大苗裔？

一个背走了自己的老父，另一个送走了自己的母亲。

维吉尔的《埃涅阿斯纪》长诗的开篇记载了特洛伊城破，埃涅阿斯（Aineías）和他的老父亲安喀塞斯（Anchises）出走逃难，安喀塞斯走不动的时候，埃涅阿斯就会背他一段时间。有几次，这首诗歌的作者和传播者因为有人告密而被元老院逮捕，出人意料的是，给人以嗜血好杀印象的尼禄皇帝在这件事上表现出难以置信的宽容大度，也许同是诗人的关系，他主动挺身而出保护这些人，驳回元老院惩罚他们的判决，对于那些大逆不道的诗句也只是一笑了之。这种意外的宽容为这位年轻的艺术家皇帝扳回了不少印象分。除了惺惺爱才和故作姿态之外，我们作出的第三种原因推测只能是：皇帝本人根本不觉得自己做错了，完全不屑于矢口否认。

而要让男性社会的权力中心，承认女性在权力上也能分有一部分，只能说要走的路还很长。在《性别政治》这本书收录的论文里，排在巴特勒后面的是社会学家加亚特里·斯皮瓦克（Gayatri Chakravorty Spivak，1942 年—　）的论文《重温法国女权主义：伦理与政治》，在这篇文章之中，斯皮瓦克显得有些悲观，承认自己的心路历程随着时代的发展而进步的同时，不可能不受到男权社会话语权的影响：

> 十一年前，我写了《置换和妇女话语》，相信男人有关女人的讨论只能由女人来矫正。
>
> 十年前，我写了《国际框架中的法国女权主义》，相信没有任何欧洲注意者会忽视那个全球性的"欧洲"的产生，这个"欧洲"曾经而且将来也是全球性的。
>
> 三年前，我写了《再论女权主义和解构》，作为对"置换"的某种再次尝试。我开始认为，在女权主义理论的实践生产中，建立在承认与男性通知的理论史共谋关系基础上的协调也是合乎逻辑的。

而斯皮瓦克教授将"置换理论"一改再改的原因可能是，她把争夺权力的希望放在女人把男人赶走然后自己当男人的这种尝试之上，这条路是走不通的。

所以，不知道有多少女子像武则天皇帝这样，为自己不是男儿身而抱恨，即便不是抱憾终身，也至少经常会有这样的想法。一个普遍的例子是，海夫洛克·霭理士（Havelock Ellis，1859 年—1939 年）在《性心理学》的第 3 章《性的歧变与性爱的象征》中说：

> 溲溺恋比较普通，尤其是在女子中间，但表现的程度却往往不深。溲溺恋何以比较普通是有一个解释的。尿道和性器官在部位上既特别密切，在神经上又确有几分联系。女

童与少女溲溺时有时特别喜欢学男子直立的姿势，在年岁较小而未曾生育过的女子，这是可能的，但在已经生育过的女子，尿道口肌肉的迸发力已趋薄弱，这便不可能了。这种效摹的行为并不一定暗示着这其中有什么同性恋的倾向。

女童在获悉了男性便溺的姿势之后，很多情形下会因为好奇而想模仿，男性则不然，因为在男性看来女性便溺的姿势又累赘又麻烦，没有什么令人着迷之处。一个女孩降生之后，无论父母多么小心，因为她不是男孩的惋惜之情总会有机会不经意地流露出来而被她觉察到，何况大多数父母对此根本不加以任何掩饰。

然后这种困惑会伴随一个女士的至少大半辈子时间，现代社会变得文明得多了，但是这种性别困惑还是很有影响。越是年轻的女孩，越会经常有"我为什么不是个男孩"，或者"如果我是个男孩，我就……"之类的想法。男性有类似想法的时候，通常伴有一定程度的性欲背景，但是女性则不然，女性的性歧变甚至有时候是完全和性欲无关的。女性在性别政治中的弱势情况起源于性行为，但是现在已经成为了一种普遍的、不涉性的问题。女性因为体力无法完成某件事情，或是因为性别在求职时受到冷遇，或是付出与男子相等的代价但是收获大打折扣时，都会产生自暴自弃的想法。

在中国古代有一位曾经这样想的少女，现在她已经如愿以偿成为全世界无人不知的英雄。《木兰诗》这首长诗最早著录于释智匠所撰的《古今乐录》，这可证明诗的创作年代不晚于陈，而将天子称为"可汗"，则具有鲜明的北朝特色。我们现在来看看诗中提到的几个地理位置，在"旦辞黄河去，暮至黑山头""但闻燕山胡骑鸣啾啾"这两句诗之中，黑山就是杀虎山，在今内蒙古呼和浩特市东南；燕山则是指燕然山，也就是今天的蒙古人民共和国杭爱山。在这个区域里爆发的长时间——"将军百战死，壮士十年归"——大战，在当时就只有北魏和柔然之间的战争。429 年，魏太武帝（408 年—452 年）征伐柔然，"车驾出东道，向黑山"，"北度燕然山，南北三千里"。（《北史·卷九八·列传第八六·蠕蠕传》）柔然国（394 年—552 年）又称蠕蠕，与北魏及东魏、北齐曾发生过多次战争，其中最主要之战场，正是现今蒙古大草原的黑山、燕然山一带。

　　木兰的父母一定因为没有生出儿子而叹息、甚至是争吵，被幼小的木兰听见并记在心中。这种遗憾被儿童时期的耳濡目染直接转嫁到她自己的潜意识之中，使她觉得这真的是自己的——而非父母的——遗憾，这种类型的观念嫁接劫持了我们很多人，一点也不足为奇。"阿爷无大儿，木兰无长兄"，为了弥补这种遗憾，她要做一件男人才能做的事情，而人类社会的行为之中，再没有比战争更具有男性特色的了。潘光旦（1899 年—1967 年）教授在注解《性心理学》的第 5 章时，介绍"戾换"——也就是性别转换——这个概念的部分中国案例的时候说：

　　　　明初蜀韩氏女，遭明玉珍之乱，易男子服饰，从征云南，七年人无知者，后遇其叔，始携以归；《焦氏笔乘》而外，亦见明田艺蘅《留青日札》及清朱象贤《闻见偶录》，事与木兰从军极相类，徐渭别有曲名《雌木兰》，即演此事。黄善聪一事亦见田氏《留青日札》。
　　　　大抵木兰、祝英台一类的故事多少都建筑在戾换状态上，在以前男女之别极严的状态，少数女子居然甘冒大不韪，以男子自居，而居之到数年或数十年之久，其间必有强烈的心理倾向在后面策动，这是可以无疑的。代父从军，为父兄复仇（如谢小娥之例），以及易于在乱离之世混迹等身外的原因，似乎都不足以完全加以解释。

　　无独有偶，"克莱奥帕特拉"这个名字，用希腊文拼写

176

是 Κλεοπατρα，其阳性构词为克莱奥帕特罗斯，希腊语拼为 Κλεόπατρος，这两个名字在托勒密王朝时期的埃及年轻人中很流行。在希腊语中，Κλέος 意为"荣耀"，Πατρός 是 Πατήρ（父亲）的所有格（父亲的），两词拼在一起即为"父亲的荣耀"。正如前面章节所说过的，对于一个孩子而言，取悦父亲是首要的，否则他（她）存在的合理性就会受到质疑。很多女性终其一生往往是这种被质疑的对象。埃及晚期的女法老克莱奥帕特拉七世（Cleopatra VII，约前 70 年—约前 30 年）是托勒密十二世（Ptolemy XII，前 117 年—前 51 年）的女儿。虽然担有"埃及艳后"之名，但她很可能并不如大多数人想象的那么漂亮，作此推测的理由是古罗马钱币上的克莱奥帕特拉七世的头像，看起来似乎离倾国倾城略有一点差距。有理由相信克莱奥帕特拉七世五官中长得最精巧的是她的鼻子，因为物理学大师布莱兹·帕斯卡（Blaise Pascal，1623 年—1662 年）曾自以为幽默地说"若克莱奥帕特拉的鼻子长一寸，或短一寸，或许世界就会改变"——这句话还是免不了男性的那种将女性看成物品而品头论足的习性而有失忠厚。何况他此说也相当不负责任，任何人的鼻子长或者短一寸（约 2.54 厘米），只怕都是怪物了。而她在排挤掉自己的弟弟兼丈夫托勒密十三世（Ptolemy XI，前 62 年—前 47 年）而成为法老之后，有时候会在公众场合佩戴精心编织的假胡子。这个习惯，比她早一千四百年的古埃及另一位女性政治家、图特摩斯一世（Thutmose I，？—前 1493 年）的公主、图特摩斯三世（Thutmose III，前 1514 年—前 1425 年）的摄政太后哈特谢普苏特（Hatshepsut，约前 1508 年—前 1458 年）也有。似乎缺少了那长长的辫须，她们法老的身份就有所缺憾似的。

在父系的社会，女性想要在权力上分一杯羹，从小就得学会站着方便——模仿男性，这归根结底还是没有改变男性滥用权威的局面。很久以前，一些睿智的女性思考者就在思索怎样符合女性特质自身——而非取悦男性——的权力表象性特质。但是这种思索的最初结果有点令人沮丧。在摈弃了最容易被女权主义判定为取悦男性及附属于男性的一些行为和特质——例如漂亮的化妆、性感的女性向服装、温柔的言谈举止、慈爱的态度等等——之后，超过九成的姐妹们落荒而逃，自己先打起了退堂鼓。

就是说，一个蓬头垢面、服装粗率、举止鲁钝、性格粗暴的形象即便是被定义为"女性"，要将这些个性倚重为自己角逐人类领导权的资本，也是不可想象的。反女性非但不能取代男性，甚至失去了自身的核心价值。但是这种困惑男性好像从来不曾有过，男子的不修边幅有时候还会受到社会的交口称赞。在撰写本书的时候，美国的共和党总统候选人唐纳德·特朗普（Donald John Trump，1946 年—）吸引了不少目光，他是一个行事鲁莽的糙汉子，满脑子牛仔思想，但难以置信的是，他的满口胡柴却着实为他拉到了不少选票。这不由得让很多女性政治群众——包括希拉里·克林顿（Hillary Diane Rodham Clinton，1947 年—　）本人——感慨：只要是男人，怎么着都行。我们再来看苏洵（1009 年—1066 年）《辩奸论》这篇古文中描绘的一个形象，对象是宋神宗时期的一代政治明星宰相王安石：

> 夫面垢不忘洗，衣垢不忘浣，此人之至情也。今也不然，衣臣虏之衣，食犬彘之食，囚首丧面而谈诗书，此岂其情也哉？

从这两句看得出王荆公平常对于保持个人卫生没什么兴趣。无独有偶，北宋仁宗朝有个叫窦元宾的人，和王安石一样做过宰相。他出身名门，是五代后汉宰相窦正固的孙子，欧阳修在《归田录》里说"有窦元宾者名家子，为馆职，而不事修洁，衣服垢汗，经时未尝沐浴，时人为之语曰'盛（度）肥丁（晋公）瘦，梅（询）

香窦臭'"。个人卫生这样的小事都带有社会歧视的印迹，就算说一个肮脏的男人还是男人，但一个肮脏的女人却肯定什么都不是。此等稍具晋人风度、绝无汉官威仪的宰相在现代社会也有，1990 年到 1997 年，绅士之国不列颠的首相由保守党人约翰·梅杰（Sir John Major，1943 年— ）担任，此君现在相当闻名的一张照片摄于 1994 年的一天，照片里梅杰的裤锁拉链或是扣子坏了，大开方便之门，他顺手别上一根别针，然后就若无其事地到唐宁街上班去了。

我们暂时将首相的裤锁拉链问题放一放，性别权力的不平等状况现在看来是很难在短时期内改变了，何况女权主义运动自身也没有找到一个统一的纲领。目前看来较为脚踏实地的是女性在置换理论中走中性的道路，这种思路的灵感来源于历史中为数不多的偶像型女性历史人物形象。美术史学家严善錞博士在其著作《新中国美术图史》中描述"文革"时期美术作品中江青（1914年—1991 年）的形象时曾这样说：

> 但这一类形象并非"女性"而是"中性"。不性感，不妩媚，不风流，端庄大方，是革命红卫兵心目中的"江阿姨"。革命样板戏女性形象如阿庆嫂、江水英、方海珍、柯湘、吴琼花，就是一批"中性"的女性形象。

在很多价值观的理解下，女性性感妩媚的、取悦男性的一面无疑是对于这些女英雄形象的庸俗化和亵渎，这是历史在处理这些形象时有必要向民众掩盖的东西。这种真相遴选的阴谋论惯例甚至影响到了一些并不具有英雄资质的凡人，譬如当今的一些偶像——如刘德华、钟欣桐——的世俗和肉体的生活都因为不能得到公众的认同而被刻意地掩盖和遗忘。

性别冲突的要点在于男女双方作为权力争夺的对手、情欲生活的伙伴，这两重关系永远无法调和，永远无法以一方遮盖另一方。上文提到的钟欣桐是活跃于 21 世纪最初十年的一个明艳的少女，在她的演艺事业臻于巅峰的时候，有一日她的很多性爱照片出于某些原因流出到社会上。人们在争相传观的同时在品德上对她不遗余力地口诛笔伐，尽管她前后道歉多次，她的公众形象和前程还是被彻底毁灭了。社会学家梁文道在谈到这个事件的时候很为钟欣桐感到忿忿不平，认为钟欣桐没有道歉的理由，她不应该向社会道歉，社会才应该向钟欣桐道歉。艳照门事件就是一种人类社会痴迷于处女膜的、男性暴力权威的表现，对于一个心仪的少女，男性的态度是即便她不能为自己所占有，也不希望她被别的男人占有，所以男性社会联合起来逼迫女性守贞。当钟欣桐的艳照被公开以后，男性"合法合理"的嫉妒就汇集成一种毁灭性的力量，而在这种欲加之罪的时候，武器往往是信手拈来的，最被常用的武器就是道德。男性社会以道德的刑具加诸无辜的女性身上，几千年来，钟欣桐的遭遇只是无数个悲惨的故事中的一个。

V 层次冲突：与读者诉求的博弈政治及其形而上的追求

层次冲突的第一个要点在于，必须承认，处于基本认识层面的读者更加喜闻乐见的是故事的结构和内容，略高一点的读者开始学会欣赏主旨和寓意，在这一点上与作者之间的关系是一种供求的诉求关系，它们遵循供过于求、供求相当和供不应求这样的规律，而其中的供求双方围绕着罗兰·巴特所言的"可读"和"可写"特性展开角逐。作家之面对读者，是一个人面对一个群体的对峙关系，"尔虞我诈"无时无刻不在发生。从广义上来说，一个作者的所有读者人群就是大部分——近乎整个——社会。个人有可能发展，但是群体在往来的动态之中则永远是平衡的。也就是说，对于一个观念足够独立、以形而上诉求为自己写作目标的作者而言，这个虚构的、抽象的"读者"在总量上是无法达到他的层次的，偶尔有一两个知音，但是总体上还是"群氓"——这个词为歌德所创，没有恶意。

而对于读者而言，选择也是合情合理的，任何人都不可能、也不应该把宝贵的时间花在一部自己完全不懂的作品上，因为那在认识行为上是毫无意义的。有的人为了理解这件作品开展了一系列的扩展阅读和知识积累的行为，开卷固然有益，有助于他个人思想层次的提高；同样无可厚非的是，有的人则放弃了这次阅读的尝试并且以后不再（在它的读者群中）出现。

人类天生喜欢听故事，所以所有的故事里面，剧情的引人入胜都是放在第一位的。即便在有的冲突关系因为过于简单而无法达到一般理解中"故事"的标准时，我们至少也希望它在前因后果关系上是完整的。在此举个例子，此则分析参考自列维-布留尔的《原始思维》，史料提供者是《北美印第安人》的作者凯特琳·G：

> 跳这种舞的目的是要迫使"野牛出现"……这种舞蹈有时要不停地继续跳两三个星期，直到野牛出现的那个快乐的时刻为止……当一个印第安人跳累了，他就把身子往前倾，作出要倒下去的样子，以表示他累了；这时候，另一个人就用弓向他射出一支钝头的箭，他像野牛一样倒下去了，在场的人抓住他的脚后跟把他拖出圈外去，同时在他身体上空挥舞着刀子，用手势描绘剥皮和取出内脏的动作，接着就放了他，他在圈里的位置马上就由另一个人代替。

在这种普天同庆的场合里北美印第安人也不能忘怀完整因果关系的强迫性，如果那个跳累了的印第安舞者只是走到旁边去坐下来歇一会儿，人们不会问"那个人去哪儿了"，而是会问"那头牛去哪儿了"，那他就显然没有完成交代剧情的任务，故事因此而被破坏了。优先感应因果关系并试图使因果关系完整，是人类认识上的一种天性。

连一个毫无故事情节的、关于野牛的舞蹈都追求一种圆满的结局，看来我们这个种族真的是无可救药了。层次冲突的第二点，在本章的最初也谈到过，读者会青睐那些更符合自己价值观的选择，如果在这个故事中没有这样的选择，他们有时会兴致勃勃地自己臆造一个。通常这样的抉择会体现为两种形式：以喜剧选择替代悲剧选择，以情节选择代替意象（象征）选择。

以喜剧选择代替悲剧选择的出发点很容易理解，大多数一般层次的观众在欣赏时因为剧情中的那些设计出来的悲欢离合而遗憾。他们觉得如果不发生剧情中的某些关键情节点的话，这出悲剧就"原本应该"是一出喜剧，这些情节点于是成为了令人唏嘘不已的泪点所在。这一点我想我们前面已经通过一个选择句柄的解读探讨过了。

以情节选择取代意象选择直接体现了作品的可写特质层次，也就是读者和作者之间的认识层次差异，用最直白的话来说，就是一个故事容不容易被读"懂"。一个故事在理解上越无障碍，我们认为这种情节和意象之间的冲突越弱。当然任何浅显的、完全以剧情主导全篇的故事，都或多或少地带有一定的象征寓意，这也是必然的。它们多半在理解上毫无困难，增加了故事本身的时空厚度。但也必然存在一些作品，作者对于可写性的追求远过于可读性，绞尽脑汁几乎将所有的心血都花在了象征的诠释、意象的分析和谜语的编写之上。这固然是一种个人写作价值的选择，但会使得非常难"懂"成为作品的第一直观印象，有的时候即便旁人给那位莫名其妙的读者指出了个中深意之所在，作品还是拒人于千里之外、难以理解。

艰深晦涩、犹抱琵琶半遮面是最常用的伎俩。《小径分岔的花园》是博尔赫斯较为著名的短篇小说之一，收录于1944年的《虚构集》之中。在故事里博翁塑造了一位已故的小说家，他只有一篇未完成的作品，从头到尾颠三倒四、自相矛盾：

> "彭㝡的一生真令人惊异，"斯蒂芬·艾伯特说，"他当上了家乡省份的总督，精通天文、占星、经典诠诂、棋艺，又是著名的诗人和书法家，他抛弃了这一切，去写书、盖迷宫。他抛弃了炙手可热的官爵地位、娇妻美妾、盛席琼筵，甚至抛弃了治学，在明虚斋闭户不出十三年。他死

后，继承人只找到一些杂乱无章的手稿。您也许知道，他家里的人要把手稿烧掉，但是遗嘱的执行人——一个道士或和尚——坚持要刊行。"

　　"彭㝠的后人，"我插嘴说，"至今还在责怪那个道士。刊行是毫无道理的。那本书是一堆自相矛盾的草稿的汇编。我看过一次，主人公在第三回里死了，第四回里又活了过来。至于彭㝠的另一项工作，那座迷宫……"

小说自身，诚如一座错综复杂的迷宫。若干年后的一位知音，一个名叫艾伯特的传教士，在阅读中突然发现小说之中有一个词从未出现过，他反复校对，发现真的是这样：

　　自始至终删掉这一个词，采用笨拙的隐喻、明显的迂回，也许是挑明谜语的最好办法。彭㝠在他孜孜不倦创作的小说里，每有转折就用迂回的手法。

后来，他从偶然得到的、彭㝠遗留下的一张小纸条——上面写了一句话："我将小径分岔的花园留诸若干后世（并非所有后世）。"——之中，解读出了个中奥妙：

　　我几乎当场就恍然大悟：《小径分岔的花园》就是那部杂乱无章的小说，若干后世（而非所有后世）这句话向我揭示的形象是时间而非空间的分岔。……在所有的虚构小说中，一个人每逢面临几个不同的选择时，总是选择一种可能，排除其他；在彭㝠的错综复杂的小说中，主人公却选择了所有的可能性。这一来，就产生了许多不同的后世、许多不同的时间，衍生不已，枝叶纷披。比如说，方君有个秘密；一个陌生人找上门来；方君决心杀掉他。很自然，有几个可能的结局：方君可能杀死不速之客，可能被他杀死，两人可能都安然无恙，也可能都死，等等。在彭㝠的作品里，各种结局都有，每一种结局是另一些分岔的起点。

......

　　显而易见，小径分岔的花园是彭冣心目中宇宙的不完整、然而绝非虚假的形象。您的祖先和牛顿、叔本华不同的地方是他认为时间没有同一性和绝对性。他认为时间有无数系列，背离的、汇合的和平行的时间织成一张不断增长、错综复杂的网。由互相靠拢、分歧、交错或者永远互不干扰的时间织成的网络包含了所有的可能性。

彭冣就是——如果这个人真的存在的话——那种为了表达隐喻性而不惜牺牲故事完整结构的作家。彭冣是《小径分岔的花园》的缔造者，也是它的破坏者，他使得一个花园变得不再像是花园，他使得选择变得无足轻重，他使得空间被余数所充斥。

　　彭冣总督就是那种为了自己的写作目的而不惜牺牲所有读者的作家的典型，而博尔赫斯自己则逍遥于这两者（文本的可读性和可写性）之间，乘云气而养乎阴阳。博尔赫斯借"彭冣"这个名字做了一次文学实验，但是《小径分岔的花园》故事自身的叙事结构是完整的，一个关于谍报的、层层推进的遭遇故事。这两个故事，余准的间谍活动和小径分岔的花园看起来没有什么关联，仅仅通过余准与艾伯特的偶遇和闲谈交织，这种交织也颇显生硬。但是到了故事最后，艾伯特感慨不已地说了一段话："在另一个时刻，您穿过花园，发现我已经死去；再在另一个时刻，我说着目前所说的话，不过我是个错误、是个幽灵。"这句话让余准下了决心。既然宇宙的无数个"真实"的层面互为余数，那么改变其中一个没什么大不了的，这甚至不算什么改变，其本身就包含在那些卷帙浩繁的过去与未来之间。追踪者已然不远，铿锵足音可闻，他掏出手枪，瞄准艾伯特的背影扣下了扳机。

如果说时间是多维的，那么所有为了罗密欧和朱丽叶生离死别而愁肠百结、掬一把热泪的读者有福了，因为罗密欧和朱丽叶幸福地生活在一起的故事也是存在的，存在于时间的其他维度之中，那些维度里甚至包括了罗密欧和朱丽叶幸福地生活在一起之后又发生情变合而又分分而又合，后来罗密欧变成了一个中年秃顶的醉汉、每天忍受着乳房已经下垂到了肚子上的朱丽叶的絮絮叨叨的故事，只不过这与我们无关了。这些故事之间的区别并没有什么神圣性，仅是一种版本学属性的差别而已。这种差别完全基于一个或多个错误，只是错误过多，正确答案变得并不太重要了。在古希腊，希波克拉忒斯（Ἱπποκράτης, 前 460 年—前 370 年）、埃斯库罗斯、品达罗斯、色诺芬、亚里士多德、阿里斯托芬和柏拉图都在著作中引用过《荷马史诗》，但是没有一个人的引文与定本相同。亚里士多德引用过《奥德赛》第九卷一段关于波吕斐摩斯（Πολύφημος）的描写，但是他坚持声称那段话出自《伊利亚特》第十卷，是描写一只野猪的。在《虚构集》的另一篇，《通天塔图书馆》之中，图书馆里的收藏目录丰富到了不仅包括一些书的没有被人们发现的版本，甚至包括了那些根本没有被写出来的版本：

> 　　根据这些不容置疑的前提，他推断说图书馆包罗万象，书架里包括了二十几个书写符号所有可能的组合（数目虽然极大，却不是无限的），或者所有文字可能表现的一切。……英国历史学家比德可能撰写（而没有撰写）的关于撒克逊神话的论文、罗马历史学家塔西陀的佚失的书籍。

而有一些人试图毁灭某些书的时候发现，这本书固然是唯一的，但是却有无数版本上的善本，有的与原本只有一个字或一个标点的区别，或者是被写出来和没有被写出来的区别。搜禁行动完全无法继续下去。

时间不仅是多维的，而且它是平均分布的。每个人都会想"我今天先干了什么、然后干了什么、之后又干了什么"，看起来时间就好像一条链条，每件你应该做的事情都精准无比地分布在这条链条的每一个环节之上，这样的链条每个人都有一条。可如果不过度强调所有格的话，时间的发展其实就是一大堆鸡毛蒜皮的小事被堆在一起，如果所有格发生交错的话，它还会变成一团乱麻。诠释时间这种交错特性的实验在美国布朗大学文学教授罗伯特·库弗（Robert Coover，1932年—   ）的《保姆》之中变成了一种独特的、支离破碎的叙述方式。库弗在现实中参考了的那位彭宬总督对于事件的采样方法：通过共时并列、而非因果发展。在同一个共时状态下，各个事件之间彼此没有那种为我们所习惯的因果关系，所以库弗的描述以每段——同一个共时点下的不同事件的当下状态——为一个单位并列在一起，因为不同于我们的因果习惯而显得混乱。我们来看看以下两段的衔接：

杰克在城里游来荡去，不知干什么好。他的女友此刻正在塔克家做保姆。过一会儿，待她把婴儿哄上床，他兴许就会溜到那儿去。有时，在她做保姆时，他就溜进去和她一道看电视。这大概是他唯一能与她亲热的机会，因他自己没有汽车，可是他们得小心才是，多数人是不喜欢保姆带男朋友进屋的。吻她一吻就叫她神经质。她不会闭上眼睛，因为她得老盯着门。结了婚的人真是玩得开心，他想。

"嗨，"保姆朝孩子打了声招呼，就把书搁在冰箱上，"晚饭吃什么呀？"女孩比茜只斜眼盯着她。她在厨房餐桌的一端坐下来，和他们坐在一起。"不到9点我不上床。"男孩断然宣布，说完往嘴里塞了一嘴的炸土豆片。保姆无意一瞥，看见塔克先生穿着内裤从浴室里匆匆走出来。

她的肚皮。她的腋窝。还有那双脚。这些都是咯吱她的妙处。她捅扇他的耳光的，她有时这么说。让她捅好了。

习惯于传统阅读方式的读者初读库弗的小说都有一种不知所措的茫然感，因为我们传统的阅读习惯是"事件A1—事件A2"，然后是"事件B1—事件B2"，通过介词、插叙和倒叙来维持两个事件链之间的因果关系，即便它们真的是平行的，也要详加说明。但是库弗的叙述结构是"事件A1—事件B1—事件A2—事件B2"，叙述上两段文字的"相邻"表示它们"共时"，而非"因果"，所以按照因果的习惯去阅读，彼此干扰几乎是必然的。这时候，很多读者的愤怒就被激发了，因为阅读变成了一种事倍功半的、不愉快的认知体验。这种本章节主要阐述的读者和作者之间的层次冲突在这种情形下被激化，即便不是二者层次上的不同，习惯差异也至少是肯定的。华东师范大学教授、外国文学理论家陈俊松曾经访谈过库弗教授本人，当被问及是否介意评论者代表读者提出质疑乃至负面评价时，库弗说他早已经习惯了豁达大度地看待这样的事：

不在意。事实上，负面的评论通常显示我至少在有些方面做对了。我最喜欢的评论，也许是对我最初的评论之一。那是篇对《布鲁诺分子》的由来的评论，发表在《畅销书》（*BestSellers*）杂志上。具有讽刺意味的是，作者的名字竟叫布鲁诺（Bruno）。他被那部书惹得愤怒不已，将其称为邪恶、肮脏、亵渎神灵、彻底堕落，简直就是粪坑里发生的一个爆炸。他说这部书跟任何古罗马颓废文学相比都有过之而无不及。当他实在找不到别的东西攻击时，他对那部书题献给的哲学家、甚至背面书皮上我的照片发难，他说我的照片看起来像撒旦。我当时想，他至少读过那部书。当时的评论者，无论赞扬抑或诋毁，很少有人认真读过那部书。

对于一个阅读爱好者而言，再没有什么比一本不知所云的书更令人愤怒的了。卡夫卡、普鲁斯特、让-菲利普·图森（Jean-Philippe Toussaint，1957 年— ）和阿兰·罗伯—格里耶都面对过读者的这种愤怒。

这种读者的愤怒其实是一种优雅的、有良心的知性表现，因为这是读者和作者在作品可写（可复写）特性方面争夺权力而爆发的龃龉。陈俊松接下来的一个问题不可谓不尖锐，他指出库弗在自己的小说之中扮演上帝、对于主导性的权力宣称是否有些过分：

> 安德森（Richard Andersen）和格顿（Louis Gordon）在他们的书中都写道，在你所有的作品中存在一个占据中心位置的主题，那就是小说创造者的角色。你同意这种看法吗？

但库弗对此毫不介意，他觉得小说家就应该是这样的：

> 我上面提到过元小说的特征之一就是它的自我指涉性。当你在创作某种新的东西时，你就会思考这种行为，而这些想法就会有意识或无意识地进入到作品之中。例如，你可以看看塞万提斯或菲尔丁的作品，它们写于小说这个文体诞生之际。……还是在那篇致塞万提斯的献词里，我将小说的历史做如下描述：从堂·吉诃德出发，在三个半世纪后以贝克特的马隆结束。前者生机勃勃、兴高采烈，后者卧床不起、完全瘫痪，其铅笔头也消磨殆尽。当然，塞万提斯总是走在我的前面，这也是他作为西班牙人的作派。他是第一个后现代派作家。

认为塞万提斯（Miguel de Cervantes Saavedra，1547 年—1616 年）的写作具有某种后现代风格的想法十分巧妙，塞万提斯聪颖地利用了已经行将就木的骑士小说的形态暗中缔造了一个新小说的结构大厦，这种结构称为"复调小说"，特点是以小人物取代英雄，以现实性取代教谕性。塞万提斯说的话属于他自己，而不再是以往教皇想说的话。复调与古典的区别确实在一定程度上可以说和后现代性与现代性之间的差别有相似之处。复调小说这个词由圣彼得堡大学教授巴赫金（Ъахтинг Михаил МихаЙлович，1895年—1975年）创造，他借用了音乐史上复调这个词来强调创作中的反主旋律性。但是必须注意的是，复调在音乐的发展上是在古典主义之前的，这一点和小说的发展刚好相反，也就是说，它的反历史性可能面临对于整个阅读习惯的颠覆性变革。如果小说中的权力中心是"英雄"，也就是单一事件的时间线，那么读者可以毫无障碍地按照事件的发展阅读下去。可是致命的短板在于，主体人物因为一直作为阅读的线索为读者所耳濡目染，很容易在形象上被夸大。可如果小说的权力中心是"时间"，那么任何角色的权力都是平等的，他们在时间之中所能代表的只是他们自己，无论一个事件的全过程在寓意上多么伟大，在共时的视角下也不过就是一片碎片，这时候读者就会有一种被作者予取予夺的愤怒感，觉得作者在这些碎片的选择上是否插手太多了。

作品的观念性越强，读者的困惑就越大，在对于观念的理解上就要花费更多的时间。在《午夜文丛》的弗朗索瓦·邦（François Bon，1953年— ）的文集之中，甚至连印刷方式都参加了这种游戏。很多人在阅读《工厂出口》这篇小说的时候感觉风声鹤唳，每一种字体和每一条空行都令人感到居心叵测：

　　　　三十年厂龄到头来死在第一次老职工聚餐会上死在厂里这倒滑稽。

　　　　混蛋，（上一句话至此逗号为止都是加粗字体）他学聋子的样咬准每一个音节回答说。聋子还在笑，唾沫淌得更多。

　　整个出丧过程的规则是噪音越大越好。……可是为什么是空四行？那有什么深意？

　　其实弗朗索瓦·邦在《大宇》这部小说（没有收入《工厂入口》这本文集）中将这种特质发挥得更加淋漓尽致，弗朗索瓦·邦认为我们所能看见的真实都是一种"断片式"的真实，在《布松之罪》中，小说的结构被分割成一段段当事人的描述，有些描述甚至并不出于同一次交谈。

　　清华大学教授、中国当代实验文学的先锋人物格非所著的《褐色鸟群》被誉为20世纪中国最艰涩难懂的小说之一。1988年这篇小说发表时，华东师大中文系部分师生曾召开讨论会对这篇小说展开研讨，结果各执一端，还是没有人搞得清这篇小说到底在讲些什么。《褐色鸟群》其实是模仿彭寂总督的多向性因果关系的一次文学实验。在这部小说里，前后几个部分的大致内容是这样铺陈的：

　　1. 许多年前，"我"住在一个叫"水边"的地方，这时候有一位名叫"棋"的少女来探望"我"，她自称认识"我"很多年，但"我"却不觉得自己认识她；

　　2. 为了表白自己对于她的陌生，"我"对"棋"讲述了自己和一个"穿栗树色靴子的女人"的往事，许多年前"我"从城里跟踪这位"穿栗树色靴子的女人"来到郊外；

　　3. 许多年后我遇到了"穿栗树色靴子的女人"，但是"穿栗

树色靴子的女人"声称她从十岁之后就没有进过城;

4. "我"在从城里出发追踪"穿栗树色靴子的女人"的旅途中的见闻;

5. "穿栗树色靴子的女人"对"我"讲述她丈夫遇到的事,这与之前"我"自己的见闻似乎具有某种联系,虽然不易觉察,但是"我"感觉到了;

6. 很多年之后,"棋"又出现在"我"的公寓,但她坚持声称自己不认识"我"。

似是而非感劫持了整个故事的氛围,在细节层面上也无所不在。比如"我"自称自己居住的地方是在"水边",而"棋"却说"我"是住在"锯木厂旁边的臭水沟";"我"跟踪"穿栗树色靴子的女人",看到她从一座断桥上过去,而桥边"提马灯的老头"却没有看到,而且后来"穿栗树色靴子的女人"声称当时在桥边的是她的丈夫。到后来,这种似是而非的氛围已经透露出了某种接近梦魇的性质,叙述也沦入了梦呓的谵妄之中:"穿栗树色靴子的女人"的丈夫死了,可"我"却看见棺材里男人的尸体似乎动了一下,后来回忆发现不止如此,那具尸体本不该存在的动作其实是抬起右手解开了上衣领口的一个扣子。可这样一来,那是不是一具"尸体"似乎又变得虚无缥缈了,然而这两个细节("尸体"和"解扣子")是等价的。

人们每读到一个部分都觉得它对于以往的章节起到了一种颠覆性的作用,以前得到的信息变得全都没有用,但他们(读者)中的一部分人又觉得这种误解是因为阐释造成。这部分解读主义信徒坚信"穿栗树色靴子的女人"代表着某种哲学观念,抑或戏份最少的"棋"其实指称"我"内心的某种人格层面……这些说法,都破产了,因为这个故事确实是前后矛盾的。可人们(读者)凭什么根据其中一个去否定其他呢?

《褐色鸟群》继承了彭宬总督的遗志，对于一部小说而言，不独剧情可以叙事，叙事方式自身也可以叙事。沈阳师范大学教授季红真女士认为《褐色鸟群》"由于过于抽象而丧失了叙事的本性，成为一种形式的哲学"，但这句话也揭示了：失去了叙事本性依然能存在，表明叙事本性可能非唯一的本性。形式也是一种哲学，我们来看看下面这句话中透露出来的反叙事性：

> 我想把它献给我从前的恋人。她在三十岁生日的烛光晚会上过于激动，患脑血栓，不幸逝世。从那以后，我就再也没有见过她。

对于一个已经死去的人，从此再也不见似乎是一种必然，这句话在叙事性主导的叙述之中即便不是非法的，也至少是一句废话。但是几乎所有的读者都觉得在多向性时间叙述环境之中，后面的这句话给人以一种出乎意料的适当感，似乎弃之可惜。

北京大学教授陈晓明认为"格非把关于形而上的时间、实在、幻想、现实、永恒、重现等的哲学本体论的思考，与重复性的叙述结构结合在一起。'存在还是不存在？'这个本源性的问题随着叙事的进展无边无际地漫延开来，所有的存在都立即为另一种存在所代替，在回忆与历史之间，在幻想与现实之间，没有一个绝对权威的存在，存在仅仅意味着不存在"。阅读格非的小说是一种对于存在主义和时空观念的"体感接受"，而非传统的阅读理解，因为混乱本来就不可言说。

观念的"体感"也可以用来抒情，方法和传统叙述的情感铺陈类似，但是要琐碎一些。未经阐释的体感更接近人类回忆的印象特质，这种印象可能是某个黄昏母亲烹调晚餐的某种香味、当时半导体中某种沙哑的声响、当时夜色的某种亮度、星辰的某种位置、邻人在板墙另一侧交谈的某段含糊难以理解的语调、面容模糊的某位黄夜来访者、大人们交头接耳地交谈中流露出来的某种神秘的宛如大事临头的恐怖气氛……以及将这一切凝结在一个回忆的气泡里的某种微妙的机缘，当这个气泡在很多年后不知道什么原因被触发的时候，这一切就都复活了，它们仿佛都经历了一种时空的迁跃而被直接复制到了当下，而不仅仅是被一条条地想起，昨日重现。将之强加于某种盖棺定论的、感情的解读条目都是不明智的，因为印象这东西，越解读越寡薄。格非在《塞壬的歌声》这个散文集里的一篇文章里回忆起有一天他坐火车时候的经历，单调而周而复始的车厢郁动之中，坐在对面的一位编织着毛线的大婶并不知道他就是格非，正在对他夸夸其谈，交谈内容无足轻重，但又好像意味深长，语调遥远而曼妙。这种絮语之中他突然觉得沉醉，有了一种恍惚感，过去和现在的界限变得模糊而温暖：

> 我觉得渐渐喜欢上了那个旋律，沉醉于那样一个不断延续的瞬间。从感觉的意义上来说，瞬间所包涵的时间长度并不仅仅是几秒钟，甚至几个小时，它是一个芳香四溢的巨大容器，它向过去回溯，也向未来延展，它无限敞开，一直通往未知的黑暗。我觉得，吕其明的音乐，窗外匆匆而过的一片池塘，过去年月纷至沓来的记忆，以及女教师手中跳动的铝针有一种暧昧的联系，正是这种联系的晦暗不明和脆弱易逝的性质让人沉醉。我在想，相同的一缕阳光也曾照亮过去的街角，那么，年代久远的一场大雨会不会打湿现在的衣服？

感受观念，而非试图"阅读"它，这种阅读方式的进化使得读者也进入了一个崭新的、更有深度的层次，似乎更有实力在可写权力上与作者分庭抗礼。这样，《褐色鸟群》的读者就分成了三类：

1. 读者理解了，可这种理解自身就是"不理解"，或者说是不必追求理解；

2.读者不理解，还在追求理解，方式是阐释和各种流派的解读；

3.读者根本看不下去。

可是这一切和格非教授自己又有什么关系呢？他就是一个老头，写过关于废名研究的文学史博士论文，身影时常出现在红砖房旁边的绿草地上。他就是一个老头，当然他也是20世纪末中国最令人钦佩的文学大师之一，但他还是一个头发花白、年过半百的老头。

读者对于故事的阅读当然是一种被动行为，可即便如此他们也不希望过度地被作者的波诡云谲所呼来喝去，认为那是一种愚弄。但凡人觉得一个故事或是一篇文章"看不懂"时，都会产生这种被愚弄的愤怒感。层次冲突的要点在于在一次求知体验过程中，在读者和作者之间，主导的权力究竟属于谁。不独文学阅读，艺术品欣赏、电影叙事、博物馆展览策划，一切带有叙事模式的展示行为都无法摆脱这一层困惑。

一位才华横溢的先贤、曾任英格兰大陆官的弗朗西斯·培根在他的"四假象说"中提出了一种"剧场假象"，认为呈现出某种宣讲意象的场效应环境会造成受众轻信和盲从的效果，课堂、神庙和剧场都会造成这种场效应，受众不求证明就觉得台上说的都是"对"的。这就是说，一个衣冠楚楚的、颇具斯文相的疯子走上讲台胡说一通，他的话也可能被底下的听众奉为玉旨纶音。是剧场充满权威暗示的舞台建筑、封闭的时空环境、演说者某种带有宗教性用法的音调、台上台下的位置落差、视线、色彩、秩序感、社会地位、服饰、兴趣……这一切造成了这种暗示效应，按照新南锡派的心理学观点，这是一种和催眠性质相同（但是程度有异）的心理效应。它们是文学语言的能指特性在发挥上的极致。对于阅读而言，可能这一切都不重要，但必须面对的是，印刷术，自从它被（中国宋代的毕升、或是德国中世纪的古腾堡）发明之后，同样也成为了引发心理盲从的一个重要诱因。

　　一篇文字的付梓似乎是一种精神性的认证环节，我们觉得在它被印成铅字之后，它的正确性就是确凿无疑的了，至少这种正确性不应该被随便怀疑。当读者拿到一本书，而非一本手抄本或一张手稿，他首先会觉得这本书既然被社会允许印刷，总有其过人之处。此时他手里拿的就不再仅仅是一本书，而是一种社会权力的缩影。"学习"在社会之中是一种被垄断了的权威，我们在前面的小节之中探讨过，个人在"学习"社会的时候其实就是将自身探讨正误的权力完全托付于他人。他应该带着崇敬之心从中获得精神的养分。印刷术在其刚刚被发明出来的时候，成本是昂贵的，所以被印刷的内容既然值得被印刷，一定是有其原因的，这一点首先就在读者心中增加了不少印象分。而且印刷术的发明使得知识的推广变得更加容易，这不能不受到那些过往知识垄断阶层——比如说罗马教皇或是康雍乾时期的大清天子——的特别关注，在很长一段时间里，文字作品的印刷受到监视而且险阻重重。虽然时至今日印刷术已经变得相当普遍，不再具有这样经济性的或是精神性的代表性特质，但它还是受到社会权力认可的一个标杆。不独文字，很多具有社会授权性质的教育身份，比如说医生、诗人、艺术家、导演、策展人、博物馆陈列供稿人，都具有公众社会的教谕意义，他们作为一个人之余更像是某种法定的权力代表，而其中的崇高意象使得知识的传承纪念碑化。

　　瑞士人哈罗德·泽曼（Harald Szeemann，1933 年—2005 年）是 1992 年喀塞尔文献展的策展人，他曾经有一句名言说，"博物馆是艺术之殿堂"，这句话揭示了博物馆学和文学具有相似的气质，都是使观念得以纪念碑化的教谕性场所。这句话启发了澳大利亚人文学学会会员、英国当代博物馆学家托尼·贝内特（Tony Bennett）的沉思，贝内特因此而在《多元展示》这篇论文里联想到了福柯的社会权力观点：

> 福柯在他的某个论点里声称在精神病院、圣灵拯救院、临床医院和监狱这样的"管制性机构"里，人类的权力和知识被有机地、息息相关地联系起来。它们一方面以权力或权威予以管制，另一方面以知识和经验予以治愈，两者缺一不可。

所以博物馆的权威性就如同文学的印刷术一样早就被人们关注。这种权威希望在它面前知识的受众没有权力，只能接受。

而假如知识受众要强调他们的权力的话，那阐释就是他们唯一的权力。知识受众可以在被预设好的几种阐释中选择自己的信条。但这么做的话，两方面的假像是不容易被识破的，其一是，宛如一场豪华的、五光十色的自助餐宴会，阐释的流派如此丰富，使人以为它们涵盖"全部"；其二，阐释不代表正误，但几千年来人们误以为它们"就是"正误。

另一位美国博物馆学家德博拉·简·梅杰斯（Debora Jane Majors）在一篇题为《博物馆和非历史性陈列》的论文中则认为，博物馆的历史线索专权——就好像小说的因果关系专权——时代早就应该过去，在当代的博物馆中，简单地将陈列品按照时间顺序罗列起来是一种不负责任的行为，而且这样的展览里策展人丰富的学识和细腻的品味通常也没有什么用武之地。

这就是说，一个展览的陈列和一个故事的铺陈一样，是一种想方设法向观众（读者）灌输自己观念的角力。受众以前不觉得自己在这一方面有什么反抗的理由，但是近代以后，知识权力的普遍意识也觉醒了。一个走进博物馆的观众和一位手持一本新书的读者，尽管准备好接受一次知识清泉的浇灌，但是停止接受这种灌输也同样是他们天赋的权力。而且作品层次和品位越高，这种难以卒读的知识权力受到质疑的可能性就越大。因为受众（读者）早已不再是中世纪的、浑浑噩噩的、斗大的字不识一箩筐的村老倌，作品的品位越高，它的读者就越只可能是具有独立思考精神的社会精英。

和传统博物馆的历史线索陈列一样，以因果关系为线索的情节铺陈方法太过古老，它的大一统局面应该，而且只应该、早就应该被打破。读者的可写权力越大，作者的不朽性就越不容置疑，但是这种写作工作的危险性也就越大。在这个写作—阅读行为的开端，作者当然希望自己的写作工作能够令读者获得一些某种意义上的"进步"（即便不是教谕），并将此看成是自己写作的意义。可读者获得的"进步"越大，他们与作者之间的距离就越近，甚至一步登天地超越作者自己当时的整体识见水平。有时候读者对于作品的解释比作者的原意更宽广、更深邃，反客为主在文学中虽然不常见，但是在艺术评论中却是家常便饭。

就是说，你认为一件"嵌错赏功宴乐铜壶"是青铜文明铸造技术的巅峰之作，这是对的；你认为它代表了纹饰图形生动运用的艺术高峰，这也是对的；你认为它代表了上古时期人类饮食文化已然发展到很高的水平，这还是对的；你认为它是奴隶时代末期阶级压迫的铁证，这依然是对的。这个铜壶于 1965 年在四川成都百花潭出土时，它的制作者至少已经死了两千两百五十年，这一切评论已然与他（这位作者）无关，就算他活着，也多半是一个大字不识（战国时代百分之九十九的中国人应都不识字）、从不思考、整天只知道担惊受怕地唯命是从的手艺奴隶，这一切盛赞之辞和他还是没有一点关系。

现在，到了来思索一下这种文本的阐释权力到底有什么用的时候了，丰富的思索增加一时阅读的兴味，对知识的判断及此以后的幽雅的回忆，这固然无可厚非，但不可能是文明史缔造出这种冲突的唯一目的。文明创造某个事实并使之可见，目的只是令它对文明自身有作用，恰如马林诺夫斯基在反对历史主义学派时所说的，历史既无必要也无义务去记住那些对于它而言没有用的东西。

在被誉为"历史中的历史"的历史哲学领域，人们早就认识到，恰如休谟（David Hume, 1711年—1776年）在沉思康德所言的"物自在"时产生了对于万物的怀疑，历史也是"自在"的，客观地反映历史的真相，只是一厢情愿而已。所以人们为此设计了两个在概念上次一级、但是更加精准的词，以一个定冠词区分它们的差异。这些确实存在过的且不再存在的、人类无法通过任何感觉去感受它的过往事件集，我们称为"历史本体"（the history, 黑格尔则用拉丁文"Res gestae"来指代这种存在）；但是借由它们留下来的这些故事、这些道听途说、这些令我们宛如耳闻目睹的信息，我们称之为"历史知识"（a history, 黑格尔用的拉丁文是"historia rerum gestarum"）。历史本体是自在的、不可知的，而历史知识则是让我们知道以前发生过什么，以及这些"知道"应当作何理解。大多数人一直以为"历史知识"就是"历史本体"，但是大智慧的先贤早已发觉这两者的区别，我们来看《六祖坛经·第七品·机缘》中的这样一段对话：

> 师（六祖慧能）自黄梅得法，回至韶州曹侯村，人无知者。时有儒士刘志略，礼遇甚厚。志略有姑为尼，名无尽藏，常诵《大涅盘经》。师暂听，即知妙义，遂为解说。尼乃执卷问字。师曰："字即不识，义即请问。"尼曰："字尚不识，焉能会义？"师曰："诸佛妙理，非关文字。"
> 尼惊异之，遍告里中耆德云："此是有道之士，宜请供养。"

恰如文字与观念之间的关系，历史知识和历史本体之间的关系也只是一种阐释与被阐释的关系。但凡需要组织文字，即为结构创作，历史学的编撰从来都是一种创作。与文学一样，历史知识也具有罗兰·巴特所言的可读—可写的二元特性，因而它的编撰（历史学家）与接受（史书读者）都是一种主观行为。更何况，叙事行为和叙事内容自身也从来没有统一过，无论是历史本体还是历史知识，都具有索绪尔所言的"能指"和"所指"的内涵与外延范畴，通过历史学家对于历史本体的理解以及史书读者对于历史知识的理解，两次观念交接之后，能指和所指在范畴上还严丝合缝的可能性完全不存在。或出于无意，或别有用心的错误、欺骗和断章取义，汗牛充栋，误导了人们几千年的时间。

错误，错误无处不在，令人齿冷。这方面的例子同样不胜枚举。在以往非常流行的关于哥伦布（Christopher Columbus，1451 年—1506 年）发现美洲的文章之中，关于哥伦布的晚景，非常一致的一个意见是哥伦布没有发现梦寐以求的黄金，被欧洲人骂为骗子。不久就在贫病交加的凄凉晚景中默默地死去。这种认为哥伦布死于贫穷的说法是站不住脚的。他戴着镣铐被押解回西班牙是确有其事，但实际上很快就得到赦免，他虽然没有再担任任何官职，但是至死都相当富裕。

第二个例子，为我们每个人都耳熟能详的，托马斯·爱迪生（Thomas Alva Edison，1847 年—1931 年）曾经说过的这样一句话：

天才就是百分之九十九的汗水加上百分之一的灵感。

这句话应该没人会感到陌生，它成为了许多资质平庸者信奉的金科玉律。实际上遗憾的是，这话爱迪生确实说过，不过原话是这样的：

天才就是百分之九十九的汗水加上百分之一的灵感，然而那百分之一的灵感是至关重要的。

就这样，省略了半句话，意思截然相反。

中国人可能是世界上最会断章取义的民族，这样的例子就更加车载斗量。例子三，"吾生有崖，而知无崖"这句话通常被用以教育孩子们要好好读书，把有限的人生投入到无限的求知之中去。实际上，在《庄子·养生主》里面，这句话的原文是"吾生有崖，而知无崖，以有崖求无崖，殆哉矣"，又是一个意思完全相反的断章取义。第四个例子，"民可使由之，不可使知之"这句话则被解释为孔子的反人民性。这句话出自《论语·泰伯》，几乎所有人都觉得它的意思很突兀，和上下文格格不入。实际上正确的句读应该是"民可，使由之；不可，使知之"，古代没有标点符号，这是非常巧妙的句读和多义词（"可"字的不同用法）造成的断章取义。

历史，荆棘密布。历史知识的编撰就是一种能指层面的举动，它当然想在所指层面上也同样予取予夺，事实是大部分情况下它也确实做到了，可面对具有良好思考习惯的、珍惜作品可写特性的读者，历史的蛊惑就失去了魔力而现出它的本相，它就是一种阐释。不要以为赞同与否是出自个人的自由意志。

从文学和读者、博物馆陈列和观众，到历史观念和史书读者，这些对位关系之间的相处之道具有高度的相似性，此外这种相似关系还延伸到了电影、戏剧、音乐、绘画、雕塑、建筑……这里涉及的几乎是人类文明的全部。整个人类文明的传承都可以用"作家—读者"这样的一对关系来比喻，权力的争夺无所不在。悲剧的层次冲突就是一种作者和读者之间的可写权力（阐释权力）的角逐，胜出者可以将自己对于作品的理解作为正确的答案。这个冲突的无解之处在于它对于那种普适的、全无表征意义的文学体验而言没有用，作者在角力中胜出了，他就没有达到原定的说教目的；而读者在角力中胜出了，作品已经变成了他复写的一种象征其他寓意的东西。阐释权力的争夺永远都是两败俱伤。

这种方式在阐释暴露出阐释者对作品的不满（有意或无意的不满），希望以别的东西取代它。……阐释者并没有真的去除掉或重写文本，而是在改动它，但他不能承认自己在这么做。他宣称自己通过揭示文本的真实含义，只不过使文本变得可以理解罢了。不论阐释者对文本的改动有多大，他们都必定声称自己只是读出了本来就存在于文本中的那种意义。

我们谨以伟大的苏珊·桑塔格在《反对阐释》这本著作中的这种观点来结束本章的探讨。

第三部分

物哀——

悲剧的形而上形态与文明的消极美学气质

I 消极美学品位以及公众社会的美学权力博弈

"物哀"这个词较早见于日本汉学家本居弥四郎宣长(Motoori Norinaga, 1730年—1801年）的著作《紫文要领》之中，书名中的"紫"是指《源氏物语》的作者、平安朝的作家紫式部（Murasaki Shikbu，约973年—约1019年）。在对本书的理解中，"物哀"的要点在于将"哀伤"当成一种"物"，即一种美学对象来欣赏，而尽可能地避免主观的喜怒哀乐。这样，对于这种"物"——哀伤——的欣赏，其自身又会进化出一种独特的美学修养，它们并非原生于自然界的。当然，这个词在我们这里只是借用而已，和紫式部、本居弥四郎宣长表达的寓意并不完全相同，这一点必须清楚地说明。

本居弥四郎宣长认为，人居一世之间，与万物一样都是众生，都是实有，所以人的喜怒哀乐不应该以自身的一己遭遇作为唯一的尺度，优雅的、有良心的人性应该以万物之心为心，包容万物、理解万物、同情万物。恰如佛陀悲悯世人，人也应该以悲悯的、至少是同病相怜的精神面貌看待形者必灭的世间万有。何谓同病相怜？我们回到本书的开端，世间万物莫不有死，这是悲剧观念的根源。这已经足以让人感受到自身的喜怒哀乐只在至大的一呼一吸之间。恰如欣赏一朵娇花一样，想到它的脆弱、它的稍纵即逝，怎不令人悲从中来。这时候，一种悲哀的情绪过滤了赏花时的喜悦之情，这虽然在很多人看来是一种损失，但是它会令人感到纯净。所以消极美学的要点在于，即便是看到自身偏爱的、喜欢的美学意象，在情感上也是感到哀愁而非喜悦的，以哀愁来代替喜悦，以此实现思想的诗性升华。

本居弥四郎宣长在《石上私淑言》中曾经说过：

> 关于"知物哀"与"不知物哀"的差别，举例来说，看到美丽的花朵，面对皎洁的月亮，就会涌起"阿波礼"（あはれ）的情感，感知花朵之美而心有所动，这就是"知物哀"。假如无动于衷，那无论看到多么美丽的花，面对多么皎洁的月光，都不会生出感动，那就是"不知物哀"。

当我们紧接着第二章末尾的讨论，认为悲剧的冲突将会上升到一种阐释的、形而上的和可复写的层面时，那么对于故事情节的"品味"的探讨就必然会浮出水面，成为我们最后津津乐道的话题。品味是这样的一种东西，尽管很多人都觉得它是一个必然的、应该被遵守的、最高的竞赛规则，但是这个规则的要点却是没有规则。一件有品位的作品和另一件有品味的作品之间可被归纳的相似性，可能比这件有品味的作品与某件被认为是不登大雅之堂的粗俗之作之间的共通点还要少，有的时候——大多数时候——二者（这两件"有品味"的作品）之间是毫无任何共通点的。你不能说一首艾米莉·狄金森（Emily Dickinson，1830年—1886年）的诗、一幅保罗·克利（Paul Klee，1879年—1940年）的绘画和一挂良宽（Ryoukan，1758年—1831年）和尚的书法作品之间有什么相似性，但总觉得它们是互通的。不妨做个比喻，假如他们的作者生活在同一个时代，或是如同很多人想象的那样，能够在某个时空条件下聚首并把酒言欢的话，一定会为彼此的创作品味感到相见恨晚。

顺带一提，这样济济一堂、四美俱备的时空条件，按照但丁的设想是存在的，——存在在地狱之中：

我看见有四个伟大的灵魂向我们走来：

他们的面容既不欢喜也不悲哀。

好心的老师开言道：

你瞧那边个掌剑在手的人，

他走在其他三人前面，像位陛下，

他就是诗人之王荷马；

另一位随之而来的是讽刺诗人贺拉斯，

第三位是奥维德，最后一位则是卢卡努斯。

因为他们与我一样都有诗人的称号，

只须有一个声音就足以呼出众人的头衔，

他们做得真好，这令我感到光彩体面。

这样，我看到这位唱出无限崇高的诗歌的诗王

荟集了一批美好的精英，

而他则超越众人，宛如雄鹰凌空。

他们聚在一起，畅谈良久，

然后转过身来向我致意颔首，

我的老师也微笑频频：

这使我感到更加光荣，

因为他们把我也纳入他们行列当中，

我竟成为这些如此名震遐迩的智者中的第六名。

这样，我们一直走到火光闪烁之处，

以便谈论着现在最好不必细谈的事情，

因为这些事情该在适合谈论的地方谈论。

我们来到一座高贵的城堡脚下，

有七层高墙把它环绕，

周围还有美丽的护城小河一道。

我们越过这道护城小河如履平地；

我随同这几位智者通过七道城门进到城里：

我们来到一片嫩绿的草地。

那里有一些人目光庄重而舒缓，

相貌堂堂，神色威严，

声音温和，甚少言谈。

我们站到一个角落，

那个地方居高临下，明亮而开阔，

从那里可以把所有的人尽收眼底。

我挺直身子，立在那里，

眼见那些伟大的灵魂聚集在碧绿的草地，

我为能目睹这些伟人而激动不已。

我看到厄列克特拉与许多同伴在一起，

其中我认出了赫克托尔和埃涅阿斯，

还认出那全副武装、生就一双鹰眼的凯撒，

我看到卡密拉和潘塔希莱亚

在另一边，我看到国王拉蒂努斯，

他正与他的女儿拉维妮亚坐在一起。

我看到那赶走塔尔昆纽斯的布鲁图斯，

看到路克蕾齐亚，朱莉娅，玛尔齐娅和科尔妮丽亚，

我看到萨拉丁独自一人，呆在一旁。

接着我稍微抬起眼眉仰望，

我看见了那位大师，

他正与弟子们在哲学大家庭中端坐。

大家都对他十分仰慕，敬重备至，

在这里，我见到苏格拉底和柏拉图，

他们两位比其他人更靠进这位大师；

我看见德谟克里特——他曾认为世界产生于偶然，

我看见狄奥尼索斯，阿那克萨哥拉和泰利斯，

恩佩多克勒斯，赫拉克利特和芝诺；

我还看见那位出色的药草采集者

——我说的是狄奥斯科利德；

我看到奥尔甫斯，图留斯，黎努斯和道德学家塞内加，

我看到几何学家欧几里得，还有托勒密，

希波革拉底，阿维森纳和嘉伦，

以及做过伟大评注的阿威罗厄斯。

按照但丁心目中的名单，出门迎接的四大诗人是荷马、贺拉斯（Quintus Horatius Flaccus，前65年—前8年）、奥维德（Publius Ovidius Naso，前43年—18年）和卢卡努斯（Marcus Annaeus Lucanus，39年—65年），这就是一个跨越时空的、在品味上彼此欣赏的诗人的小团体，维吉尔是这个诗人团体中的第五位，然后他们投票通过但丁成为这个小团体的第六位。维吉尔的《艾涅阿斯纪》深受奥古斯都皇帝（Imperātor Caesar Dīvī Fīlius Augustus，前63年—14年）青睐的原因是它将罗马的祖先与特洛伊联系起来，可谓奠定了整个罗马帝国民族自信心的惊世之作。在中国的历史叙述体系里我们对这种强拉硬靠一点也不陌生，记述鲜卑族政权北魏历史的《魏书·卷一·帝纪第一·序纪》中开篇就说："昔黄帝有子二十五人，或内列诸华，或外分荒服。昌意少子，受封北土，国有大鲜卑山，因以为号。其后世为君长，统幽都之北，广漠之野。"对于文明各异的、由通古斯系的鲜卑族拓跋部落建立的北魏这样的少数民族政权而言，这位连名字都不知道的"昌意少子"，被祖述之而纪为祖先，可能是在中国这个历史之国取得华夏正统认可的唯一一种受权途径。而《神曲》更不必冗谈，它开创了全人类的文明未来。这六位诗人，都彼此

之间在创作意趣上具有相似之处，都是史诗诗人，都专注于以自身的诗歌修养来追寻文明在古典趣味方向上的道德复兴之路。

我们注意到，但丁在这样给名人归类的"谁和谁和谁"的列举中，都是把质地彼此相似的人——诗人、英雄、哲学家、数学家——安排在一起。如果真的有这样的、某种类似第一章中提到过的、死后续存意象的机会，能让不同时空的艺术家聚首言欢的话，那么"品味"这种潜藏的特质可能会变得明显和可视，那就是艺术家彼此之间惺惺相惜的爱才之心。当然，那只是一种空想而已了。这种空想的例子还有两个，其一见于《南史·卷十九·列传第九·谢灵运传》：

> 天下才共一石，曹子建独得八斗，我得一斗，自古及今共分一斗。

谢灵运（385年—433年）出生的时候，曹植（192年—232年）已死一百五十余年。谢的这种说法，相当形象，形象且自负。但是人们往往忽视了这个"才"是有所指的、某一方面的"才"。譬如政治命运——和曹植受到魏文帝（187年—226年）和魏明帝（204年—239年）的猜忌一样，谢灵运也被宋文帝（407年—453年）指控为叛逆——造成的文学风格和成就，以及基于这种成就之上的魏晋风度人格特色，这个可以成为曹谢之间相互欣赏的桥梁，除此之外，两人可以说没有什么发人深省的共同之处。

下一个例子，斯特芳·马拉美（Stéphane Mallarmé，1842年—1898年）在1863年或1864年的《阳春白雪集》中写了这样一首歌颂春天的诗：

> 病恹恹的春天惨淡地驱走了
> 冬日，那清醒的冬日，才是明净艺术的季节。
> 在我为忧郁的血液主宰的躯体中，
> 无力打着长长哈欠伸着懒腰。

我被那惨白的黄昏拂煦着的头脑
仿佛被铁圈紧箍，像一座古坟。
在朦胧的绮梦之后，我哀伤地彳亍
在田野，那里鼓荡着壮阔的生息。

我慵懒地堕入树木的芬芳，厌倦地
用面颊琢出一个贮着梦的坑，
用嘴啃啮着丁香发芽的温暖大地，
我茫然若失，等待着烦恼升起……

——然而蓝天在篱笆上笑着，还有
无数苏醒的鸟儿正向日啁啾。

马拉美这样描写扬长而来的、那饱具诗人忧郁气质的春天。人们还发现，这首诗从形象到声调，无不逼似波德莱尔（Charles Pierre Baudelaire，1821年—1867年）。这种出其不意的特殊效果也很耐人寻味，波德莱尔忧郁而阴暗的气质在马拉美这里居然得到了非分的发挥而变得饱满，简直有如老态龙钟的波德莱尔（这只是随便说说而已，波德莱尔1867年去世的时候也不过四十六岁）重返青春。而在写这首诗的时候，波德莱尔正前往比利时小住。但是出于某种原因，他非常讨厌比利时、讨厌比利时人，在这段不愉快的旅居的晚期，波德莱尔健康恶化乃至于突然昏厥，支撑了小半年就去世了。有一位读者在看了此诗以后万分激动地给马拉美写了一封信，里面有句话这样说："假如波德莱尔能重返青春的话，他一定会在你的诗上署名。"

顺便说一句，第一段的最后一句，"无力"打着哈欠，乃是原文如此，并非"无力地"打着哈欠。因为无力这个名词在这里作为主语，是一种拟人化的用法，好像真的有"无力"这样一种东西，形如肥胖而慵懒的宠物兔，在百无聊赖地打着哈欠等待投饲似的。仅凭这种活泼清新的语言把握，马拉美就应该在刚刚但丁提到的那个地方得到波德莱尔的赏识，愿他们二位的灵魂都在那个地方永远平安喜乐。

这当然也是不可能的，且不论幽冥之事终属难明，地狱第一层的伟人们都是因为早于基督而没有机会受洗才会聚集在那个城堡。但是除此之外，品味就是一个非常主观的问题了，我们也无可能探讨一切层面上的、品味的形而上问题，只能就其中一个侧面的个人喜好稍加讨论。在思索了前面那些苦苦挣扎的（譬如《吉尔伽美什史诗》）以及灭顶无望的（譬如《审判》）悲剧之后，我们现在思索的问题是，绝望是不是悲剧观念的终极？答案显然是否定的。

即便是在卡夫卡的小说中，也早已透露出故事、情节或是选择上的绝望对于悲剧观念而言其实是无足轻重的。一出悲剧再怎样生离死别、天人永隔，所引发的也不过就是观众程度不同的情感体验而已，而关于情感我想我们早就探讨过了，个人的情感体验不足以成为永恒的证据。

所以悲剧的层次冲突不能以其情感叙述作为标准，无论它多么催泪，情感的层次也不过就是一位观众哭得比另一次时伤心些而已。它们（这种情感回馈）有时候——譬如说在古希腊的剧场或是现代的奥斯卡颁奖典礼上——是层次判断的标准，但有的情形下也不足为参考。悲剧观念是一种语言，它具有语言的能指和所指的特性，那么它就符合语言的规律。悲剧在古希腊就是一种朗诵，后来进化成表演——这是一种非常近似现代对口相声的表演——这就是语言的能指特性，通过某些语义、音调、表情和动作将一些语音"定性"为悲哀的故事，而至于悲剧的理解就是它的所指层面。它同时具有语言的指事和阐释两方面特性，大部分表述由事实产生，具有指事特性，但是几乎所有的表述最终都可以脱离事实而存在，这是阐释特性。譬如说你在房间里看到外面的滂沱大雨，然后给客户打电话推掉会谈，这时候"淋雨"只是一种知识，关于假想自己在窗外的那场雨中的推断知识，它没有体验，也不排除窗外其实晴空万里，是你的眼睛出了毛病——某种无中生有的心灵因素影响了判断。

如果不以功能作为评判悲剧层次的参考数据的话，那我们只有从其语言的本源特性上去考虑了。最后、也是最极端的一种情况是，不独是事实产生语言，语言自身也会产生语言。这是一种语言框架之内的形而上现象，它处于巴别尔之塔的顶端，最接近永生者的位置。而这种通过语言的激荡、碰撞、琼花碎玉的飞散所产生的更纯粹的语言，它们在生态上最接近思想自身。语言在这里变得精萃、观念化和形而上，它和这个生硬的世界其实已经不再维持有什么联系。我们来欣赏一下艾米·洛薇尔（Amy Lawrence Lowell，1874 年—1925 年）写的一首俳句：

落花

飞回枝头：

——一只蝶。

这并不是说落花和蝶就是同一种东西，艾米·洛薇尔在写下这首俳句的时候也不见得真的目睹到一只蝴蝶飞上枝头这个事件的发生。我们想到它、膜拜它也并不是因为它是什么伟大的宣言，而恰恰相反，是因为它的微不足道和百无一用。它只是一个比喻，这个比喻什么都不是、什么用都没有、什么故事都不讲述。但我们有必要意识到的是，凝聚成这个比喻的是多么浩瀚的、至大的、生生不已的存在。我们现在躺在这个房间里，我们在讲述着我们自己觉得动听的故事，可是无数像我们一样以为自己的悲欢离合感天动地（当然，也不排除可能真的是感天动地）的人活过、存在过，我们只是他们中的一员。众生的喜怒哀乐宛如黑暗的大海，人性凄厉的风暴终年永无止息地翻弄着这片孽海的波涛，再坚硬的顽石也会被这黑暗的浩浪切割成齑粉、击碎为砂粒，待到海枯石烂，砂砾凝结成了水晶，晶簇开出了花，这个过程经历了亿万年，然后它（这朵花）才赢得了诸神在信步赏玩时偶发于心的莞尔。可是，这又有什么用呢？

艾米·洛薇尔出生于布鲁克林的一个书香门第、诗人世家。她堂叔祖是《比格罗诗稿》的作者、诗人詹姆斯·拉塞尔·洛薇尔（James Russell Lowell，1819 年—1891 年），她有两个亲哥哥，帕西瓦尔·洛薇尔（Percival Lawrence Lowell，1855 年—1916 年）是著名天文学家，他根据火星运河大胆地推断火星上可能存在过地外文明，曾经推算过（但并未发现）冥王星的存在；而阿鲍特·洛薇尔（Abbott Lawrence Lowell，1856 年—1943 年）曾任哈佛大学校长，1926 年 6 月 21 日《时代》杂志封面人物，是美国提倡以素质教育代替职业教育的先驱；她的侄子是另一位获得普利策奖的诗人、《维尔利老爷的城堡》的作者罗伯特·洛薇尔（Robert Traill Spence Lowell IV，1917 年—1977 年）。艾米自己则是与艾兹拉·庞德（Ezra Pound，1885 年—1972 年）齐名的实验意象派诗歌的领军人物。晚年她回到一个田纳西州的小镇——赛维尔镇（Sevierville）的祖屋定居，偶尔写点俳句。邻居看她抽烟和说脏话，在背后指指点点，没有人知道她是获得普利策奖（1926 年去世后）的美国当代意象派诗坛领袖。

洛薇尔和后文将要提到的美国诗坛巨人艾伦·金斯伯格（Allen Ginsberg，1926 年—1997 年）一样，在晚年创作中受到东方（主要是日本）诗歌影响的痕迹很深。这些诗人，洛薇尔、金斯伯格、凯鲁亚克（Jack Kerouac，1922 年—1969 年），对于他们触动最大的东方诗歌是寒山拾得的禅诗、白乐天少许浅显易懂的作品以及日本的俳句。而其他层面的中国古代诗歌，例如开中国浪漫主义先河的《离骚》、作为中国文人诗较早觉醒的建安七子、中国古诗的高峰唐诗，以及被中国诗人认为难度系数最高的同光体，他们可能完全看不懂，至少这些在他们那里看不出丝毫的影响。这里引出了一个贯穿本章始终的主题线索，即尽管品味被人们夸大到了近乎等同于价值评价的地步，它还是非常个人的。品味就是、而且只是对于自身喜好的一种坚持，这种坚持有时候会被公众认同且盲从，譬如莎士比亚；更多时候只是一种寂寞的孤芳自赏而已，例如普鲁斯特。然而，恰好是因为这种"更多时候"，我们才会认为品味是一种难能可贵的东西，品味的引导阶层应该是才华横溢的个人，或者至多是某个沙龙性质的、志趣高雅的小规模团体。

说到这种品味的个人性以及美国艺术家受到的东方学影响，我想起了这方面的一个交集的例子。美国先锋实验音乐家约翰·凯奇（John Milton Cage Jr., 1912 年—1992 年）在 1952 年的一次演出中贡献出了一次别出心裁的钢琴独奏。此人出生于洛杉矶，在纽约去世，是古典主义先锋派大师勋伯格（Arnold Schoenberg, 1874 年—1951 年）的弟子。在 20 世纪 40 年代，凯奇在北卡罗莱纳的黑山学院聆听了铃木大拙（Suzuki Teitaro, 1879 年—1966 年）关于佛教和禅学的讲课，很受触动，他很快成为禅宗的追随者。凯奇精通音乐创作和视觉艺术创作，还创造出一种叫作 Mesostic 的诗歌体裁，我将这个词翻译成是"谜索诗"，这种诗的写法是将大写字母开头的单词放在句子中间，而非开头，带有强烈的解构主义色彩。

言归正传，在为数不多的、中国作家写的约翰·凯奇传记《放耳听世界——约翰·凯奇传》这本书之中，作者余丹红是这样描写这次天下闻名的表演的：

1952 年 8 月 29 日，《4 分 33 秒》于马弗里音乐厅首演，那是一场为艺术家慈善基金会举办的演出，由钢琴家伊文·莱曼（Irwin Kremen）表演。凯奇他们自然知道这部作品会是什么效果。但是观众们对此却一无所知，他们中还包括了纽约爱乐乐团的很多成员，那时他们刚好在休假。当然这些人也猜到将要听到的是一部很是先锋的作品，诸如扩展的音域，复杂的操作，更有趣的表现手法等等，他们做梦也没有想到凯奇会献上一道没有"声音"的音乐大餐。舞台上，衣冠楚楚的克莱曼款款出场，彬彬有礼地向观众点头致意，台下报以掌声，一切正常。然后，克莱曼走向钢琴，坐下，打开了琴盖，凝视着键盘——就此开始一动不动。

　　观众侧耳屏气，期待着。33 秒后，在一片沉寂中，克莱曼很快又关上琴盖，接着又打开琴盖，继续坐着不动。于是，台下观众大多开始坐不住了。各种窃窃私语声，随着时间的推移这种声音越来越大。可台上的克莱曼没有一点要弹琴的意思。他似乎进入了一种催眠状态，怔怔地看着琴发呆。2 分 44 秒后，他再一次关上了琴盖，接着又打开。接下来的 1 分 20 秒绝对是够热闹。观众席爆发出一阵阵的愤怒喧哗。

　　"那天简直闹翻了天，"厄尔布朗说，"那里成了暴怒的地狱……作品激怒了大多数的观众。"一位艺术家忍无可忍地跳起来激烈地说："伍德斯托克的好公民们，把这些人（凯奇这帮人）赶出去。"正闹得不可开交之际，克莱曼站了起来，长嘘了一口气，走到台前，深深地向观众们鞠躬，然后昂然退场。撇下满厅不知所措，彼此面面相觑瞠目结舌的观众们。

......

　　时到今日，《4分33秒》已经在很大范围内被看作是我们这个时代的文化里程碑之一，1969年约翰·麦克鹿评价它是"这个世纪重要的音乐作品"。

与一般传言之中所说的、表演结束后观众席上爆发出雷鸣般的掌声大相径庭，那次表演中克莱曼差一点没被暴怒的观众饱以老拳。这种态度很能说明问题，尽管约翰·凯奇深受禅宗"性空"学说的影响，他设计的这个封闭的空间里从无到有的噪音、怒意以及不知所措的结果，非常类似于《肇论》里描绘的从"空有"变为"可感"的世界观，无奈乎观众不懂。甚至在观众席中还有一位带头闹事的、忍无可忍的"艺术家"。可这正印证我们说过的那种"层次冲突"，品味这东西，不懂就是不懂。观众的本能理解就是受到了愚弄，更不可能觉得这种愚弄和"品味"二字在任何方面能够挂上钩。可是如果和观众事先解说清楚呢？他们可能确实会因为知识传播的剧场效应而变得虚心、拘谨和肃然起敬，可是那又有什么用呢？

　　约翰·凯奇生前与罗伯特·劳森伯格（Robert Rauschenberg, 1925年—2008年）交好，两人的艺术主张也颇为接近。这就要谈到刚刚所说的、主导品味的小范围文艺团体。这种团体在欧洲称为沙龙，美国博物馆学家沃尔特·格拉斯坎普（Walt Grasskamp, 1941年—　）在论文《论文献展与艺术史之缔造》中认为，17至19世纪的欧洲贵族文艺沙龙，是现代文献展的前身。这种沙龙的共同性质，是它们都围绕着某个优雅的主题展开，对此兴趣浓厚的同好自然而然地聚集到了一起。这种聚会有时候对于艺术史的发展没有什么影响，但因为它是非功利的和兴趣主导的，所以这一点也不令人介意。但有的时候，这种聚会对于文明会产生难以估量的影响，譬如印象主义和达达运动，这就是个人的、小团体的"品味"被价值普遍化的结果。

这种文人品味认同的沙龙，在中国古代被称为"雅集"。雅集是中国古代地位相近的文人之间的一种主要交往形式，宋代是雅集活动的发展从形式到内容上的第一次高峰。密歇根大学教授梁庄爱论（Ellen Johnston Laing）在考证《西园雅集图》画中人的身份时，在《理想还是现实——"西园雅集"和〈西园雅集图〉考》一文中描述道：

> 王诜、蔡肇和李之仪围着一张桌子看苏轼写书法；苏辙、黄庭坚、晁补之、张耒和郑靖老簇拥着李公麟，李正展示一幅画陶潜归去来的横卷，秦观坐着听陈景元弹阮，王钦臣仰观米芾题石；圆通大师与刘泾在谈无生论。

这种文艺赏玩的不定期聚会，在形式上非常接近于欧洲17、18世纪的贵族文艺沙龙。发展到明末时期，因为政府对于文人的思想言论干涉较少，雅集的组织和活动已经成为了当时知识分子社会的一种流行风潮。这一类的雅集在明朝开始，也有了一个正式的名称叫"社"。明朝有个叫吴麟（1485年—1553年）的人，他在一篇题为《家诫要言》的文章中说，"秀才不入社，做官不入党，便有一半身分"，认为只有参加了雅集活动，文人的生活才算完整。吴麟的这种说法虽然不无夸大其词，但是在当时的文人思想中非常有市场。因为综观晚明文人的言论，有很多知识分子和吴麟有着同样的想法。比如说还有个叫方九叙（明嘉靖年间钱塘人，生卒年不详）的文人，他在《西湖八社诗帖序》一文中，也说过这样的一段话：

> 夫士必有所聚，穷则聚于学，达则聚于朝，及其退也，又聚于社，以托其幽闲之迹，而忘乎阒寂之怀。是盖士之无事而乐焉者也。古之为社者，必合道艺之志，择山水之胜，感景光之迈，寄琴爵之乐，爰寓诸篇而诗作焉。

方九叙在这里一口气列举出了雅集的四方面的要素，即"合道艺之志，择山水之胜，感景光之迈，寄琴爵之乐"，这可以说也是雅集活动的一种固定模式。

文人雅集的形式多种多样，除了传统的诗社、文社以外，其他各种不同类型的雅集也是层出不穷。学文诗画的雅集我们在下文中会有所描述，现在先挑选几种较为另类的雅集形式列举如下：

1. 真率会（相当于现代的俱乐部）："（羊曼）拜丹杨，客来早者得佳设，日宴则渐馨，不复及精，随客早晚，而不问贵贱。有羊固拜临海太守，竟日皆美，虽晚至者犹获盛馔。论者以固之丰典，乃不如曼之真率。"（《太平广记·卷二三四·食第四》）

"节序骎骎，莫负芒鞋竹杖；杯盘草草，何惭野蔌山肴；虽云一饱之清欢，亦是百年之嘉话。敢烦同志，互作邀头，慨元佑之耆英，衣冠远矣；集永和之少长，觞咏依然。订约既勤，践言弗替。用附于此，以见真率之会不让游山之乐也。"（元，陶宗仪《南村辍耕录·卷二零》，

2. 聚食会（类似现代的茶话会）："约十日一就阁中小集，酒各随量，肴止一二味，蔬品不拘取，为简而欢数也。"（明，焦竑《玉堂丛语·卷七》）

3. 噱社（笑话会）："嗫喋数言，必绝缨喷饭。"（明，张岱《陶庵梦忆·卷七》）

4. 哭会："……必把袂痛泣，谬效杞人，为世道悲。"（明，曹飞《兵机百款并时政八款》）

种种形式不一而足。从噱社和哭会的行事方式来看，文人的雅集在很大程度上来说就是一种抒发心绪、宣泄胸臆的方式，吟诗作画与号啕痛哭并无不同。

显然，沙龙或是雅集最早的目的只是文艺同好们聚集在一起赏玩自己感兴趣的艺术品，是一种宣泄创造性焦虑的自发行为。

但是因为举办者都是万众瞩目的文艺名人，所以这种聚集行为从一开始就具有了为人们所竞相模仿的教谕性质。有了偶像就有了模仿行为，也许偶像个人的力量有限，但是千万模仿者在文化推动上的"矢量特质"是不言而喻的。所以按照中国美术学院教授、美术史学家范景中的观点，附庸风雅成为了美术史书写的一大推动力。对于一种"美"的观点，某一位模仿者可能一开始并不明白它"美"在哪里，但是认真的模仿令他慢慢觉得真的应该这么做，或是这么做是"对"的，当艺术品或是美学偶像的影响力足够大，足以对于社会上很多人产生这样的影响时，一个时代的美学价值就诞生了。我们来看下面的这个笑话，典故出处是李廌（1059 年—1109 年）的《师友谈录》：

> 士大夫近年效东坡椭高檐短帽，名帽曰"子瞻样"。
> 廌因言之。公笑曰："近扈从燕醴泉，观优人以相与自夸
> 文章为戏者。一优丁仙现者曰："吾之文章，汝辈不可及
> 也。"众优曰："何也？"曰："汝不见吾头上子瞻乎？"
> 上为解颜，顾公久之。

李廌字方叔，东坡谓其才华"万人敌"，有一种归类的方式将他算作"苏门六学士"（四学士加陈师道、李廌）之一。他的这则笔记显示，此故事出自东坡本人之口，应该属实。看来，东坡早已习惯自己作为一代文化巨星的身份了。

这样我们又回到了关于阐释的探讨上来。对于这样的社会美学思潮，大多数人并不是开始中立、逐渐体会到对象的美，而是一开始就接触到一个被预设为"应该"是美的东西，同意它是"美"的，然后暗自思索它到底"美"在哪里。越来越多的人关注"美"当然是件好事，可是这种人云亦云的认识方式自身却成为了一种潜藏的危险。它的危险之处在于不依赖品味而依赖盲从，并且为了标榜自己的美学观点而强词夺理，造成各种阐释的混乱。我们

关注的是美学对象自身而不是阐释，但是现在越来越多的人却以为美在于其如何被阐释。

2004 年 12 月 27 日，苏珊·桑塔格在儿子戴维·里夫、朋友和家人的簇拥恭送之中解脱于沉疴，与世长辞。这位被誉为"美国当代知识分子的良心"的、毕生精研阐释的文化意象而在思想史中独树一帜的哲学大师，在被问及日常的思考习惯的时候曾经说："每当我想到什么的时候，我就问自己，这个字的来源是什么？人们是从什么时候开始使用它的？它的历史是什么？它的中心词义是什么？它被发明以搅混或克服的意义是什么？因为我们所作用的一切思想意义都是在一个特定的时候被发明的。记住这一点很重要。"而这些"特定的时候"往往都是昙花一现的，所以可以认为，任何一个词在被用过一次之后实际上已经再也没有用，它们之所以被重复运用，只是为了描述一些时空环境上相类似的情况。但是这种相似情况层出不穷，所以也最容易被盲从，何况盲从本身也是一种对于相似性的模仿。修辞即阐释，描述即歪曲，这么认为是毫不过分的。

人类文明的语词具有很强的模拟性，归类是名词的基础，所谓太阳之下无新事，尽管一个事件发生之后再也不会重新出现，但时空环境的一再类似保证了为它创造的语词可以被重复利用。文明发展的过程中文字的总量不会保持不变，会有全新的语词不断融入语言的主体，语言的体系因此而越来越庞杂。这些文字或是构词有的可以看出薪火相传的演变痕迹，有的则完全是无中生有。比如说日语中"ロリ"这个词，在中文中音译为"萝莉"，表示十四岁以下的少女。这个词来源于弗拉基米尔·纳博科夫（Владимир Владимирович Набоков，1899 年—1977 年）出版于 1955 年的小说《洛丽塔》中的角色名字。围绕这个词现在已经构建完成了一整幢流行文化的大厦，在文明史的发展道路上影响很大。可显然作家在写作时选择这个名字，并非出自于什么构词法则方面的考虑，一时兴之所至的可能性非常大，或者是他旅居在俄勒冈州亚什兰镇米德街的时候，有个红头发的、满脸雀斑的、粗鲁而少家教的邻家女孩就叫这个名字。总之如果纳博科夫构思的是另外一个名字，"名目"就会完全不同，但事实（萝莉文化）不会发生什么变化。可见一个事物的名和实是各自存在的，一个东西"本来是什么"和它"叫什么"的关系并不如我们所想象的那样密切。造成这种情况的原因是现代人的"身份"已然是一种"语言的位置"，它（这种位置）存在于这个社会的语言结构中。就好像洛丽塔作为一个普通的中学女生的身份是不重要的，她作为一种性对象的身份才重要，可这那都是她，并没有第二个人。

美的本质是语言，社会和文明的本质同样是语言。

在一处并不十分引人注意的表述中，苏珊·桑塔格注意到了这样一个事实，即我们假设社会的价值品味潮流是庸俗的，但是个人身处其中仍然有迎合这种品味的从众取向。然后，她用"坎普"（Camp）这个词来表述傲立于这种滚滚而来的俗不可耐之中却依然纯真并且卓尔不群的高尚情操。坎普是一种"积极的人迹审美"，它肯定人的能动作用，并在由衷地欣赏非自然的、精雕细琢的、华丽的意象时表现出一派赤子之心。与吟风弄月不同，这种非自然性保证了坎普纯粹的道德性面貌：如果说美是上帝创造的，那么坎普就是人自己创造的；如果山河的壮丽和星月的灿烂是强加于人的，那么坎普就是可以被否定和忽视的。坎普不是真理，它既有可读的特性，也有可写的特性。面对坎普就是面对人自己的良心。

坎普最大的死穴是"刻奇"，这个原为 kitsch 的词来源于米兰·昆德拉（Milan Kundera，1929 年—　）的《生命中不能承受之轻》一书，意为对于某种观念的过度赋义。这种价值把握的缺失还是源于坎普的次生性。山川是自然的，对于山川的审美感受从《诗经》至今没有什么变化；商业是一种人迹，所以对于商业的价值评判从汉代的重农轻商到现代的商务本位已经发生过颠覆性的革新。我们可以将这种革新理解为社会的发展，但是不能不看清其中潜在的危险性。既然惊觉到了农业社会中商业遭遇到的不公正对待，那么我们在当今的商业社会中将商务和商人抬高到的位置，乃至于产生了他们自己的（主要在广告叙事方面）美学框架，这同样有可能是不冷静和不理性的。

刻奇对于公众社会而言最大的危险性体现在它先入为主地被界定为美的、阳光的，所以它从情操上来说是高尚的、推动社会前进的。如果说对于丑陋和恶俗而言，坎普——积极的人迹审美——是一味药的话，那么刻奇就是这味药的副作用。它的危险就在于它的公众积极性，没有人能说积极向上是错的，但是积极得过了头同样是一种盲目的破坏性力量。

所以刻奇对于这个社会美学构架的伤害是隐性的：它比雅要俗，但是比俗要雅。除了它没有达到真正的美的层次之外，它的一切指标都是美的。所以摒除它非但困难，而且拔个萝卜带坑泥，对于美学框架自身的健康性，对于公众追求美学的志向及其兴趣、理解、毅力和信念……都带有很大的、难以弥补的伤害。

刻奇成为了当代公众社会美学框架的最大隐患：公众追求"美"是没有错的，公众不具备美学的修养是没有错的，公众为了弥补这种美学修养（出于任何原因的）缺失而求助于各种层次的"专业人士"也是没有错的，所以公众在不具备美学修养的情况下通过虚心求教来追求对于"美"的理解，结果这种理解变成了一种"观念移植"，这同样是没有错的。但问题在于对于"美"的理解并不等于"美"自身。他们在这么做的时候，问题通常是

"这个东西为什么美"而不是"这个东西美不美",这就造成了先入为主和盲从的产生。几乎所有社会风潮式的美学文化流行,例如传统服装、后现代写作、涉性写作、行为艺术、怀旧主义电影、茶道的种种繁文缛节、中国画和中国书法、紫砂器具、政治波普的观念美术、怪诞观念美术、照相写实主义、未来主义绘画、欧洲怀旧氛围、日本怀旧氛围、东南亚怀旧氛围、红木家私、蒸汽科幻风格、哈雷摩托车、纹身图案、香道、收集运动鞋、中国古典园林设计、欧洲古典园林设计、怀旧的粗糙家常菜……都摆脱不了这种人云亦云的局面。而公众社会的美学框架为了这一次次的美学狂欢付出的代价是惨重的,结局令人齿寒:人们心力交瘁地维持了一次又一次美学的奥林匹克竞赛,结果只是使得"美"变得司空见惯,越来越不值钱。更可怕的是,这样的美学风潮最见成效的结果只是帮助了公众社会里一种名叫"俗"的东西的茁壮成长。

1976年泛美图书奖得主、宾夕法尼亚大学教授保罗·福塞尔(Paul Fussell, 1924年—2012年)博士在晚年写过一本题为《恶俗》(*BAD*)的小册子,副标题是"美国的种种愚蠢"。在这本才华横溢而又尖酸刻薄的天才之作中,福塞尔一开篇就痛快淋漓地说:

> 糟糕(bad)与恶俗(BAD)之间有什么区别呢?糟糕就像人行道上的一摊狗屎,一次留级,或一例猩红热病,总而言之,某种没有人会说好的东西。恶俗可就不一样了。恶俗是指某种虚假、粗陋、毫无智慧、没有才气、空洞而令人讨厌的东西,但是不少美国人竟会相信它们是纯正、高雅、明智或迷人的东西。劳伦斯·韦尔克的诗歌是个低级的例子,而乔治·布什是个高级的例子。要想一样东西是真正恶俗的,它必须能显示出刻意虚饰、矫揉造作或欺

骗性的要素。割破你手指的浴室龙头是糟糕的，可如果把它们镀上金，就是恶俗的了。不新鲜的食物是糟糕的，若要在餐馆里刻意奉上不新鲜的食物，还要赋之以"美食"之名，那就是恶俗了。在一个充满了闹哄哄地将空洞和垃圾似的物品标上高价的时代，保持高度警惕区分何为恶俗，是时下"生活乐趣"中的一个重要部分。

福塞尔举出数以百计的例子中，一些自作聪明的文字把握令他感到尤为无法忍受，福塞尔点名批评了两则押韵的不恰当用法：

What's hot in trunks for hunks？——吝啬鬼的汽车后备箱里喜欢装什么？（尾韵）

Partisan potshots preview tax talks.——两党人士随意攻击预审税务报告。（首韵）

还有两条沾沾自喜的双关语：

Flag stars again before high court.——旗上的星星再次出现在最高法庭上。（星星可以指国旗上的星图案，也指社会名人。）

World is your oyster for 39500 clams.——付出39500个蛤蜊，世界就是你的牡蛎。（clam 意为蛤蜊的同时，也是一块钱的通俗叫法。）

这种情况在中国也有，譬如说将发廊定名为"不剪不散"、把某种蜜饯的牌子写成"'枣'该来了"之类。这种自以为智慧的语言把握劫持了一个时代的幽默观，但毫无疑问，它们导向的唯一前景不可避免地就是社会语言的恶俗化，因为它们本来就是非法的。

为此可能会有人辩称，这种转移用法的意义在于人们知道其正确形式而预先已经知情它是"错"的，但是我们还是觉得不可不慎：任何社会里人们对于"巧妙"和"聪明"的理解，都决定了这个社会的语言未来。而在任何时候和任何情况下，未来都不应该通过错误来被拯救。

观念的恶俗也是将导致文明崩溃的绝症。一个不知道优雅为何物的低俗小说作家设计出一处道听途说的欧洲古堡意象和几个郎才女貌的角色，然后编写这种关于"某某大陆"和"某某帝国"的、催人泪下的不朽（姑且如此认为）史诗，以此指导一群不知优雅为何物的读者，令他们对于那种凡尔赛宫廷式家具所代表的某种生活态度心生向往。尽管这是他们（这些作者和读者）在知识上的天赋权力，文明的未来还是令人不由得忧从中来。

所以在公众社会，当文化的垄断已成为历史的陈迹，我们在欢庆文明之光照遍全球的时候也要警惕公众社会和公众文化权力普及进程——这是一个被普遍认为是使人类变得更加文明的进程，时至今日虽然有了一些反思的意见，但大多数人还是这么认为——之中，某些以往不曾遇到的新问题和新挑战带来的新的颠覆性观念。我们在此关注的是当代公众社会美学框架内部的权力博弈问题。当代社会的恶俗就是这种新型的颠覆性观念，文明和优雅有了新的赋义的时候，恶俗也与时俱进，自身也获得了新的寓意。而其与传统概念的恶俗之间的区别在于，传统意义上的恶俗就是一些不登大雅之堂的、粗糙粗鲁粗制滥造的语言表现，例如低俗小说、涉性的笑话以及情节单一的喜剧等，在这些表现之中，低俗就是低俗。有一个名叫让-诺埃尔·罗伯特（Jean-Noel Robert）的法国人写过一本题为《古罗马人的欢娱》的书，书中记载凯撒和卡利古拉（Gaius Julius Caesar Augustus Germanicus，前 12 年—24 年）当皇帝时各自给农神节增加了两天假日，这样一来农神节就变成了七天，到了罗马帝国的第十二位皇帝图密善（Titus Flavius Caesar Domitianus Augustus, 51 年—96 年）的时代，这个七天的节日制度通过立法被固定下来了。尽管农神节原本是严肃的、向农神萨图尔努斯（Saturnus）献祭祈求丰产的宗教性节日，但是有了七天金吾不禁的长假，它彻底变成了一个只是因为狂欢而存在的、恶俗和粗鲁的大杂烩：

> 有人禁不住放声唱黄歌，有人讲黄段子开玩笑。这时候上宾就发话了，叫大家保持肃静，不要说话，然后指定在场的某人脱光衣服，为大家跳舞，或命令某人背着女孩绕屋子转三圈，或者叫人把口出秽言骂街的人的头按进一盆冷水里，或者往他的脸上抹炭灰。

但是现在，这种粗俗的闹剧也变成了珍贵的史料，也有让-诺埃尔·罗伯特这样的人——此人是巴黎自由学院教授，埃特鲁斯坎（Etruscans）历史研究和拉丁语历史学专家，也研究过丝绸之路——来研究了，所以它摇身一变，成为了书斋中形而上的、祖先回忆的见证而被冠之以不朽性。最早的、基于文化人类学视野的民俗学研究给当下的民俗现状提供了醍醐灌顶的灵感，仿佛冠之以文化二字，是使得一切现象看起来高雅和学术化的灵丹妙药。而且这种构思是言之凿凿的：因为民俗传统传承的线性特质，你不可能指定一个时间节点，从此"以后"的民俗学事实"不得"以历史视野的、学术的、形而上的眼光作恒常的研究。所以到了当代文明，恶俗自认为高雅，恶俗试图使自己伪装成高雅，例如街头小吃文化、低俗舞蹈文化、民间艺术文化等，在任何本不具备文化研究层次的社会现象上冠以的"文化"二字仿佛是一张通行无阻的护照，也是一种面向大众的障眼法，恶俗借用了高雅的语法规范，而公众社会的美学框架则面临着泥沙俱下的尴尬境遇。这是公众社会恶俗境遇的第一个层面。

美学博弈局面的第二个层面依然是为中国美术学院教授范景中所关注过的附庸风雅对于美学框架的整体影响。譬如说欧式生活风情的风靡一时，尽管优雅的——被看成是代表了优雅的——欧陆风情，那种罗马柱、文艺复兴式的油画半身像、维多利亚式胡桃木家具和家具上堆积的愁眉苦脸的小天使图案，是经过了哥特，中世纪经院哲学，文艺复兴，巴洛克，洛可可，法国启蒙运动，18、19世纪的贵族文艺沙龙等文化精英时代逐渐积累下来的人类文明的精华，但还是有人相信仅凭一己之力就能够设计出一个类似"西某某某帝国"的、没有历史和语法积累的时空节点，那里面的所有美学意象都是众美齐备的，所凭借者仅仅是作者基于个人阅读兴趣的、以偏概全的、道听途说为主的见闻，不排除有一些行万里路的个人印象，但是没有思考。尽管这个虚幻的帝国的缔造者本人既不高雅也不渊博，但是因为这种故事的受众也不高雅且不渊博，所以这样凭空的创作还是最接地气，具有传媒推广的特性，从者多如过江之鲫，久而久之，被公众误以为是真相。这就是说，表相上的特征容易被熟识并记忆，这是人类认识的天性。在这一方面，艺术可以说是直接表现了人类的这种认知天性。艺术所表达者，首要的是特征，其后才是相似性（写实），美学层面的概括是更加后来才出现的事情。

对于这一点（以及所有其他的人类原始观念），我们可以通过观察儿童的习性来进行联想和分析。在一个简易而妙趣横生的实验里，不下十位小朋友被要求描绘一只兔子的形象，他们往往先画一个圆形、或是三角形、偶尔也有方块和不规则图形，不一而足，用作兔子的头部，然后不约而同地在上面加两只长耳朵。这样，一个惟妙惟肖的兔子形象就被勾勒出来了，拿这些作品给任何人看，说这是兔子，没有人会不相信。这就是说，给任何形状上加上两只长耳朵，都很像兔子。这个实验表明表象特征鲜明的意象容易被记忆，而需要分析的内容则不被大多数人接受，它（这个实验结果）有力地支持了我们对于流行文化基于表面影响的观点。这次实验只有一位小朋友的作品比较出人意料，她的家里真的养了一只宠物兔，是一种垂耳兔，所以在她心目中兔子的耳朵是挂下来而非直立的。可这样一来，她——一个不具备专业技巧的事实目击者——画出来的东西，就无论如何都不像是兔子了。

当代公众社会美学权力博弈的第三个层面，也是对于公众美学框架来说最为危险的一个层面是，尽管很多恶俗的提倡者真的只是俗人，但是当他形成气候之后，在巨大的利益驱使之下，很多原本属于高雅文化阵营的写作者屈身相就，参与了这种低俗文化建造的狂欢。情形变得更加难以掌控，社会性的恶俗的推动力大部分来自恶俗自身，小部分来自高雅，高雅试图把恶俗变得形而上，成为他们所能直接操作的一种资源，情形就变得更加峰回路转、波诡云谲。

历史在这里凸显出了它的阴谋气质，这一点本来就是不言而喻的。虽然以往为文化精英阶层所蔑视的、文化上较为落后的阶层，现在依然为他们所蔑视，但是这个文化弱势阶层因为数量庞大、掌握巨大的经济实力基数，而不能再像以前一样被等闲视之。所以，在强大的、社会价值的经济思想基础面前，很多以往的"文化高傲者"折节得非常自然，没有半点——开始也许有，但是很快变得漠然——惺惺作态。接下来，这两个阶层的碰撞会产生新的灰色阶层，他们有一定文化层次、受过中等以上的教育、知道追求美和诗意，但是在品味上无法企及，这种阶层成员的大量涌现从正面意义上来说是社会普遍教育层次上升的、可喜的现象，但也使得品味和附庸风雅之间的界限变得更加模糊和更加精微。对于已然习惯将自身知识商品化的、提供"绅士服务"——这个词来源于本书写作前一年在九十五岁高龄上去世的、原上海社会科学院院长张仲礼博士（1920年—2015年）的著作《中国绅士的收入》，这本书探讨了社会转型造就的、中国绅士和知识分子对于自身谋生技巧的思索以及大量史实，在思想和经济的交叉领域是一本不可多得的深刻之作——的传统意义上的高雅阶层而言，和这样的阶层交流就会方便得多，更何况这个阶层因为比真正的低俗阶层更有文化、更加聪明，所以他们掌握的经济资源也更雄厚。总而言之，无论是品达罗斯写诗献给赛车冠军，还是扬州八怪和海上画派的商业绘画，乃至于当代电影的奥斯卡式的、自诩学院派的叙事都表明，这个附庸风雅的阶层是值得被取悦的。

一个有良心的学人，华东师范大学对外汉语系教师、上海师范大学都市文化研究中心专职研究员、专栏作家毛尖，曾经针对学术娱乐化的现象点名批评过好评如潮的书评杂志《万象》，认为《万象》正在堕落为一种类似于《读者文摘》的、肤浅而滥情的刊物：

> 《万象》一直坚持讲故事，不讲道理；讲迷信，不讲科学；讲趣味，不讲学术；讲感情，不讲理智；讲狐狸，不讲刺猬；讲潘金莲，不讲武大郎；讲党史里的玫瑰花，不讲玫瑰花的觉悟……

我们不能否认《万象》的这种叙事方式在培养公众阅读兴趣方面的积极意义，就好像我们不能否认薄伽丘（Giovanni Boccaccio，1313年—1375年）的黄段子、拉伯雷（François Rabelais，约1495年—1553年）的荤笑话和当代某些乡土题材的喜剧在号召人们快乐地生活方面起到的进步作用一样，但是危害毕竟是不言而喻的。风雅附庸恶俗的危害性比恶俗附庸风雅要大出许多倍。

恶俗不是恶行，不能依靠法律或是行为规范来予以剪除。当一个社会的人喜欢某样东西，他就有权力选择它，这是文明社会的道德基石。像福塞尔这样西部牛仔式的、嫉恶如仇的、希望通过个人的教导来扭转社会恶俗化趋向的孤胆英雄，大都撞得头破血流了。那么，或许从某些"大多数人"不会"喜欢"的方面来追求品味，是否也是一种退而可据的选择呢？很显然，悲剧的消极美学观念就是这种大多数人并不喜闻乐见、但是具有独立品味体系的美学意象。我们总算绕回到本书的主题上来了。

　　和前面所有说过的、人们不一而足的兴趣，甚至一些被福塞尔痛批过的社会行为一样，对于消极美学的喜好同样是非常个人的。美学的消极性同样无可能也无资格成为社会庸俗化的救星，但是它能够引发形而上的思考。如果认为"形而上"在美学框架中可作为衡量"品味"的基本准则的话，那么那些催人泪下的、人伦惨变的、悲欢离合的……"悲哀的故事"，就先被我们请出悲剧观念品味的特等席位了。这种反故事性和反情绪性遴选，终我们全书篇幅始终在警惕地进行着。只有悲剧的"观念"，而非悲剧自身才能实现品味上的升华。为此我们在本章中提出三种悲剧品味的形态探讨，请注意，它们都与情感无关，而且也都不怎么催人泪下。悲剧观念是孤悬于恶俗海洋之外的岛屿。不过对于美学品味探讨而言，我们本来就欢迎这样灵魂行者般的孤岛意识。

　　何谓物哀？我们滤去情感自身的情感色彩，它并非变得什么都没有，而是会变成一种"物"。然后这种"物"又会孕育它自己的情感，就是我们前文所说的，语言自身也会产生语言。这种次生的、经过特殊加工的、形而上的情感形态并不真实，至少不指物；它们什么用都没有；它们什么故事都不讲述；它们只是被培育出来，却没有能力在肉身的世界之中挣扎求存。消极美学自身的脆弱性决定了它们即便不能代表品味，也至少代表艺术家的某种气质追求，这已经相当足够了。

　　去那个地方，没有桥，只有船。

II　阴翳

所谓阴翳，就是以一种平常的心态去描写一些通常不能被平常对待的东西。在关于哪些东西无法被人类等闲视之的问题上得票率最高的当然还是关于死亡和性的话题。"阴翳"是"物哀"的一种基准色调，它非黑非白，而是各种浓淡不一的灰色。恰如但丁在地狱中亲见了于谷霖（Ugolino）伯爵对于路格利（Ruggieri）主教永恒的复仇，如果说"自身之死"宛如伸手不见五指的黑暗深渊、而"仇敌之死"如同白亮的天光拨云见日一样，那么事不关己的"众生之死"就是一片无所谓的灰色，惜乎时代的风暴不允许但丁思索这种战斗以外的闲事。人居一世，死只有一次，仇敌也不过寥寥数人，所以黑和白永远不能成为思索的主色调。但是"众生之死"呢？萦绕在我们的四周。花朵会凋零，食物会腐败，上周的一个下午，一位老街坊去世了，临街的灵棚里致祭的声响沸反盈天。这几件事对于我们而言并没有什么实质的不同。主观畏死变得客观固然是人认识死亡的一种方式，但是不要忘记，变得客观同时也意味着失去了那种主观的焦虑情绪，而变得理性、冷静和无所谓。这个时候，适当的哀伤对于情绪起到的作用，就是时刻提醒我们身边的灰色海洋，提醒我们幻灭始终无处不在，提醒我们形者必灭是终极的真理。而相比之下，喜悦就可以被定义为是对于死亡的暂时遗忘——但是死亡在任何一个瞬间都不应该被遗忘。

甚或是对于那种与自身密切相关的生离死别，情绪的爆发也只是一时的，时间会使之淡化，黑色总有一天会变成灰色。西晋有个叫潘岳（247—300）的诗人，字安仁，也就是后世所说的"貌比潘安"的潘安。潘岳是安平太守潘瑾之孙、琅琊内史潘芘之子，他的妻子是荆州刺史杨肇的女儿杨容姬。杨容姬在和潘岳共同生活了二十余年之后去世，潘岳思念老妻，抑郁终生。他为此所作的三首《悼亡诗》，成为中国诗歌史中悼亡诗题材的开山之作。其中一首是这样写的：

> 荏苒冬春谢，寒暑忽流易。
>
> 之子归穷泉，重壤永幽隔。
>
> 私怀谁克从？淹留亦何益？
>
> 僶俛恭朝命，回心反初役。
>
> 望庐思其人，入室想所历。
>
> 帷屏无仿佛，翰墨有余迹。
>
> 流芳未及歇，遗挂犹在壁。
>
> 怅恍如或存，回遑忡惊惕。
>
> 如彼翰林鸟，双栖一朝只。
>
> 如彼游川鱼，比目中路析。
>
> 春风缘隙来，晨溜承檐滴。
>
> 寝息何时忘？沈忧日盈积。
>
> 庶几有时衰，庄缶犹可击。

此外，鲜为人知的是潘岳还有一首悼亡题材的《离合诗》，这首诗已不再专注于那种山崩海啸般的伤痛之情，而是仅撷取并不过多深入的、悲伤的主题，将之编成了一个文字游戏：

> "佃渔始化，人民穴处；意守醇朴，音应律吕；桑梓被源，卉木在野；锡鉴未设，金石弗举；害咎蠲清，吉德流普；黐谷可安，臭作栋宇；嫣然以憙，焉惧外侮；熙神委命，已求多祜；叹

彼季末，口出择语；谁能墨诚，言丧厥所；垄畞之谚，龙潜岩阻；勘义崇乱，少长失叙。"

　　这首多少有点不知所云的诗歌其实是一则减字字谜。诗中每四句是一个单位，四句中每一句第一个字为关键词，采用相邻两个关键词，前字减去后字的方法来析字，得出半字，再将相邻两个半字相加得出主字。"佃渔始化，人民穴处；意守醇朴，音应律吕"四句中，"佃"字减去"人"字为"田"字，"意"字减去"音"字为"心"字，"田"字加"心"字，主一"思"字。在"桑梓被源，卉木在野；锡銮未设，金石弗举"四句中，"桑"字古作"桒"，"桒"字减去"卉"字为"木"字，"锡"字减去"金"字为"昜"字，"木"字加"昜"字，主一"杨"字。在"害咎躅清，吉德流普；谿谷可安，奚作栋宇"四句中，"害"字在六朝时有时候写作"宀"下加"吉"（参考北魏《元愲墓志》《王君妻元华光墓志》、北齐《赵征兴墓志》《徐之才墓志》等碑中的写法）），减去"吉"字为"宀"偏旁，"谿"减去"奚"字为"谷"字，"宀"偏旁加"谷"字，主一"容"字。在"嫣然以憙，焉惧外侮；熙神委命，已求多祜"四句，"嫣"字减去"焉"字为"女"字，"熙"字古代有时作"巸"（见清代段玉裁《说文解字注》："熙乃巸之假借字也"，但是此字极为冷僻，北魏《王文爱及妻砖志》中有这种写法），"巸"减去"已"剩下的部分加"女"字，主一"姬"字。在"叹彼季末，口出择语；谁能墨诚，言丧厥所"四句，"叹"字古作"嘆"，减去"口"字剩下右半部分，"谁"字减去"言"字为一"隹"字，"嘆"字右半部分加"隹"字，主一"难"字（古作"難"）。在"垄畞之谚，龙潜岩阻；勘义崇乱，少长失叙"四句，"垄"字减去"龙"字为一"土"字，"勘"字减去"少"字为一"甚"字，"土"字加"甚"字，主一"堪"字。这几个字谜的谜底连起来

234

就是"思杨容姬难堪"六个字。

从潘岳这个人的个人特色来看，生活上的闲适是带来忧伤品味的条件之一。他曾经作过一篇题为《闲居赋》的文章描写水木清华的美妙花园和寄情于山水之间的闲适生活，其中有几句是这样的：

> 爰定我居，筑室穿池，长杨映沼，芳枳树樆，游鳞瀺灂，菡萏敷披，竹木蓊蔼，灵果参差。……于是凛秋暑退，熙春寒往，微雨新晴，六合清朗。

而潘岳的这种品味之由来的另外一方面条件是那种潇洒贯穿于生死的魏晋风度。潘岳与前文提到的石崇在同一次政治斗争之中遇害罹难，《晋书·卷第五五·列传第二五·潘岳传》里记载了投果盈车的潘安是怎样潇洒、幽默而诗意地走完人生的最后一程的：

> 俄而秀遂诬岳及石崇、欧阳建谋奉淮南王允、齐王冏为乱，诛之，夷三族。岳将诣市，与母别曰："负阿母！"初被收，俱不相知，石崇已送在市，岳后至，崇谓之曰："安仁，卿亦复尔邪！"岳曰："可谓白首同所归。"岳《金谷诗》云："投分寄石友，白首同所归。"乃成其谶。

认为《离合诗》的创作时间比《悼亡诗》要迟、甚至是迟很多年的看法虽无证据，但应该是有道理的。因为与"私怀谁克从？淹留亦何益？"这样强烈的悲痛之情相比，《离合诗》只是陈述了一句"思杨容姬难堪"，甚至感觉不到什么感情，看起来很像是时间已经抚平了一切，至少是过滤了大部分的冲动型情感。但是被时间所遗剩下来的是什么呢？一种忧伤，它从黑色褪为灰色，但是再也不会褪色，而成为了生活的基调而伴随潘岳的余生，形成了他个人的一种独特的气质。

潘岳所美者姿仪，并不只是容貌的出众，这种哀伤而潇洒的气质也是他倾倒众生的原因：

> 岳美姿仪，辞藻绝丽，尤善为哀诔之文。少时常挟弹
> 出洛阳道，妇人遇之者，皆连手萦绕，投之以果，遂满车
> 而归。

潘岳"善为哀诔之文"，这种特质应该等同于我们所概括的、在创作上具有悲剧观念的审美品味。这种理解是站得住脚的，正是这样的气质成就了中华民族千年传奇的、关于俊美的神话。

与潘岳诗话情形相近、但更易考证的是东坡的《江城子》。这首词同样是悼念亡妻所作，但在时间上更明文于记载。词前题记云：

> 乙卯正月二十日记梦。

东坡出生于仁宗景佑三年丙子，殁于徽宗建中靖国元年辛巳，他的一生中不可能遇到两次"乙卯"，所以这首词的写作时间只有可能是神宗熙宁八年（1075年），当时东坡任密州太守。词中所言"十年生死两茫茫"中的"十年"，指的是英宗治平二年（1065年）五月，东坡夫人王弗亡故。东坡在写这首词的时候，天人永隔已过十年，伤痛已经从锥心变成了一种淡淡的哀思，一种可以赏玩的东西。按照法国沙白屈哀医院医生、心理学前辈泰斗耶勒的观点，这二者之间的区别根本在于，"痛苦"的意识阈是狭窄的，我们觉得痛不欲生，是因为过度注意造成情绪将意识阈变窄，这使得我们只能注意到自己的惨痛。但在《江城子》这首词之中，这种阈显然已经豁然开朗，和时间的纵深以及空间的广沿相比，它变得不再那么绝对，不再那么陈述化，而代之以可以被比喻和联想：

> 纵使相逢应不识，尘满面，鬓如霜。

而全词最为精彩的也绝非对于自己心中思念和痛苦的絮絮叨叨的陈述，而在于结尾一处别致的小景：

> 料得年年肠断处，明月夜，短松冈。

东坡的学生陈师道（1053年—1102年）谓此词"有声当彻天，

有泪当彻泉"。然而无声，然而无泪。

　　某些悼亡之作也有语词较为华美者，我们再来看看清代戏曲作家沈起凤（1741年—？）的小说集《谐铎》之中一个叫《十姨庙》的故事，里面创作了多首假借出自女子之手的、集古诗句的滥情诗，我们列出其中一首，括号里是句子的出处：

　　　　好去春风湖上亭，（戎昱《移家别湖上亭》）

　　　　楚腰一捻掌中轻。（杜牧《遣怀》、毛滂《粉蝶儿》）

　　　　半醒半醉游三日，（杜牧《念昔游三日》）

　　　　双宿双飞过一生。（白居易《杂诗八》）

　　　　怀里不知金钿落，（韩偓《五更》）

　　　　枕边时有堕钗横。（欧阳修《临江仙·柳外轻雷池上雨》）

　　　　觉来泪滴湘江水，（卢仝《有所思》）

　　　　着色屏风画不成。（此句出处不明，着色屏风描绘女子的典故可能参考杜牧《屏风绝句》："屏风周昉画纤腰，岁久丹青色半销。斜倚玉窗鸾发女，拂尘犹自妒娇娆。"）

"十姨"其实是"拾遗"的讹传。全诗虽然华美而工整，但这首诗无论如何都透出一股脂粉气，诵之艳俗而非上乘之作。或言此为集句诗，情感不易统筹，我们再来看看唐代鱼玄机道士（约844年—约871年）的闺怨诗《隔汉江寄子安六言诗》：

　　　　江南江北愁望，相思相忆空吟。

　　　　鸳鸯暖卧沙浦，鸂鶒闲飞橘林。

　　　　烟里歌声隐隐，渡头月色沉沉。

　　　　含情咫尺千里，况听家家远砧。

诗题中的"子安"名李亿，宣宗大中十二年（858年）戊寅科状元，是鱼玄机的俗家丈夫。因为李亿正妻裴氏凶悍，鱼玄机被迫和李亿劳燕分飞，继而出家为黄冠。没有人会怀疑创作这首诗时鱼玄机心中愁绪的真挚，但还是觉得有点过于优美而失于凄凉，原因可能是鱼玄机出于诗人的自觉而将诗歌作为一件可以雕琢的艺术品时，有些不太巧妙的、直白的情感就被滤去了。这种雕琢是艺术家的职业病，只有真正强大的情感激荡才会令艺术家暂且将之忘怀。所以相比之下，前面潘岳和苏轼情动千古的两首阴翳而麻木的悼亡作品反而显得干巴巴的。

从这几个例子我们发现，死亡的到来虽然惊天动地，但如果淡化它的恐惧色彩——黑色，死亡自身其实是有美学典型和可被欣赏的，那是一片可被欣赏的、灰色的世界。而这种灰色也有其孕育生命的一面，就好像是春雨乍停的午前十时，一片阴翳。

这种在阴翳之间仿佛遗忘时光流逝的氛围，我们来看看作家苏童的小说《黄雀记》里的这样一段关于破旧房间的描写，我们所有人都有过这样的体验，在晴朗的白昼，阴暗房间里的灰尘看起来像是一条淡蓝色的光柱：

> 最后一件床板搬出去了，祖宗们的痕迹悉数消失，祖父的房间瞬间变成了一个新世界。阳光召唤着房间里的尘埃，尘埃已经老得步履蹒跚，它们集合的速度非常缓慢，经过无数次混乱无序的排列组合，尘埃勉强地组成了一道肮脏的彩虹，懒洋洋地斜跨半空，祖父的房间显得瑰丽而诡异。保润注意到祖父的照片还在墙上，镜框已经蒙上了一片灰尘，祖父正躲在尘埃里微笑。那是祖父七十岁的微笑，含有魔法般不可思议的变化。如果你站在照片的左侧，会发现祖父的笑容透出某种邪恶与阴森；如果你站在照片的右侧，会发现那笑容比孩童更加纯洁更加调皮；如果是正对着祖父的照片，那诡谲的微笑便消失了，你看见的是最寻常的祖父，一张枯瘦如刀的面孔，一双忧愁而焦灼的眼睛，一种戒备多疑的表情，两片嘴唇咬着他一生一世的金科玉律：小心一点儿。小心一点儿。

阴翳可以是俊朗而风度翩翩的，它同样可以充满了人性的凶暴意象，唯一没有区别的是这二者都可以被欣赏。《黄雀记》这篇小说从一个老人家每年都要给自己拍摄遗照的古怪举止开始，它的前半部分可以说交织了死亡、精神病和古怪的性欲氛围，这几样恰好都是不可言说之物，所以小说在一种不可言说的、充满了不明所以的暴力性的氛围之中开始，地点是在一个城郊的精神病院。暴戾的市井人物、古怪的精神病人、对于世事一知半解的少年和天人永隔的鬼魂共同组成了小说人物关系中一种危如累卵的危险意象，人们彼此粗暴对待，但冲突又往往不了了之。

　　小说前半部分的核心是一场古怪的强奸案，两个少年劫持了一位少女，其中一个将她捆绑起来。他对于捆绑的痴迷从表象上看很像具有某种性变态的施虐淫欲，但实际上他的这种兴趣以及巧妙无比的手法之起源和性欲完全无关，只是在精神病院里磨练出的一种便宜行事的技巧而已。当然，在技巧熟练以及个性成长之后，也许涉性，但是并不重要。故事的叙述此刻到达了高潮，而那种阴翳氛围中性的神秘感和凶暴意象也达到了高潮：

　　　　她原本有机会夺路逃跑，偏偏不舍得扔下手里的空兔笼，兔笼出手帮助主人，以残破的铁丝钩住保润的衣服，结果帮了倒忙。两个人被勾在一起厮打，胜负不言自明。保润箍着她的腰往泵房里走，小拉，去跳小拉。他赌气地喊着，不跳也要跳，跳不跳由不得你。为了防止她咬人，他谨慎地扣住她的脖颈，避开她的牙齿。她的脸被迫向水塔的顶部仰起，涨得通红，面颊上开始有泪珠潸潸而下，尽管如此，她还是努力地念出了一些人物的名字，东门老三你认识吗？珍珠弄的阿宽你听说过吗？告诉你我不是好惹的，惹我你要后悔的，我在社会上认识好多人，老三阿宽都是我朋友，惹了我，你吃不了兜着走！

小拉是这位少年保润非常渴望与异性跳的一种舞，可能是交谊舞的某种俗称。在这里作为他心目中男女性行为的一种外化表象，这种转借的观念可能来于某些含糊的性教育宣讲，对于男女性交感到难以启齿的时候，以另一种可以容忍的身体接近——跳舞——来含糊其辞。可惜，他只有勇气及兴趣捆绑、止于捆绑，所以在他离开之后，另一位少年趁虚而入，实施了强奸。

强奸的发生使得事态变得难以收拾，也使几个少年飘忽的心思从浑浑噩噩变得现实而世故，为了规避责任而做出种种实际的举动。所以在强奸案发生之后，小说的后半部分变得非常叙述性、按部就班、非常实际。这种转变预示着少年的恍惚转向了成年人的精明，尽管无损于故事的可读性，但总还是让人感到惋惜和意犹未尽。

少年保润对于捆绑的兴趣与性欲无关，所以干净利落、花样迭出，被人赞许为一门奇技，没有涉及男女人事的那种慌乱和有口难言。这就好像前文提到的潘岳和苏轼对于死亡的表述，既然已经度过了情感爆发上的瓶颈，就变得冷静、唯美和可以赏玩。阴翳是灰色的，阴翳以一种灰色的目光清晰而温情脉脉地注视着这个世界。

死亡毁坏生命与性爱孕育生命是同质的，死亡就好像性爱一样不可琢磨。人在面对自身性爱的时候，却因为前文所说的性的语言误区性，很难将之变得冷静、诗意和可欣赏。

死亡和性（欲望）固然可以表现得过火而辉煌，但是同样也是阴翳的绝佳题材。表现为阳刚的死亡及性的意象，掺杂了太多的旁观者的主观感受，可是当这些意象表现为阴翳时，又加入了太多不可言说性。捆绑、性虐待和强奸被看成是性爱的极度阳刚的方式，但它们也适宜于阴翳的表述。苏童在其他很多作品——主要收集在《少年血》这个集子里——描述了豆蔻年华的、对于人事一知半解的少年人的那种纯真的恶意，这种凶暴的意象在于苏童笔下的"香椿街"，描写功力已然炉火纯青。死亡与性的阴翳表现，手法以比喻和联想为主，这是梦境一般的叙述方式，所以阴翳往往令人联想到梦境，在梦境中不明所以的光源只够照亮离梦者很近的地方，它甚至如同一道柔和的光晕，在表述上次要的细节和场景在咫尺之遥就开始陷入混沌的幽微。

在比写作《黄雀记》更加年轻一些——年轻十数年——的时候，苏童杜撰了关于一个虚构的"燮国"的流亡天子的故事，人们在阅读这篇《我的帝王生涯》的时候往往表示觉得恐怖，一种类似卡夫卡效应的绝望无序之感如影随形，随着端白天子走投无路的流亡生涯步步近逼。造成这种感受的不传之秘是作家文字处理的方式，苏童巧妙地在一些本需情感激荡的场合滤去了文字中的情感特色，令叙述变得生硬、残忍和"例行公事"：

> 车马都停在王陵前的洼地上，等待着宫役们运来陪葬嫔妃们的红棺。他们是跟在我们后面的。我在马上数了数，一共有七口红棺。听说陪葬的嫔妃们是昨夜三更用白绢赐死的，她们的红棺将从上下东西的方向簇拥父王的陵墓，组成七星拱月的吉祥形状。我还听说杨夫人也已被赐死殉葬，她拒死不从，她光着脚在宫中奔逃，后来被三个宫役追获，用白绢强行勒毙了。七口红棺拖上王陵时，有一口棺木内发出沉闷的撞击声，众人大惊失色。后来我亲眼看见那口棺盖被慢慢地顶开了，杨夫人竟然从棺中坐了起来，她的乱发上沾满了木屑和赤砂，脸色苍白如纸，她已经无力重复几天前的呐喊。我看见她最后朝众人摇动了手中的遗诏印件，很快宫役们就用沙土注满了棺内，然后杨夫人的红棺被重新钉死了，我数了数，宫役们在棺盖上钉了十九颗长钉。

一场政治的谋杀和残忍的活殉被简化成了一个机械操作的过程，人们的冷漠令人惊恐，继而产生了一种宗教性的崇高感，但是这种崇高感还是令人惊恐的。苏童的这种对于死亡的描述最接近死亡自身，因为对于死亡而言，任何人之死都是事不关己的。在这个苏童虚构的"燮国"里，死亡无所不在。苏童捏造的历史表明，他人之死被看成是一种伟大的政治计划（登基）或是礼教仪式（殉葬）的一部分，而将死亡变成一种和鞠躬、问候没有差别的"能指"——表意举动，这样的价值观要么就是野蛮，要么就是文明（道德）得过了分。

同样，性欲尽管是不能言说的，但是这种不能言说性可以说为之提供了近乎无限的想象空间。一朵花、床单上的一个图案、隔壁人家声音模糊的私语……乃至于一种幽微的氛围，联想就如一株有根的植物，在阴翳之中发芽生长。《另一种妇女生活》描写了一对离群索居、自梳不嫁的姐妹，阴郁的怒意时常在不经意中不请自来：

"说来说去男人更可恶，"简少贞叹了口气，在额角上擦了一点薄荷油，然后她说，"我头疼得厉害，好像是热火发不出来的样子，少芬，你来给我刮刮痧吧。"

简少芬应声走出去端了一碗凉水，她走到床边替姐姐把衣服脱了。姐姐的雪白的松垂的上身就这样袒露在她的目光中，手指触摸之处是微凉而柔软的，鼓出的脊椎两侧还留有上次刮痧的红印。简少芬噙了一口水喷到姐姐的后背上，姐姐端坐着一动不动，简少芬自己反而战栗了一下，她的手在空中犹豫了好久才落下来，用指关节扯动着姐姐后背上绵软的肌肤，看见红色的淤痕一点点地显露出来，简少芬的手指也莫名地战栗起来，她觉得心里有一种重压下的疼痛的感觉。"你重一点，刮轻了起不出痧，没有用的。"简少贞的嘴里发出轻轻的呻吟声，她用扇柄在床上敲了敲，"你今天是怎么啦？干什么都心不在焉。""我也不知道，我觉得有点累。"简少芬嗫嚅着侧过脸去，她望了望窗外，又看了看自己的手指，它们仍然微微地战栗着，简少芬摇了摇头，把她的失去主张的手继续放到姐姐的背上，她说，"天又暗下来了，衣服晾在天井里，我怕会下雨。"窗户半掩半合，从外面挤进来潮湿和闷热的南风，一只苍蝇也从窗外飞进了简家姐妹的房间，后来就是这只讨厌的苍蝇点燃了简少芬心底潜伏的无名怒火。

《另一种妇女生活》的情节的精彩之处在于，野草般荒芜的、未经发掘也未经悉心照料的性欲，影响无处不在。尽管简家姐妹的隐居生活独立而闲适，怒气还是不知从何而来；尽管她们的慎独对于社会"无害"，但还是有好事者百折不挠地试图破坏（给少芬介绍对象）她们的这种平静的生活；尽管顾雅仙的这种红娘之举对于她自己而言半点好处都没有，甚至为此招致了简少贞的痛恨，她还是以一种面对自己性欲——性联想是这种保媒拉纤的唯一解释——般的巨大热情强行促成了这件事。

20 世纪 60 年代，借由美国作家赛珍珠（Pearl S. Buck, 1892 年—1973 年）的鼎力推荐，日本文豪谷崎润一郎（Tanizaki Junichirou, 1886 年—1965 年）获得诺贝尔文学奖提名，这是日本作家第一次获得该奖提名，直到这次提名五年之后，作家川端康成（Kawabata Yasunari, 1899 年—1972 年）才获得此奖。惜乎在受到提名的时候，谷崎润一郎的健康状况已然十分糟糕，在这次提名的五年之前他已经因为中风而无法提笔写作。而在被提名后不久，1965 年，谷崎润一郎去世，人们在他的墓前竖立了两块青石，刻上"空""寂"二字，以此来提醒后人铭记这里是号称"恶魔主义者"的一代文学大师的坟墓。

谷崎润一郎创作的一生以 1923 年的关东大地震为分界线。在那之前，他年轻、叛逆，勇于猎奇。出于某种古怪的癖好，他年轻的时候一直想找一个放荡的女人为妻，为此他看上了一位艺伎，可惜对方已名花有主。不愿善罢甘休的谷崎润一郎于是追求并迎娶了这位艺伎的妹妹，也就是他后来的第一任妻子千代夫人。可惜事不如人愿，千代夫人为人正派，是一个典型的日本贤妻良母，谷崎润一郎在她身上完全找不到他憧憬的那种"娼妇"型妻子的任何影子，因而心生厌烦。为了摆脱她，谷崎润一郎精心策划了一次阴谋，撮合千代和他的朋友——诗人佐藤春夫（Sato Haruo，1892 年—1964 年）。这个事件在当时影响极坏，称为"细川让渡"，在社会上被看成是文学家道德败坏的标志而引起了轩然大波。这一场闹剧持续了五六年，在此期间，佐藤春夫为此写下了《殉情集》，而谷崎润一郎也改编了这个故事而写出了《神与人之间》和《食蓼虫》两部作品。有趣的是，经历了这个让人心力交瘁的事件之后，谷崎润一郎的创作不可思议地渐入佳境，他的文字变得成熟，思绪变得流畅而华美。

1923 年，谷崎润一郎在一次乘坐长途汽车的途中遇到了关东大地震，幸而长途汽车司机担起责任，而且车技高超，在险象环生之中带领全车人驶出了灾区。但是谷崎润一郎却被这一次死里逃生的旅行吓得魂不附体，从此再也不敢住在地震频发的关东地区，举家迁到了关西。在日本，相比作为政治经济中心的关东，关西是较为传统和落后的区域，也正是因为这种传统和落后，让谷崎润一郎在关西看到了更多原生态的、"日本"的元素。同样走过了如薄伽丘、王尔德（Oscar Wilde，1854 年—1900 年）这样浪子回头的天才型作家所必经的心路历程，谷崎润一郎经过放浪形骸，更加深刻地理解了循规蹈矩者一生所不能理解的、循规蹈矩的美。这就是 1934 年的随笔集《阴翳礼赞》的由来。

粗率而漫不经心的阅读会使人误以为《阴翳礼赞》和通常的那种发无病之呻吟的美学散文并无差异，但是细心深入会发现谷崎润一郎荒唐的青春岁月在他的文字之间留下了一抹颓废之色，那是一种真正的阴翳的颜色。日本的园林设计驰名天下，散文家和小说家喜欢描绘花园者多如过江之鲫，但是在谷崎润一郎的文中，一段看似和其他日本散文家没有什么区别的、对于草木扶疏的动情倾诉，歌颂的却是日本花园中的厕所：

> 每回我造访京都或奈良的寺院，被人引领到光线朦胧又一尘不染的旧式厕所时，对日本建筑的难能可贵之处，每每有更深一层的体悟。说起令人精神安稳的效果，茶室虽也不错，但实在比不上日本的厕所。日本的厕所一定建在离主屋有一段距离之处，四周绿荫森幽，绿叶的芬芳与青苔的气味迎面漂荡。虽说必须穿过走廊才能到达，但蹲在幽暗的光线之中，沐浴在纸门的微弱反射光下，不管是冥想沉思，抑或眺望窗外庭院的景色，那种心情，实难以言喻。漱石先生将每日早晨如厕列为人生一乐，虽说众人皆说此乃生理的快感，但除了享受这样的快感之外，世上有什么地方，能如同日本的厕所一般，让人在闲寂的四壁与清幽的木纹围绕下，双眼尽览蓝天、绿叶的风情？除此以外，或许话嫌絮烦，某种程度的昏暗，与彻底的清洁，再加上连蚊子的嗡嗡都听得到的静寂，都是必备的条件，我喜欢在这样的厕所中聆听丝丝雨声。

顺带一提，谈到夏目漱石（Natsume Souseki，1867 年—1916 年）好言如厕，有这样一则风雅故事：传说夏目漱石在创作《虞美人草》这部小说的时候，有一次收到了俳句诗人、号陶庵的西园寺公望（Saionji Kinmochi，1849 年—1940 年）侯爵的邀请，苦于创作的漱石不胜其烦，但又不便得罪这位权贵 (西园寺公望两任首相，是日本资产阶级民主自由的代表人物），于是写了一封信委婉地拒绝了这次邀请，考虑到西园寺陶庵的俳人前辈的身份，漱石在结尾处写了这样的一首俳句：

　　　　杜鹃声声啼，如厕一半出不来，令人干着急。

夏目漱石的这封回信就写在一张最便宜的明信片上。当时漱石的妹夫、也是他后来的墓碑设计者、建筑家铃木祯次（Suzuki Shinji）刚好来探望漱石，看到来信上"内阁总理大臣"的落款，铃木惊呆了，可在他还没来得及反应过来时，漱石已经像一个恶作剧得逞的孩子般地哈哈大笑着将明信片塞进了家门口的邮筒里。

　　夏木漱石言谈如厕时，还不脱人们一贯的诙谐幽默与漫不经心的态度，但是谷崎润一郎的这段描写却非常认真，毫无皮里阳秋和哗众取宠之意。对于物哀的美学思索，谷崎润一郎可谓深得个中三昧：众生高下无差异，以严肃的态度言常人所不敢言、不屑言之事，是一种真诚的、美学良心的表现。世间万物之间的缘分，本来就只是一种"物缘"。

　　阴翳就是以恒定的、舒适而无爱恨的眼睛看待世间万物。对于一些原本就平常的东西，譬如美食、名利，在这样的视角之下依然很平常，但是对于一些被众人认为无法以平常之心看待的东西，如粪便、死亡和性，这样的视角会揭示一种平常无法被发现的面貌，从而能够探索到未知的、非人间的美。在前面列举的几段苏童的小说片段之中，我想我们已经领略到一点个中深意了。我们再来看看关于性压抑的问题的几种不同文学格调的表述实例。

　　在性压抑的问题上，女性的性压抑似乎尤其可被作为诗意的题材，因为道德和性别政治的双重压力，女性的性压抑问题格外有一种特别不可言说的深意。但是，必须正视的是，大多数的文学作品是一种典型的、男性历史叙述者所叙述的女性性压抑的故事，具有猎奇和赏玩的心理，以及明显的男性故事叙述的语法构成方式。将女性的性压抑和在性权力上的被动性看成是诗意的题材尽管具有一定的品味特性，可由于历史叙述是男性的，所以这些故事都还是难脱男性叙述者品头论足的面貌。这个过程——女性性压抑的事实、其描述以及发展到对于这种描述的品味赏玩，可以被看作是一种阴翳的审美体系的脉络逐渐明晰的过程。清代有一个号青城子的笔记小说家，在他的《志异续编·卷三》中记载了一个广为流传的、关于女性性压抑的故事：

> 一节母，年少矢志守节。每夜就寝，关户后，即闻撒钱于地声，明晨启户，地上并无一钱，后享上寿。疾大渐，枕畔出百钱，光明如镜，以示子妇曰：此助我守节物也！我自失所天，孑身独宿，辗转不寐。因思鲁敬姜"劳则善，逸则淫"一语，每于人静后，即熄灯火，以百钱散抛地上，一一俯身捡拾，一钱不得，终不就枕，及捡齐后，神倦力乏，始就寝，则晏然矣。历今六十余年，无愧于心，故为尔等言之。

可是这样原汁原味的、带有见闻直录性质的纪实，缺乏了那种看起来不太厚道的品头论足，似乎又有一点失于"形而上"。如果我们按照某种烹调配方而试图将这段描述变得"形而上"，具体做法是避开事件，提炼出其中的氛围——性心理本来就是一种氛围——结果我们得到的情态如同李清照（1084 年—1155 年）的《如梦令》：

> 谁伴明窗独坐？我共影儿两个，灯尽欲眠时，影也把人抛躲。无那，无那，好个凄凉的我！

那么为男性所品头论足的、女性阴翳的性心理有何可玩味之处呢？我们来看看在《恋爱与色情》这篇散文中，谷崎润一郎解释古典（平安朝）的、阴翳的性爱氛围时这样说：

> 女人正如字面上所述乃"深闺佳人"，终年深居翠帐红闺之内，加上那时屋内采光不佳，连白昼也昏昏暗暗的，更何况是灯光暗淡的夜晚？可以想象，即使是同处一室，口鼻相触，也难以分辨对方容貌，总之，在幽暗的深院里，当时的女性树起帏帐之类的重重帘幕，在阴影中悄然困守终生。因而男性接触女性的感觉，只剩下撩衣之声、焚香之味，即使贴身接近，也只能感受到探手而得的肌肤及长发披散的触觉。

这种阴翳的困守，其本质是寂寞，是性欲的压抑，但是压抑自身也会形成快感。这种关于女性性苦闷和性权力探讨的题材在中国古代称为宫怨题材，出发点类似，有时候也会有遮遮掩掩的、涉性的言说，但是没有这种压抑自身产生的畸变的自虐的快感。我们来看李贺（约790年—约817年）的《贝宫夫人》诗：

> 丁丁海女弄金环，雀钗翘揭双翅关。
>
> 六宫不语一生闲，高悬银榜照青山。
>
> 长眉凝绿几千年，清凉堪老镜中鸾。
>
> 秋肌稍觉玉衣寒，空光贴妥水如天。

一种寂寞、舒适的心绪，但是不极端，中国人在任何方面都不会极端。我们再来看看与此类似的一首无名诗人的诗，出自唐僖宗时人范摅（生卒年不详，约887年前后在世）《云溪友议》的《题红叶》：

> 流水何太急？深宫尽日闲。殷勤谢红叶，好去到人间。

此诗也是一样，诗意有余，感性不足，缺乏感动人的"肉身强度"。何谓压抑？压抑造成爆发，这是通俗的肥皂剧理解这个问题的方式；压抑是痛苦而寂寞的，是中国古代宫怨题材的意境；而压抑本身会产生一种自虐的快感，这是谷崎润一郎阴翳叙事的典型语法。在谷崎润一郎死前三年，他已经无法动笔写作，他的最后一篇小说《疯癫老人日记》是采用口授的方式完成的。在小说里描写了一个集性无能、乱伦癖好和恋足癖于一身的老人卯木垂涎儿媳飒子的故事：

> 我的食欲相当的好，可以说来者不拒。睡觉也总是睡过了头，加上午睡，一天要睡九到十个小时。我一天要大便两次，尿量也增多了。夜里要起两三次，却从不影响睡眠，半梦半醒地排尿，然后倒下便睡着。有时，由于手淫而醒来，却迷迷糊糊的，不知不觉又睡着了。实在痛得受不了时，打一针就睡着了。靠着能吃能睡，我才活到了今天。否则，说不定早已不在人世了。
>
> ……
>
> 奇怪的是，痛的时候也有性欲。应该说痛的时候性欲更强。或者说对于让我碰了钉子的异性，更感到其扭力，被其吸引了。
>
> 这可以说是一种嗜虐倾向吧。并不是从年轻时就有这种倾向的，而是上了年纪后才逐渐变成这样的。

而另一方面，飒子也不算什么玉洁冰清的佳人，"据飒子自己说是在 NDT 当舞女，但她只当了半年，听说她后来在浅草一带的夜总会里待过"。很明显，尽管谷崎润一郎垂垂老矣，也没有忘记他年轻时渴望娶一个风月女子为妻的理想。

可是卯木既然性无能，他对于社会的道德而言就是"安全"的，道德从来都是一种论行不论心的教条。更何况，将个人不能为所欲为的原因归咎于道德的约束，这样的故事未免太过俗气，所以谷崎润一郎设计了卯木的性无能，以"无第三方责任者"的没有借口的压抑来实现压抑的纯粹化，并从中提炼压抑自身的、痛苦升华的、畸形的、阴翳的美学。

难得她今天的气色很好，从里面传出哗哗的水声。

"今天他不来吗？"

"不来，您进来吧。"

我顺从地进去了。她马上躲进浴帘后面去了。

"今天您可以吻我。"

喷头关上了。她从浴帘下面伸出了双腿。

"怎么还是诊脉的姿势？"

"当然了。膝盖以上不行。不过，这回我把喷头关上了呀。"

"是想要报答我吧，我也太不上算了。"

"不愿意就算了，不勉强您了。"

然后又加上一句："今天也可以用舌头。"

我和 7 月 28 日那天用的是一个姿势，用嘴去吸她的小腿肚。我用舌头慢慢地舔着，近似接吻的感觉。从腿肚一直往脚踝吻下去，她竟一直没说什么。舌尖触到了脚面，进而触到了脚趾。我跪在地上抱起她的脚，一口含了三个脚趾头，又吻了脚心。湿润的足底很诱人，仿佛也有表情似的。

"差不多了吧？"

突然喷头开开了，喷了我一脸的水……

飒子在沐浴时允许卯木走进浴室的情节可能会令很多外国读者吃惊，但这在日本是很平常的，在日本男女混浴、异性互相擦背都是生活中随处可见的小事。卯木心有余而力不足让这个情节变得更加"安全"，但也更加压抑。比这一次更早的一次，也是卯木为飒子擦背的情节，他看到飒子的背和后颈突然难以自持，"我突然从毛巾上面抓住她的双肩，用舌头去吸她的右颈，就在这同时，我的左脸挨了她一巴掌"。

对于女性的裸露程度，一般情况下的共识是只要不露出乳房、臀部和性器官就不算裸体，现在条件放宽到可以裸露臀部。在这种情况下，背、颈和足成为了"裸体"这个概念的次一级概念，而同样起到引发性欲的结果。这种性意象的次一级概念充满了各种光怪陆离的联想，我们来看看雨果在《悲惨世界》里不太引人瞩目的一个章节的这样一句话：

　　　　这位教师在年轻时，有一天，看见女仆的一件衣裳挂在炉遮上，便为了那件偶然的事，动了春心。

这种兴之所至的性观念联想也是妙趣横生的，只是我们现在无暇去讨论它。在日本的浮世绘式的审美之中，后颈和足本来就是表现女性性感的一种隐喻物。浮世绘中的女子，衣服包裹得严严实实的，但是却会露出后颈，露出后颈虽然本来就是和服的传统式样，但是在这种场合往往还是会表现得很夸张；有的时候画中人会跣足，这在日本古代正经而不出格的艺术品中算是裸露。喜多川歌麿（Kitagawa Utamaro，1753 年—1806 年）、歌川国芳（Utagawa Kuniyoshi，1798 年—1861 年）等浮世绘名家在作品之中尤好此道。

　　霭理士在《性心理学》的第 4 章里对此解释说：

　　　　把足和性器官联系在一起，原是古今中外很普遍的一个趋势，所以足恋现象的产生可以说是有一个自然的根底的。就在犹太人中，说到性器官的时候，有时就婉转地用"足"字来替代，例如，我们在《旧约》的《以赛亚书》里就读到"脚上的毛"，意思就是阴毛。在许多不同的民族里，一个人的足也是一个怕羞的部分，一个羞涩心理的中心……我们不妨再提一笔，足的色相授与等于全部色相的授与，在古代的罗马也是如此。

潘光旦教授在注《性心理学》中也为这段论述配了一个中国古代

的例子，典故出处是汉代淮南相伶玄（生卒年不详）的《赵飞燕外传》。对于汉成帝（前51年—前7年）偶然的性无能，赵昭仪（赵合德，前45年—前7年）的足是治疗他不能人事的灵药：

> 帝尝蚤猎，触雪得疾，阴缓弱不能壮发，每持昭仪足，不胜至欲，辄暴起。

奇怪的是赵合德的姐姐，更受成帝宠爱、也更加美丽的皇后赵飞燕（前45年—前1年），号称中国历史上四位最完美的美女之一，她的足却似乎没有这种神奇的功效：

> 昭仪曰："幸转侧不就，尚能留帝欲，亦如姊教帝持，则厌去矣，安能复动乎？"

赵合德精明的言论可谓我们探讨性压抑的阴翳氛围的一个绝佳的注脚。恰如卯木的性无能，赵合德的"转侧不就"也是性欲没有转化为性活动的一种灰色情形，恰因为性欲没有转化为性行为，性欲才是充沛的和充满生命力的，从任何一方面来说，性满足——大多数人所追求的——则反而是这种充沛生命力的死亡。

压抑和延缓是一种性描写的阴翳风格的手法，转嫁和联想则是较为常用的另外一种。莫泊桑在《俊友》这部小说里，描写了一个女人在耳鬓厮磨时候的莫名其妙的举动：

> 于是她动手把那茎头发慢慢地绕着那粒纽扣缠起来，随后把另一茎缠着下面的那一粒纽扣，再把另一茎缠着上面的那一粒。在每一粒纽扣上面，她都缠上了一茎。他等会儿站起来的时候，那是都会一齐拔掉的。于是他会教她疼痛一下子，何等幸福！

在生活之中，几乎所有事情都会引发人们不同程度的性联想，所以性欲不仅是一种个人的欲望，它已经是一种萦绕在我们身边的氛围；而与这种无处不在、无时不在相比，性交——性欲获得满足的情形——则是难得的，因为性的禁忌性，因为社会的道德性，所以性压抑成为了生活的常态，在那些道德规范更加保守的国家尤为如此。

当性欲不为道德所容时，方方面面的联想就出现了，无怪乎弗洛伊德认为人生中的近乎百分之九十的想法或联想都涉性。甚至有的时候两种意象是毫不相干的。我们来看看近代文坛一代巨匠郁达夫(1896年—1945年)《沉沦》里面的这样一段古怪的联想：

> 说到这里，他忽然想起刚才那两个女学生的眼波来了。那两双活泼泼的眼睛！
>
> 那两双眼睛里，确有惊喜的意思含在里头。然而再仔细想了一想，他又忽然叫起来说：
>
> "呆人呆人！她们虽有意思，与你有什么相干？她们所送的秋波，不是单送给那三个日本人的么？唉！唉！她们已经知道了，已经知道我是支那人了，否则她们何以不来看我一眼呢！复仇复仇，我总要复他们的仇。"
>
> 说到这里，他那火热的颊上忽然滚了几颗冰冷的眼泪下来。他是伤心到极点了。这一天晚上，他记的日记说：
>
> "我何苦要到日本来，我何苦要求学问。既然到了日本，那自然不得不被他们日本人轻侮的。中国呀中国！你怎么不富强起来，我不能再隐忍过去了。"
>
> "故乡岂不有明媚的山河，故乡岂不有如花的美女？我何苦要到这东海的岛国里来！"

负笈海外、苦学图强被看成是一种纯粹理性的、社会的举动，但是也被与个人的性压抑和性苦闷联系起来，尽管这种联想在这样背井离乡的"边缘人"——他们在向着堂皇的理想迈进，但是也深受阴翳的压抑之苦——身上是完全合理的，大多数人还是觉得在这两者之间划上等号有些难登大雅之堂，甚至会认为是一种亵渎。

如果说价值观的伟大和堂而皇之属于黑色或者白色中的任何一方的话，那么无论对于它们谁来说灰色都是无法容忍的；同样道理，在历史或是神话的叙述之中，英雄代表了光明，恶魔代表了黑暗，他们双方同样不屑于接受阴翳的存在。在第二章的某处我们谈到了历史叙述对于一些男性化的女性英雄人物的处理，通常采用使之中性化的手法，以避免现实社会中无处不在的、阴翳的性联想，同样的道理，男性的暴虐、占有欲也会对于男性英雄的形象认同造成负面影响，也一样会被掩盖了。所以我们在历史中读到的英雄，例如荆轲、孙悟空乃至于雷锋、王进喜、张海迪，他们只有遭遇的事件，但是没有作为一个人的私生活，是历史使得他们看起来没有食欲、没有性幻想、毋需排泄和脏话连篇，是历史使得他们看起来不像一个人——他们是英雄，不是人，他们不需要有作为人的"肉体生活"。

　　更为清醒一些的人，比如尼采，已然发现，历史的纷争就是权力的争夺，夺得权力者表现得比他的那些碌碌无为的同类要超常一些，这是历史所赋予的，历史的意志就是一种权力意志。然而问题在于，权力本身是一种抽象的存在。世界上都是先有了权力的利益效果，然后才有权力和权力斗争。所以在因果律的正常模态中，权力永远只是获得某些利益效果的过程和途径。但实际上，对于在历史之中难以起到很大能动作用的"大多数人"而言，他们永远不可能享受到这些权力的利益效果，这些利益对于他而言反而是虚幻的。因此，历史独立而水到渠成地形成了一套语法规范，会自动地将某些权力的利益效果隐去，譬如说从拉姆西斯二世（Ramesses II，前 1303 年—前 1213 年）侵略叙利亚（前 1275 年）、成吉思汗建立大蒙古国到拿破仑征服欧洲，历史不愿意人们看到他们追求权力只是为了占有很多女性、占有更多的女性，享用奢华的生活和享用更奢华的生活这些方面，所以历史将他们塑造成英雄。（历史知识中的）英雄是（接受历史知识的）民众的鸦片，他们需要这样的英雄。

所以，正确地认识灰色就是正确地认识世界、认识人生。但是人们被白亮的理想蛊惑太久，大多数人不愿意正眼看待阴翳，觉得它们过于渺小和微不足道；少数人，譬如谷崎润一郎认识到了阴翳的价值，觉得它是可以被发掘和被欣赏的，但是发掘下去会发现问题没有那么简单。灰色或者阴翳并不像我们想象的那样，在可视的、可对比的色卡上介于白色和黑色之间。阴翳充斥着不胜枚举的细节，并且它们并不被归类到某个（白或黑）终极目标上，如果说白和黑都只是一个数字的话，那么灰色的数目无限，类似总结、概括、赋义、抒情等一系列的统计学手法在这里都没有用。

但是统计是人类认识这个宇宙的一种基本手段，在认知上，我们总习惯将一个东西加上另一个东西，得出二者之和，然后继续重复这样的运算，宇宙在直观印象中是我们所见所闻的统计之和。但是问题在于，宇宙无法、也不应该被计算为某个在逻辑上具有实质性质的数值，否则之前的运算——这个宇宙自身，都面临着被颠覆的危险。

就是说，你不能说苏童的《黄雀记》里的那次古怪的强奸案"加上"夏目漱石《哥儿》里面那个自称为"俺"的主人公，这二者之和"等于"什么，它们什么都不等于，它们无法相加。但是大多数人、包括本书至此的论述都觉得它们能够"组成"一个更大的什么东西，譬如说前面说到的消极美学、阴翳品味，或是什么主义。尽管看起来言之凿凿，其实仍是一种统计学上的便宜行事而已。

言说都是言说者的言说，不要轻信这些言说。宇宙自身本就没有将真相披露在凡人眼前的打算，统一的时间和统一的规律，二者不可兼得，宇宙是测不准（Uncertainty）的。在面对宇宙的当下，只能习惯共时的混乱，我们以往认为的白色和黑色一点用都没有，阴翳才是宇宙自身恒常的面貌，阴翳就是我们的空气。

III　荒芜

　　如果说阴翳是"灰"，那么荒芜就是"黑"，我们所说的荒芜是指人性和物性中不被大多数人"喜欢"的凶残或是恶意的意象。在面对了人们遗忘的美学框架之后，我们现在要面对为人们所否定的美学叙事框架。阴翳的价值在于无人问津，荒芜或者说是黑暗在历史叙述之中虽然经常出现，但是在绝大多数情况下以一种反派主角的身份出现，单调的、庸俗的历史观之中黑暗和凶暴不被理解为可以欣赏的美学对象。我们现在从上一章节的论述之中重拾一处微弱的、并不引人注目的头绪，来继续我们的探讨。

　　夏目漱石在俳句中笑言自己苦于创作的窘境，以如厕来比喻文学创作，粗看似乎有些不登大雅之堂，但实际上它给人造成的第一印象比"两句三年得，一吟双泪流"要深刻一些，更容易让更多人过目不忘。究其原因，粪便和如厕的"涉排泄"话题是一种语言暴力，它能给言说者和听者造成最为强烈的印象。由于其语言暴力的本性，所以多数用在骂人话中侮辱性用语上。"吃屎"几乎是所有文明的标配国骂之一。脏话就是语言的肛门。肛门任劳任怨必不可少，但是大多数人不敢面对它，将之看成是一种禁忌，脏话的存在状态也是如此。脏话的"原教旨"的意义乃是一种语言的暴力，如同身体的暴力是身体的武器一样，语言的暴力就是语言的武器。既然一个三岁的婴儿懂得使用身体的暴力（婴儿或者是幼小的动物也时常有攻击形态的举动，很多人误以为那是一种游戏，那实际上是这种身体暴力本能的表现），那么他会使用语言的暴力也是一种出于生存竞争的本能。脏话——也就是这种语言的暴力——涉及两个层次，涉粪便的和涉性的，后者要在性成熟以后才会被领悟到。所以尽管脏话——侮辱性语言的主体是涉性的"下流话"，但是涉排泄脏话更加原始，因而也显得更加暴戾和光明正大。再举之前的一个例子，伯林在三岁的时候已经懂得用"scheisse"来骂人，这从一个侧面更好地证明了粪便比性要本源的观点，出于这个观点，弗洛伊德才在人类童年的欲望指向顺序中将"肛欲期"排在"性器期"之前。请注意这种暴戾和光明正大的交错特性，这使得它在表达恶意的时候也不失其赤子之心和纯洁的本性。

当然，这种纯洁是相对的，因为按照当下社会的道德现状来看"性"通常被认为是"不纯洁"的。一个人对于另外一个人抱有性欲，他的人际关系动机就"不纯洁"，然而如果他把对方骂为"狗屎"，或是干脆真的认为对方就是一坨屎，却无损于这种纯洁性，好不奇怪的逻辑。我们来看下面的这则笑话，出处是明代徐长孺（生卒年不详）的《东坡禅喜集》：

> 苏东坡与佛印出城游行。佛印谓坡曰："尔在马上十分好，一似一尊佛也。"
>
> 坡答曰："尔穿一领玉袈裟，在马上好似一堆牛屎也。"
>
> 印云："我口出佛，尔口出屎。"随从人呵呵大笑。

男人无论多大都像是孩子，在我们的记忆中，一边指责对方是"屎"，一边笑得前俯后仰的情形，也未必全是很久远之前的回忆。

呜呼，三岁的以赛亚·伯林怒不可遏、暴跳如雷，这个三岁婴儿言惊四座的高论中至少有两个要点是不容忽视的，都是他环顾四周当下境遇并且迅速作出评估后所认定的必不可少的描述，一个是"hasse"，意思是讨厌，另外一个是"musik"这个词的前缀"scheisse"，这两个词都是惊人的准确。"scheisse"这个词翻译成中文是粪便的意思，不过它经常被用在俚语之中，所以在这里将它翻译成"狗屎"或者"狗屁"之类的词比较恰当。三岁的婴儿会说脏话，他是天才。大概世界上真的有天才的存在，在 20 世纪的思想家中，以赛亚·伯林可以说是既无成为大师的抱负，又自觉没有下过成为大师所必要的苦功，却在有生之年成为当之无愧的大师的人物。正如现在有很多妄人喜欢标榜的"学者型的艺术家"那样，伯林恰恰是一位艺术家型的学者。从《马克思传》开始，伯林的哲学见解都来自于他写作时突如其来的顿悟，就如同画家或者诗人突发而至的灵感，但是它们成就了一个时代的哲学反思。70 年代以后伯林的写作生涯几乎是在永无休止的获奖与致谢中度过的，他曾经不止一次地在感言中透露，很多书斋式的学者羡慕他信手拈来的妙语和灵光一闪的思想火花，但是自己却羡慕他们坚实的材料功夫和严密的考据论证。

三岁的伯林为什么说"scheisse"？如厕和马桶，在苦苦等待性成熟之前的无聊时期里算得上是一个相当刺激的话题。弗洛伊德把"肛欲期"安排在"口欲期"和"性器期"之间的看法是站得住脚的，因为事实证明儿童在成长的过程之中差不多全部都经历过一个粪便的、排泄物的崇拜期，或者至少是对此表现特别的关注。

儿童——或者说人类——崇拜粪便不是没有道理的，因为粪便和肛门的概念在精神分析中被升华为死亡的代名词，诚如前面所说的，弗洛伊德强调人性中有一种"死本能"，其影响之大足以与性欲分庭抗礼，所以可想而知在纯洁的、没有各种念头纷至沓来的儿童时期，它的影响力尤为可观。世界各国的、即便是最正统的官方语言中也或多或少地保留着这种原始的古老崇拜的痕迹。

崇拜粪便的语言暴力在道德——道德是语言可被妆饰的实体化表象——中比比皆是，就好像崇拜毁灭——法律、禁制——的身体暴力在历史中比比皆是那样。在他的著作诸如《桌边闲谈》被大规模净化之前，马丁·路德（Martin Luther, 1483 年—1546 年）的文风就是出了名的刻薄和俚俗，并且在比喻方式上以对于粪便和排泄物的过度热衷而闻名遐迩，时而令人感到难以卒读。你看，《反抗出自魔鬼捐赠的罗马教皇之尊严》这一篇百余页的檄文中，就有大量这种令人目瞪口呆的比喻跃然纸上，癫态毕现。在这篇文章里，他列举出了以下的这一些一一对应的比喻关系：

　　　　罗马天主教——魔鬼的粪便；

　　　　魔鬼——教皇的粪便；

　　　　教皇的光荣（gloria）——魔鬼的大粪（Stercus diaboli）；

　　　　教会的法令——教皇的排泄物；

　　　　修道院的生活——一个厕所和魔鬼本人的美妙帝国；

　　　　教皇的语言——放屁（lüge，这个词还能巧妙地解释为谎言）或放驴屁（furzesel）。

诸如此类，不一而足，最后路德意犹未尽地总结说："因为上帝的愤怒，魔鬼让罗马的庞大粗野的驴子们弄得我遍体粪污。"粪便为什么会受到 2005 年 11 月 28 日评选出来的、名列第二（在联邦德国老总统康拉德·阿登纳之后）的"最伟大的德国人"、《九十五条论纲》的作者马丁·路德大师的青睐呢？原因恐怕是前面提到的，粪便的纯洁性。"性"当然是一种"罪"，这一点我想无论是在基督教伦理学还是在本书迄今为止的论辩之中，都没有什么疑义。可是粪便呢？"粪便"连"错误"都算不上，粪便就是粪便，它只代表它自己的那种恶臭天性，一个只代表自己的东西就能被认为是纯洁的，尽管它是一种另类的纯洁。别人不喜欢它，但这无损于它的纯洁。高尚的使命只能选用纯洁作为武器，但是大多数优雅的纯洁，例如天鹅、颂圣诗或是柯罗（Jean Baptiste Camille Corot，1796年—1875年）的画，都是软绵绵的、乏力的。所以粪便在这里就当仁不让地成为一种神圣的、有力的武器了，它具有卫道的和原教旨（原始的纯洁）的双重寓意。

多米尼克·拉波特（Dominique Laporte，1949年—1984年），一个年仅35岁英年早逝的法国人，写过一本题为《屎的历史》（*Histoire de la merde*）的小册子，才华横溢，但是仅具一个框架，很多地方甚至不知所云。在他的著作中透露出来的一层意思是，对于脏话的言说是在语言上以暴力追求权力，这个过程相当于搏斗或战斗，是在肉体上以暴力追求权力。随地排泄粪便和胡言乱语都被看成是一种自由，也就是一种权力。出于社会权力的天性，追求权力者一旦获得权力，就会反过来限制别人追求权力。所以拉波特列举了从1539年法国国王弗朗索瓦一世（François I，1494年—1547年）在圣母领报节颁布维莱尔—科特莱敕令限制粪便玷污法国的环境，一直到诗人兼语言学家杜·贝莱（Joachim du Bellay，1522年—1560年）在其著作《保卫和发扬法兰西语言》中号召民众自觉限制法语中的"野蛮"性，都是已掌握权力者在限制他人追逐权力的自由。但是这一过程（语言自由者限制他人的语言自由）往往是徒劳无功的，拉波特在解释脏话的存在时这么说：

> 于是会得出这样的结论，从其肛门部位的组成部分来看，文明的节奏并不排列在进步的直线方向上。虽然弗洛伊德在《文明中的不适》中指出"个体的文明化过程与力必多的演化之间存在着相似性"，但必须将这一命题与某种发展理想脱离开来，必须想到由文明与排泄功能联系在一起的原始的兴趣。并非是沿着增长的直线转化为对秩序、清洁和美好的爱好，上个世纪对于卫生的理想或许已经使

它无可逆转地倾向于卑躬屈膝、吹毛求疵，对于肛门特征的焦虑和警惕使它变得吝啬词句，现有的语言没有提供给我们对于肛门特征的范例。

世俗教育体系下一代代的小学教师们，被虔诚地训练出来，去侦缉共和国孩子们的耳道里的脏话，但他们并不能阻碍文明在更好地消灭污秽的同时也至少是在同样执着地生产出新的垃圾。这种努力曾凭空地被认为是某一种政府类型的出路，政府应当防止福楼拜所痛斥的那种不大高雅的"民众粗鄙"，这种努力在控制垃圾上遭到的失败，甚至可以从它固执的幻想中看出来：要完全消灭垃圾，一点也不留下。

诚如三岁的以赛亚·伯林以一种上帝般的、理所当然的怒气大喊"scheisse"，自古以来，对于"民众粗鄙"的口诛笔伐从来都未建寸尺之功。因为"民众粗鄙"可看作日后成年了的伯林所声称的"消极自由"的一种表现。尽管很多人认为粪便是"错误"，但其实它并不是一种错误，它甚至连社会的基本掠夺层面都没有达到，它就是一种纯真的本性。而也正是因为这个原因，纯真是原生的，它强大的不可质疑性保证了它不可能被任何来自后天的、次生的语言载体——道德和优雅——消灭。

而等到这些天生粗鄙的个体纷纷到达了性成熟的人生阶段以后，性的话题成为了他们宣泄语言暴力的主要内容，性意识的强度更是难以对抗的。对排泄物的崇拜转变成了对性器官的崇拜，脏话从一种愤怒的表达转变成了一种自身具有快感的宣泄方式（时而如此）。

我们关注脏话的语言暴力特质以及其中一部分脏话的纯洁性，等于说我们承认了脏话在美学上是可以被欣赏的。关于脏话——语言暴力的思索，我们有必要先澄清两方面的误解。其一是，千百年来——尤其是进入近现代——人们试图提倡某种莫须有的语言净化，试图以某种号召或倡议式的社会活动来实现脏话的根除，并认为这是人类社会变得更"文明"的一个缩影。这样徒劳无功的社会浪潮被掀起了不止一次，但是徒劳无功还是徒劳无功。脏话不是没有"用"的，它能解决的问题文明语言和书面用语无法解决。还是之前举过的一个例子，韩少功《马桥词典》里有一篇题为《晕街》的短篇，里面结尾处有这样一段描写：

> 他拿到回乡通知的时候，高高兴兴地骂了一通娘，一个人进馆子狠狠地吃了一碗肉丝面，喝了三两酒。

《晕街》这个故事的梗概是一个村老倌到城里生活，但是因为不习惯城市的生活方式而度日如年，其中压力最大的是在语言和举止方面的限制，那是一种来自于"文明"的压力，令他满腹愁思，久而久之甚至产生了一种类似晕车的官能性症状，韩少功称之为"晕街"。——当然晕街这种病是杜撰的，韩少功在文章里自己也承认这是一种语言思维带来的错觉：

> 这一类例子揭示了另一类事实，不，严格地说不是事实，只是语言新造出来的第二级事实，或者说再生性事实。

> 狗没有语言，因此狗从不晕街。人类一旦成为语言生类，就有了其他动物完全不具备的可能，就可以用语言的魔力，一语成谶，众口铄金，无中生有，造出一个又一个的事实奇迹。想到这一点以后，我在女儿身上作过试验。我带她坐汽车，事先断定她不会晕车，一路上她果然活蹦乱跳没有任何不适。待下一次坐汽车，我预告她会晕车，结果，她情绪十分紧张，坐立不安，终于脸色发白紧锁眉头倒在我的怀里，车还没动就先晕了一半。这一类试验，我不能说我屡试不爽，但这已经足够证明语言是一种不可小视的东西，是必须小心提防和恭敬以待的危险品。语言

差不多就是神咒，一本词典差不多就是可能放出十万神魔的盒子。就像晕街一词的发明者，一个我不知道的人，竟造就了马桥一代代人特殊的生理，造就了他们对城市长久的远避。

那么"革命"呢，"知识"呢，"故乡"呢，"局长"呢，"劳改犯"呢，"上帝"呢，"代沟"呢……在相关的条件下，这些词已经造就过什么？还会造就什么？

有了语言，也就有了心理暗示的因果关系推理以及相应的叙事结构，所以"晕街"——这个怪病应该是臆造的，但是另一种相似的心理官能症——古代称为"晕殿"，现代称为"博物馆疲劳"，诱发条件几乎一模一样——则是确实存在的。而这种令人感到窒息的、"文明"的压力，很大一部分也是实现这种"文明"较容易突破的方向，那正是语言的文明化，而实际上它除了让人束缚压抑如芒刺在背之外，什么用都没有。

脏话是情绪的宣泄，它能够起到舒缓暴力焦虑的作用。福柯认为一种普遍的、无所不在的压力是"社会"令身处其中的"人"随时认同其自身存在的天性，所以社会对于个体而言首先是具有敌意的。在社会的压力无法舒缓的情况下冒失地取缔语言宣泄，不仅缘木求鱼，实际上也无法实现。脏话是"应该"（能够）被避免的，这是关于语言暴力的一个误解。

所以，顺理成章地，关于语言暴力的第二层面的误解是，脏话是"丑恶"的，它和语言的美学完全没有关系。尽管自古至今的文学创作之中涉及到语言暴力的内容并不多，我们也不能因此而认为语言暴力与文学的形而上特性风马牛不相及。一个类似的例子是，在身体暴力方面，"打人"——攻击性——被认为是丑恶的和危险的，但是攻击行为被文学化以后就成为了铁血沙场的史诗。所以有理由相信语言的暴力在美学框架之中占有它的一席之地，只要是"有用"的东西，就有变得形而上的可能。前面说过的马丁·路德叫阵罗马教皇的满嘴污言秽语，就是一个最好的例子。

有矛盾就有暴力。其实在形而上的文学中语言暴力也存在，只是经过了大规模的净化，从而变成隐性的了。《伊利亚特》中阿喀琉斯（Ἀχιλλεύς）和阿伽门农（Ἀγαμέμνων）因为战俘克吕塞伊斯（Χρυσηῒς）引发的分配问题——人们经常弄不清楚这期间的关系，克吕塞伊斯是阿波罗（Ἀπόλλων）的大祭司的女儿，被阿伽门农俘虏并占为己有，阿波罗降下瘟疫给希腊联军后，迫于形势阿伽门农只得派奥德修斯（Ὀδυσσεύς）将克吕塞伊斯送回。但作为补偿，阿伽门农将布里塞伊斯（Βρισηῒς，赫克托耳的表妹）从阿喀琉斯身边夺走，从而触怒了阿喀琉斯，令其拒绝参与后面与特洛伊的战争。出于关系的累赘以及姓名的拗口，在中世纪及文艺复兴的文学中，比如莎士比亚的戏剧中，克吕塞伊斯和布里塞伊斯时常被混淆，后来干脆统一成一个角色克蕾希达（Cressida）——争执不下，阿喀琉斯沉不住气首先口出恶言（第126、127行）：

> 阿特柔斯（Ἀτρεύς）之子，最尊贵的王者，世上最贪婪的人——你想过没有，
>
> 眼下，心胸豪壮的阿开亚人如何能支给你另一份战礼？

"世上最贪婪的人"涉及人身攻击，所以我们将之看作是一种暴力性语言。对此阿伽门农毫不介意，慢条斯理地继续挑拨阿喀琉斯的怒火（第141—143行）：

> 倘若办不到，我就将亲自下令，反正得弄到一个，
>
> 不是你的份儿，便是埃阿斯（Αἴας）的，或是俄底修斯的。
>
> 我将亲往提取——动怒发火去吧，那位接受我造访的

伙计！

阿喀琉斯终于无法按捺怒火破口大骂（第153—155行）：

> 无耻，彻头彻尾的无耻！你贪得无厌，你利益熏心！
>
> 凭着如此德性，你怎能让阿开亚战勇心甘情愿地听从
>
> 你的号令，为你出海，或全力以赴地杀敌？"

阿伽门农立刻反唇相讥（第191、192行）：

> 宙斯钟爱的王者中，你是我最痛恨的一个；
>
> 争吵、战争和搏杀永远是你心驰神往的事情。

相较而言，阿喀琉斯盛怒之下言谈似乎更为粗野一些，包括第162行里把阿伽门农骂为"狗头"算是比较不符合其身份的、最难听的话，可是这并不能改变这场骂战从头到尾的外交辞令特色。兵凶战危，两个分赃不均的厮杀汉在剑拔弩张地怒目相向的时候，这样的言谈也未免温文尔雅得过了分。

正统的文学永远都是这样的道学面貌，除非必须要骂，否则这块被看成是"污言秽语"的语言区域总是与文学的"正经话"没有交集。即便是在一些必须要用到语言暴力的场合，也是慎之又慎，努力地遴选哪些话"可以用"。而毫无疑问，语言暴力中的涉性脏话显然是最"不可以用"的那一种，和性观念本身一样属于一种禁忌。再往下算是涉及信仰的脏话，以及当代人较为顾忌的涉及种族歧视的脏话，在需要两害相权取其轻的时候作为涉性脏话的替代品。这种层级关系是我们暂时拟定的，并没有什么统计根据，但是涉性的脏话在传统的、正经的文学之中确实少之又少。这也就是为什么在文质彬彬的话剧舞台上，古典文学中的人物在吵架的时候，台词也有一种朗诵感，而显得软绵绵的。我们来看看《巴黎圣母院》第七卷里的这样一段话，场景是弗比斯（Phoebus Chateaupers）队长，一个轻浮的登徒子，一时兴起的满嘴胡柴：

这时，他听到身后有人扯着嗓子破口大骂："上帝的血！上帝的肚子！上帝的鬼！上帝的身子！别西卜的肚脐！教皇的名字！角和雷！"

其中"角"代表魔鬼，"雷"相当于我们汉语中的"天打雷劈"。"别西卜"（Beelzebub）是一个大魔鬼的名字，这位仁兄（别西卜）江湖诨号"老苍蝇"，算是在地狱中一位有头有脸的人物。就是这样，口不择言，但是不涉性。其中"肚子"和"肚脐"两个名词本身没有什么侮辱性，但是因为位置离性器官近，在没有勇气提及性器官的时候通常被拿来作为涉性脏话的替代品。这种道貌岸然，并不是因为欧洲文化发展到法国资产阶级革命和浪漫主义文学时代都没有进化出涉性的脏话，而是禁忌的传统一直没有被破除。甚至一些不那么正经、满肚子男盗女娼的文学表现形式，例如欧洲短篇小说之父薄伽丘的《十日谈》，在骂人的时候也还是很文雅和书面的。第七天的第六个故事，讲的是一个机智的荡妇同时和两个情夫寻欢作乐、又依靠自己的聪明才智在丈夫面前瞒天过海的故事，里面有一句话是这么说的：

他在离开府上不远的一条大街上瞧见了我，就拔出剑来嚷道："王八羔子，我要你的命！"

这句话选自方平、王科一1958年翻译自英文译本的版本，略晚一点的、中国原文翻译《十日谈》第一人王永年的意大利文译本里这句话是这样的：

我好好地在别墅附近走我的路，他一看到我就拔出剑对我喊道："今天你死定啦，混蛋！"

而在马克·穆萨（Mark Musa）和彼得·彭达内拉（Peter Bondanella）翻译的英文译本（经典印记出版社 signet classics，2002年）中，这句话是这样的：

Traitor, you're as good as dead!

严格地来说，traitor 不是骂人的话，这属于给被指责者定性，类似中文里一方说另一方"骗子""强盗"之类。无论是"王八羔子"还是"混蛋"都算是比较"正经"的恶言，即便在意大利文原版里这句骂人的话是某个更荤的字眼，在翻译的时候将之净化，也符合我们前面所说的、对于语言暴力的禁忌性掩耳盗铃的传统。

再举一个类似的例子。已故的中美文学比较专家文楚安教授（1941 年—2005 年）在翻译金斯伯格的《美国》时，将第五、六句翻译成：

> 用你自己的原子弹去揍你自己吧，
>
> 别打扰我，我精神不振。

而后他似乎感到不安，在这句翻译后加了一个注说："原文 fuck，在美国俚语中是表示咒骂，带有性色彩的俗词。"已故广西师范大学外语系主任、作家贺祥麟教授（1921 年—2012 年）是金斯伯格的老朋友，陪同过他游览桂林，在他回忆金斯伯格的文章《难忘金斯伯格》中，这两句的翻译是这样的：

> 让你和你的原子弹滚你妈的蛋吧，
>
> 我很不愉快你可别打扰我。

比文楚安的译本要粗暴一些，但还是不直接涉性。实际上，大家对这两句话的直译心知肚明。

研究脏话的性质不难看出，"王八羔子""狗娘养的"这一类"涉伦理"的脏话从本质上来说其实都涉性，这个理由不难理解，我们前文已经探讨过，伦理问题的核心就是乱伦禁忌。它实际上是一个性问题。涉性的脏话因为其禁忌性，当然是粗俗的、下流的表现，但是出于这个原因而对之刻意回避、半推半就，也不见得就是纯洁。这种"文雅"的习惯符合尼采所说的"高尚道德"的原理，它左右了人类文学几千年，可除了虚伪和一股小家子气之外什么都不代表。

何谓传统？传统就是人们已然过于习惯将玫瑰花种成一个个方块的花园，而忘记了玫瑰花是一种植物，而将之归于建筑材料的类属。久而久之，人们也就自然地认为这种方块的秩序是"美"的，其他的一切既然是"非秩序"的，所以等于"丑"，这种观点劫持了人类的公众社会审美，因而形成桎梏。而更可悲的是，认为花园是美、荒原是丑的观点已然带有很强的分析批判特色，公众社会美学框架的事实是根本不知道在花园之外有荒原的存在，柏拉图的洞穴假说构想成为了讥笑贫乏的现代人的讽言。荒芜的美感就是反对这种传统，要求人们面对一种更大的真实，而非沉湎于自己臆造的真实之中而乐不思蜀。它势必面对来自各个层面的、或别有用心或纯真无暇的恶意。

桎梏的冲破突如其来，时已至 20 世纪 60 年代，那个涌现约翰·凯奇、杰克·凯鲁亚克和安迪·沃霍尔（Andy Warhol, 1928 年—1987 年）的时代，一切进化已然势在必行了。如今已近八十高龄的当代极简主义音乐大师菲利普·格拉斯（Philip Glass, 1937年—　）, 在他年轻且较为激进时有一次曾经拿着自己的作品去给某个思想较为保守的乐评人点评，对方听了半天，小心翼翼地建议说：

或许您应该去找个音乐学院接受一点"专业"的训练？格拉斯气得几乎想当场摔门而去，但是没敢，两人还是客客气气地分了手。其实在这次会晤的数年之前格拉斯就毕业于茱莉亚音乐学院，一家全美国、甚至可以说是世界最好的音乐学府。但是对于那个"专业的"音乐人而言，作出这样的评价也绝非信口开河。格拉斯的代表作歌剧《海滩上的爱因斯坦》，从头到尾都是大段的空白和简单的重复，演员也没有台词，代之以咏读的方式朗诵音名。我们来看看其中一段过幕（knee play）的深情对唱：

男：la do la do la do, si re si re si re, sol si sol

si sol si, sol do sol do sol do,

　　女：do——, re——, mi——;

　　男：la do la do la do, si re si re si re, sol si sol si sol si, sol do sol do sol do,

　　女：mi la mi la mi la, mi sol mi sol mi sol, mi——;

　　男：la do la do la do, si re si re si re, sol si sol si sol si, sol do sol do sol do,

　　女：mi la mi la mi la, mi sol mi sol mi sol, do mi do mi do mi, – do mi do mi do mi。

而且这部《海滩上的爱因斯坦》全剧从头到尾看不出和爱因斯坦（Albert Einstein，1879 年—1955 年）有一星半点的关联之处。

　　无独有偶，被誉为"当代的贝多芬"的另外一位极简主义大师，波兰人潘德列茨基（Krzysztof Penderecki，1933 年—　），他的作品《广岛受难者的挽歌》，从曲谱上完全找不到一个我们看惯了的、那种形如蝌蚪的、令人观之心旷神怡的音符，而代之以一大条一大条的"音簇"。音簇在曲谱上的书写形式就是把五线谱的某个区域全部涂黑，这本曲谱本身就像是某种后现代涂鸦，看起来令人绝望。《广岛受难者的挽歌》充满了不和谐音，突如其来的号声代表了防空警报，狂暴的琴弦嘶鸣象征垂死者的呼号。《广岛受难者的挽歌》的听众有时会做出一个绝对不会在音乐会上出现的动作：掩耳。整个音乐会的现场冤魂号哭、恶鬼行空，好像突然打开了地狱的盖子。

　　玫瑰花就是玫瑰花，并不是为了装点花园而存在，同样的道理，音乐应该表现应当为人类文明所铭记的一切，而不仅是表现其中美好的一面。以令人"舒适"取代"描述和铭记"来理解音乐的意义，只是一种需求关系上的误解。面对一些过于坚硬的现实，例如广岛原子弹爆炸的惨景，对于传统的、以优雅和唯美为己任的音乐思想而言根本无法表现，它们（这些事实）不能、也不应该被"舒适"和"优雅"地记忆。

1997 年 4 月 5 日，美国"垮掉的一代"诗歌之父，布鲁克林学院终身教授艾伦·金斯伯格居士因为乙型肝炎的并发症在纽约往生。这个出生在新泽西州纽瓦克市的大胡子犹太人，在求学期间几乎被哥伦比亚大学开除。然而在 1955 年的一次朗诵会上，他朗读自己的作品《嚎叫》，却让整个世界呆若木鸡。这篇从形式（长句）和精神上师承惠特曼（Walt Whitman, 1819 年—1892 年）的不朽之作中，我们首先注意到的最隽永的句子是这样的：

> 他们返回纽约带着成捆的大麻穿越拉雷多裸着耻毛被拘捕，
>
> 他们在涂抹香粉的旅馆吞火
> 要么去"乐园幽径"饮松油，
> 或死，或夜复一夜地作贱自己的躯体，
> 用梦幻，用毒品，用清醒的恶梦，
> 用酒精和阳具和数不清的睾丸，
> ……
> 在空荡荡的健身房里失声痛哭赤身裸体，
> 颤抖在另一种骨架的机械前，
> 他们撕咬侦探的后颈，
> 在警车里兴奋地怪叫
> 因为犯下的罪行不过是他们自己进行了狂野的鸡奸和吸毒，
>
> 他们跪倒在地铁里嚎叫，
> 抖动着性器挥舞着手稿被拖下屋顶，
> 他们让神圣的摩托车手挺进自己的后部，

还发出快活的大叫，

他们吞舔别人自己也被那些人类的六翼天使和永生
抚弄，

那是来自大西洋和加勒比海爱的摩挲，

他们做爱于清晨于黄昏于玫瑰园于公园和墓地草丛，

他们的液体欢畅地撒向任何哪个可以达到高潮的人。

毫无疑问地，这是大段大段派严肃用场的"下流话"。尽管从字里行间我们甚至看得出翻译家煞费苦心地试图使之净化和变得高雅的痕迹，但还是令人闻之色变、难以阅读。但是我们又必须承认，这种末世的狂欢是合理的，它撕掉了过家家的面具，充满了一种狂暴的尘世的意象。当我们沉迷于某种个人或是集体的、对于未来的幻想而对当下不屑一顾的时候，我们就遗忘了生存的种种苦难。这种遗忘是一种保护自己的方式，它令我们忘记这个世界。按照金斯伯格的理解，尘世，几乎完全由各种"受害者"组成。

此语出自尤金·布鲁克斯（Eugene Brooks），金斯伯格的哥哥，一个并不是诗人的人。也正因为他不是诗人，所以他一语中的，道破了也许金斯伯格自己都不曾言说的世界的真相。

世界由正在加害他人的受害者组成。

在《父母的影响》这篇回忆文章中，尤金·布鲁克斯回忆金斯伯格时说了这么一段话：

艾伦常用的词汇中有许多是受害者的名字，这种受害者在世界上确实屡见不鲜。1960年出版的《梵高之耳揭秘》中，他笔下的受害者包括洛尔迦、马雅可夫斯基、哈特·克兰、印度人、印第安人、澳大利亚土著居民、爱因斯坦、伯特兰·罗素、查理·卓别林、热内、生病的吸毒者、萨柯和凡泽、梵·高、爱伦·坡、庞德和波多黎各人。他也用卡夫卡式的笔法勾勒出了另一方面的许多人物与事物：

战争武器、疯狂的参议院、底特律、基督教会、J.埃德加·胡佛、好莱坞、西奥多·罗斯福、华尔街、石油大亨、（财迷心窍的）有产者、金钱。艾伦在诗中写道："我因为政治而可怕残忍。"

诚如他自己所说的"我因为政治而可怕残忍"那样，如果按照我们一般的价值标准将蔑视权贵看成是一个铁骨文人应有的美德的话，那么金斯伯格无疑是最蔑视权贵的那种人。中国诗人北岛曾经写过一篇回忆金斯伯格的散文《我在人群中寻找艾伦》，里面记载了两人友谊历程中发生的这样一件往事：

> 在官方的宴会上，大小官员都慕名而来，跟他合影留念。艾伦总是拉上我，躲都躲不开。有一回，一个地位显赫的官员，突然发现我正在和他们分享荣耀，马上把我推开。我从来没见过艾伦发那么大的脾气，他对着那个官员跳着脚大骂："你这个狗娘养的！你他妈知道吗，这是我的好朋友！中国诗人！"那个官员只好赔礼道歉，硬拉着我一起照相，让我哭笑不得。

与卡夫卡不同的是，在面对道德压力造成的社会对于个人的冷漠和不友好，金斯伯格选择反击和揭露，而非逆来顺受。这是他真实的人生态度，是他活着的理由，在这种理由下，他反击的语言也是简单而粗暴的，既没有克拉提诺斯和阿里斯托芬的那种尖酸刻薄和哗众取宠，也没有梭罗（Henry David Thoreau，1817年—1862年）和佛洛斯特（Robert Lee Frost，1874年—1963年）的那种随遇而安和固步自封。这种直面的勇气自身就是一种美德，可惜的是大多数人不敢承认，宁可去煞费苦心地思量那些一点用都没有的、关于玫瑰和水仙花的诗句。看来将诗和现实联系起来是需要一个适应阶段的，使诗歌高尚的是诗意本身，而不是诗歌的语言，金斯伯格用自己的一生来藐视语言。英国剧作家克里斯·查利斯（Christopher George Joseph Challis, 1919年—2012年）在《发现艾伦》这篇文章中赞许他说：

> 在活着的美国诗人中，他是享誉最高的一个，尤其是在欧洲大陆，在英国更是如此。英国的激进派诗人安德里安·米切尔曾在一封私人的信件中写道："你无法把他的作品与他那高尚的一生分开。我认为他是一个伟人。"

> 我完全赞成这种说法。

艾伦·金斯伯格就好像是那种古代挺身而出、为民请命的英雄，在他振臂一呼揭露世界的现实和丑恶的时候，很多确实活在这个世界里的人却自欺欺人地以为这个世界"应该"是美好的。

有人认为，金斯伯格是中国20世纪80年代中期短期流行的"莽汉诗"的鼻祖，这种说法是不正确的，因为那时候中国人对于金斯伯格的了解程度并不高，莽汉诗人们大都没有读过金斯伯格的诗。直到1986年，"莽汉诗"代表人物李亚伟才第一次读到金斯伯格的《嚎叫》，据说他边读边用他的川东乡音嘟哝着骂了一句脏话：

> 他妈的，原来美国还有一个老莽汉。

这也间接地证明了这种荒芜的怒意是一种水到渠成的真理。而回顾李亚伟的诗歌，以其代表作《中文系》为例，特色上还是控诉和揭露有余，怒骂不足。《中文系》中有的句子皮里阳秋，甚至是妙趣横生的，但是我们还是觉得诗人在面对赤裸裸的语言暴力的时候裹足不前。

面对虚伪和自欺欺人，狂暴和荒芜是最有力的武器。回顾第一章中我们提到过的，从列维-布留尔概括的原始信仰"渗透率"开始，世界就变得越来越一元，人们总觉得有某种被概括出来的东西，脱离了概括行为自身，而成为一种世界的本源。但实际上，这种神是虚假的，是一种人们希望其存在之存在。几乎所有人都曾经想到过——然而最终选择了自欺欺人——的是，世界除了真实还是真实，真实就好像丛生的野草，想在哪里生长就在哪里生长，世界是一片荒原，而非花园，那种看起来像是某种园丁的、更超凡脱俗的世界的本源实际上是根本不存在的。这一点大家都心知肚明。在《黑山评论》这本期刊的 1957 年秋季第七期中，书评人米歇尔·拉姆梅尔（Michelle Lahmmel）兴冲冲地分享了他对于《嚎叫》的一点观感：

> 最大的问题是找不到一样神圣的东西。这首诗从头到尾都是关于这一神圣东西的尖叫。

这句评语应该是针对《嚎叫注释》——这是后来加上去的一段，金斯伯格自己决定将之作为《嚎叫》的第四部分——里这样的几句：

> 神圣！神圣！神圣！神圣！神圣！神圣！神圣！神圣！神圣！神圣！神圣！神圣！神圣！神圣！神圣！神圣！
>
> 世界神圣！灵魂神圣！肌肤神圣！鼻子神圣！舌头和鸡巴还有手还有屁股眼儿皆神圣！
>
> 万物都神圣！人人神圣！处处神圣！每天都是永恒！每一个人都是天使！　　.
>
> 浪子同六翼天使一样神圣！疯子和你我的灵魂一样神圣！
>
> 打字机神圣诗歌神圣声音神圣听众神圣极乐神圣！
>
> 彼得神圣艾伦神圣所罗门神圣卢西神圣凯鲁亚克神圣亨克尔神圣巴勒斯神圣卡萨迪神圣一文不名的同性恋和备受痛苦的乞丐神圣名声不好的人间天使神圣！
>
> 我那在疯人院的母亲神圣！堪萨斯的祖父爷们的鸡巴神圣！

呜咽般的萨克斯管神圣！波普爵士乐激起的启示神
圣！爵士乐队神圣！大麻嬉普士们和平佩奥特致幻剂烟
管还有大鼓神圣！

从评论的措辞上来看，拉姆梅尔承认金斯伯格是一个"了不起"
的诗人，但是对之不抱有宗教性的景仰之情，因为尚不太习惯于
接受他的狂暴、颓废和"情感上的不准确"。通常观点将《嚎叫
注释》按照字面上理解为万物皆神圣也不太准确，金斯伯格在此
的本意恰好是万物皆"不"神圣。因为"神圣"这个词其实根本
不值钱，它是一种产生于语言的次生事实。如果一定要说有什么
东西"神圣"的话，那就是"万物皆不神圣"这个观点自身神圣。

　　难道不是吗？"神圣"这个概念只是被人们装点得很伟大而
已，而自然的荒芜是毫无疑问的真正的伟大。1958 年，金斯伯
格写了一首献给诗人弗兰克·奥哈拉（Frank O'Hara，1926 年—
1966 年）的《我的悲哀的自我》的诗，在诗歌的结尾处，金斯
伯格心驰神往，不可遏制地将曼哈顿想象为一片远古的莽原：

　　　这般痛苦通向

　　　郊野，这个大坟场

　　　这片宁静之地，在临终的床上或山上。

　　　一旦亲临此境

　　　从此将不会苏醒无所企求

　　　万念俱灭。

　　　就在这儿我所见到的曼哈顿的一切都将消失。

将城市想象成荒原，是现代诗人表达孤独的一种常用手法。与金
斯伯格此诗相似的，我们来看看博尔赫斯《比奥尔图扎的落日》
（1925 年《面前的月亮》集）的前半段：

　　　傍晚，

　　　让人联想到了最后的审判日。

街道好像天空的一道伤——

我不知道它尽头那火一般的光亮，

究竟是回光返照、

还是天使的形象？

距离，就好像梦魇般地压在我身上。

地平在线，

大煞风景的是一道铁丝网——

世界似乎已经毫无用处，

它正被弃置在一旁。

......"

城市化繁荣了文明，却加深了寂寞。人性也是如此，人在变得越来越智慧——越来越适应于语言文明——之后，也就越来越寂寞。也许荒芜就是这种滚滚的寂寞，再来一首，里尔克（Rainer Maria Rilke，1875 年—1926 年）1902 年写于巴黎的《寂寞》：

寂寞

就好像一阵雨。

它从大海向黄昏升去、

从遥远而荒凉的

平芜，

升向了它久住的天国。

它正在从天国

向着尘世陨落。

像雨一样降下来。

在那暧昧的时刻，

一切街道迎向了明天。

那时肉体一无所得，

只好失望而忧伤地两下分散；

那时两个人会互相嗔怨，

他们却

不得不同卧在一张床上。

　　于是乎那寂寞滚滚流淌……

然而独特的是，与博翁寂寞的优雅、里尔克寂寞的忧伤相比，金斯伯格表达的是一种寂寞的愤怒。

　　在整理金斯伯格的遗稿中，人们发现了一张小纸片上写了一小段文字，没有见诸于任何时期的传媒发表，也无从考证这段文字写于何年何月。在这篇短文中，金斯伯格承认自己的易怒，而且觉得应该以一种平常心来对待这种愤怒。而如何面对愤怒的建议也是发泄，而非压抑，愤怒的发泄具有一种修行性质的神圣性：

　　容忍的基础是愤怒。治疗愤怒的良药是认识到你的愤怒。"愤怒并不一定要导致感情的突发。"诗人杰克·凯鲁亚克说。如果我们尝试着去注意我们的思想，去"抓住我们的想法"（正如美国习语所说的），我们就能够更好地让我们的怨恨和不时爆发的怒气显示出来，把我们情感的怨气发泄出来——正如西藏喇嘛所说，这样可以消除80％的愤怒。

寂寞无处不在，令人愤怒，而且绝不神圣。

　　但是你可以将之想象得很神圣，这种想象相当别致，慰藉了我们漫漫长途中孤寂的心境。

　　金斯伯格对于社会尤其是对于政治的不友好，也许是出于这种"神圣"概念的次生语言特性，虽然作为一代语言大师，金斯伯格自己对于语言也缺乏信任，这可能是拉姆梅尔认为他的诗在情感上"不准确"的原因，情感就是情感，语言"表达"情感的是否准确无足轻重。金斯伯格崇敬的是事实以及基于事实的情感，语言的优先级本应在事实之后，但是却被提高到了信仰的位置。金斯伯格虽然并不反感这种对语言位置的过度诠释，但是对之也不抱好感。所以金斯伯格对于一切基于语言上的事实，态度都非常洒脱，尤其反感那些基于次生性却又被夸大为根本的语言事实，这种事实最具有代表性的就是政治和传媒。他认为语言是虚无的，通过语言来感受实有本来就是一种本末倒置的行为，金斯伯格曾经说过："无论是谁，控制了媒体、图形，他就控制了文化。"这种看似了不起的行为——控制文化，其实没什么大不了的，因为媒体、图形和文化都是次生的语言事实，只是一种你方唱罢我登场的游戏规程而已。

说起游戏，1982 年秋天，在美国洛杉矶召开的中美作家会议上，金斯伯格和他的朋友、时任作家协会副主席的中国作家蒋子龙开玩笑，问了一个问题："把一只 5 斤重的鸡放进一个只能装 1 斤水的瓶子里，您用什么方法能把它拿出来？"后者机智地回答道："您既然是凭嘴一说就把鸡放进瓶子，那么我当然就凭嘴一说就能把它拿出来。"金斯伯格乐得咯咯笑个不停，对于这个答案非常满意。

这段妙趣横生的、实际上已然相当接近禅宗机锋的对话非常符合金斯伯格晚年孤寂的心境。尽管金斯伯格的晚年在无穷无尽的演说、作序、获奖和无处不在的崇敬目光中度过，但是寂寞已经成为了他生命的一个部分，因而在长时间的修炼和整合中转变成了一种令人舒适的东西，寂寞就是荒芜，荒芜虽然无人问津，但也更加令人随遇而安。尽管他努力试图避免使自己变得不再是自己，但年岁的增长、信仰的更迭和生存境遇的改善使那变得很难办到，他从很早以前起已然不再愤怒，只是还保持着尖锐。不过这个（愤怒的个人风格）也已经不再重要，遥远得好像是别人的事。所以，金斯伯格得出结论是，艺术家具有创造性的寂寞就是一片荒原，荒芜既不欢迎任何事物，也不抵触任何事物。艺术家对于强烈情感的孜孜以求是无病呻吟，隐修者对于强烈情感的谈虎色变是掩耳盗铃，尽管这两者都没有错，或者说一切错误都被容纳了，也不要以为它们就是人生的意义。

按照一般的文学评论观点，金斯伯格"敌视"政治，这个说法正确但是不全面，确切地说金斯伯格是"蔑视"政治，是要为"灵性"在"语言"中争得应有的尊敬。人类的灵性是非语言的，有了这样的灵光一点，语言才会诞生。但是现在本末倒置，语言通过道德劫持了文明，金斯伯格为此又愤怒又无计可施。这个世界令人愤怒的现状就是，"语言"对于"事实"阳奉阴违，"道德"对于"语言"阳奉阴违，"政治"对于"道德"阳奉阴违，但是除了政治之外，其他的几个层面都不是一个身在此山中的、文明的个体能够撼动的。"政治"是"语言"最有特性的也是最极端的表达形式，所以他的满腔怒火就自然而然地全部倾注到了政治之上。这种看法的证据是，金斯伯格在形式上以惠特曼作为导师，但是他在灵魂上的、观念上的神像却是雪莱（Percy Bysshe Shelley，1792 年—1822 年）。这一点在不止一处的金斯伯格传记中都得到了证实，初次造访英国的时候，金斯伯格特地安排时间去寻访雪莱遗踪，当有人带领他来到牛津大学雪莱住过的寝室——其实雪莱在这里只住了几个月就被开除了——时，金斯伯格双膝一软，跪倒在地，情不自禁地去亲吻那里地板上的灰尘。

如果说惠特曼是"拒绝"这个俗世的、遗世独立的"诗人"的话，那么雪莱就什么都不是，因为对于他来说这个俗世完全不存在。雪莱在米兰度过他人生的最后两年。据说有一次他一个人独自坐在河畔林间，沉思着，忘记了自己的存在。微风吹来，身边散乱的诗稿漫天飞舞。当他的朋友，一个叫屈劳尼（Edward

John Trelawny，1792年—1888年）的人发现他，并劝他回书房去时，他却惊讶地回答说：

我这不就是在书房里吗？

在这之后不久，他即在一次事故中罹难。据说在火葬时，他的心脏三个小时都没有焚毁，屈劳尼不顾一切地将之从火中抢出，为此烧伤了手。这颗心，被埋葬在罗马，并在墓碑上刻上了"众心之心"的字样。

对于雪莱的死，拜伦（George Gordon Byron，1788年—1824年）写的诗中有这样的话：

我的天才的朋友不存在了。……对于英国来说，天才好像是它的负担，是它的诅咒。

岂止对于英国而已。

雪莱沉湎于自己的世界，对于外界说不上迎合，也说不上抵触，但是这个俗不可耐的俗世面对雪莱，却如临大敌。

我们充满欣慰地看到，金斯伯格晚年已经变成了一种类似雪莱的存在，形单影只。诗意对于他来说已然是一种个人气质，而非一种技能。世界是内省的，他不再需要去抵抗什么、敌视什么，因为那对谁都没有好处。1989年，在他的老朋友、艺术家安迪·沃霍尔去世两周年的作品回顾文集中，金斯伯格写下了这样一段话：

长远看来，以酷毙的匿名艺术的方式来摆脱自我中心的主观性是毫无必要的。与一个驯服的透明自我之间的友好关系是对更加强烈的感情的鼓励，并非导致其幻灭。一些人以清教徒般无我的美学为其目标，却往往以自杀告终，要么就沦落到秘密地为权欲而疯狂的处境。

过了几年，金斯伯格自己也去世了。

IV 侘寂

让我们继续这种仿佛意识流般的、扯到哪里算哪里的讨论，从金斯伯格与世无争的晚年生活开始本节的探讨。1992年正式皈依之后，金斯伯格给自己起了一个别致的法号，叫"达摩之狮"。认识他的人无不失笑，觉得这个名字贴切得简直无与伦比：这个金鱼眼、大胡子、喜欢云山雾罩地胡吹大牛的犹太老头，他既有达摩的睿智，又有狮子的勇猛，甚至还有罗汉的法相。

1986年，博尔赫斯老人去世，至死都没有消除"不去中国旅行，死不瞑目"的遗憾，可就在他去世前——当然，这两件事彼此之间并没有因果关联——两年，金斯伯格和加里·施奈德（Gary Snyder，1930年—　）却受到中国同行的邀请，到南京、上海、北京和桂林痛痛快快地玩了一大圈，游学访贤、寻幽觅胜、大吃大喝。那时候金斯伯格在中国已然非常有名，受到的接待隆重而令人惊喜。早在20世纪70年代，他受到加里·施奈德的影响，对于佛学的兴趣已然非常浓厚。上海方面的陪同人、上海复旦大学外语系教授孙建为此特地安排金斯伯格前往南京游览南朝古刹栖霞寺。金斯伯格和"垮掉的一代"的其他文人一样，对于佛学的理解以密教为主，对显教除禅宗之外的其他宗派——例如三论宗，栖霞寺还是号称"肇什之学"的三论宗的发祥地——由于语言的局限则非常陌生。孙建回忆说，这次难忘的栖霞寺游览，金斯伯格瞻仰了达摩画像，并在住持禅房打坐冥想了二十分钟。最后，住持带领他参观藏经阁的时候，金斯伯格看着汗牛充栋的几千册大藏经卷，兴奋得两眼放光、艳羡不已，无奈乎一个字也看不懂。对于这次探求之旅，金斯伯格兴奋得像个孩子，对于所见到的一切都大惊小怪。

1986 年 11 月 5 日，深秋的上海已然寒意袭来，身在向来没有取暖设施的中国南方，金斯伯格误以为中国落后得冬天连暖气都没有。在旅馆房间的暖气和窗外萧瑟秋意宛如两重天地的一个午前十时，金斯伯格写下了《读白乐天抒怀》。尽管无从考证，但我们还是相信这首诗的诞生与这次栖霞寺寻禅之旅不可能没有关系。而且人们通常也难以相信一个书写"他们跪倒在地铁里嚎叫，抖动着性器挥舞着手稿被拖下屋顶"的诗人斗士，会吟出这样的句子：

> 当我离开人世，我的诗化为乌有而我的名字
>
> 被人遗忘，我的自我会再生为一个鲁莽的体力劳动者
>
> 在河北的一条公路旁采伐石头，冻得瑟瑟发抖。

金斯伯格此诗可谓深得禅中深意。虽然从这首以暖空调起兴而大发感慨的佳作中暂时看不出和白居易有什么联系，但白居易晚年确实写过一首情怀与此类似的诗，《山下留别佛光和尚》：

> 劳师送我下山行，此别何人识此情。我已七旬师九十，当知后会在他生。

而另外一个联想是曹洞宗第二十七代祖师、云门寺住持散木圆澄（1561 年—1626 年）的《赵州祖师语录》中有这样一句禅机说：

> 问："如何是赵州主人公？"
>
> 师咄云："这箍桶汉！"
>
> 学人应诺。
>
> 师云："如法箍桶着！"

仅仅以悲天悯人的情感色彩来看待金斯伯格的这句诗虽然不错，

但并不到位，尽管悲天悯人也是禅宗的情感基调。禅宗所悲悯者并非人世的境遇，而是万物"实有"的平等、因缘的繁复和轮回的苦楚。而当意识到世间万物都是自性的映射时，桂冠的诗人和穷困的民工之间的区别就变得不再实有了。当他寒冷时，世界是一种感觉；当他骄傲时，世界是一种心境。总之世界绝非常人所想象的那样熙熙攘攘，真相很有可能像三论宗的僧肇和尚推测的那样，世界是透明的，什么都没有，空阔、寂寞、幻像如烟。

1908 年，爱因斯坦的老师、四维时空理论的创始人赫尔曼·闵可夫斯基（Hermann Minkowski，1864 年—1909 年）出于对世界的解释，提出了他的宇宙线构想。在《心灵学》这本书中对于这一理论模式的描述是这样的：

> 在这个宇宙中，一个物体（一个人、一张桌子、任何东西）从诞生到死亡占据着一条宇宙线。这样的宇宙是静态的，它没有过去、现在和未来。在观察者的意识介入之时，他便把意识觉察到的那一刹那的时空整体定义为现在。一些理论家依某种方式假定，意识就像一道微弱的火光随着观察者的宇宙线向前移动。于是，尽管四维的封闭宇宙是静态的和不变的，他仍有一种"事情发生了"的错觉。这种错觉就好比我们在夜间的那种体验，当车飞速行驶时，树木突然涌现，而当车拐了个弯时，它又从前灯的光环中消失。

发表这段言论的次年，闵可夫斯基随即去世，所以将这段比喻看成是闵可夫斯基毕生所学、四维时空理论的精华也不为过。如果我们将经典欧氏几何的长宽高看成是这个统计宇宙的三个维度的话，那么对于这三个维度的主观观测就是宇宙的第四个维度。当代维度学说将时间看成是第四个维度，但这二者并不冲突，时间就是观测者的观测进度。闵可夫斯基假设宇宙是静止的，但是当观测者自身运动时，宇宙的变动还是在参照系中产生了。我们可以根据闵可夫斯基的这段话来编排这样一个小小的故事：我们将世界想象成一片无边的荒原，我们自己是这片荒原上的唯一一株小草。出于寂寞、永恒的寂寞，尽管荒原是空阔的，我们还是将之想象为熙熙攘攘、万象更新；尽管我们自己和荒原一样是永恒的，我们还是将人生想象为白驹过隙。

赵州和尚和艾伦·金斯伯格，根据自己来推测那个流着清水鼻涕、冻得瑟瑟发抖的河北民工乃至整个世界大概是虚幻的；而僧肇和尚和闵可夫斯基，则因为"自己"反而是自己所目睹的这个"世界"的"余数"，而觉得连自己也是虚幻的。一切都是虚幻的，一切都是永恒的寂寞。

1968 年和 1969 年，在尼尔·卡萨迪（Neal Cassady，1926 年—1968 年）和杰克·凯鲁亚克两位好朋友先后去世后，金斯伯格又独自活了差不多三十年，而他另外一位好朋友、也是他学佛的引路人加里·施奈德则到现在还活着。北岛回忆说，金斯伯格的小公寓但凡有来访者，他经常会播放自己和凯鲁亚克喝酒聊天的录音，缅怀故友。两个醉醺醺的流浪汉，时而说出一两句睿智得简直代表了人类文明的思考精华的话，如同闪电般击中听者，可尚未等到听众反应过来，交谈又回到了絮絮叨叨、毫无头绪之中。在劣质的录音记录中，他们的声音好像洇上了一层水汽的镜面，又含糊又遥远。但是在凝神倾听造成的某种类似宗教体验的时空环境之中，没有人否认这声音具有直击心灵的力量。数十载间不容发的风雨流年，它似乎已经变成了一种久远的密码，只有老态龙钟的金斯伯格能听得懂，而且那很快也将会变成一个不解之谜。听到动情处，金斯伯格完全不理来宾的茫然无措，自顾自掏出手帕抹咸水儿。

在金斯伯格的《嚎叫》正式出版的次年，凯鲁亚克在佛罗里达写出了《达摩流浪者》这部小说，描绘一个无欲无求的年轻人随遇而安的背包旅行，以此文向寒山诗僧致敬。

《达摩流浪者》中的一切，性的放纵、自给自足的生存方式、靠徒步和搭顺风车完成的旅行，还有在旷野之中收集枯枝烤牛排，对于循规蹈矩、几十年如一日地生活着的芸芸众生而言都是陌生而遥远的，但是对于彷徨于人生价值的年轻人而言却不啻是一声当头棒喝。很多人从书中的贾菲·赖德身上看出了艾伦·金斯伯格的影子，虽不中亦不远矣；另外一些人看到的是尼尔·卡萨迪，这也对；还有人认为是加里·施奈德，他们都没有错。其实，正确的答案很有可能是加里·施奈德，理由是贾菲说过一句话：

> 我打算写一首名为《山河无尽》的诗。我要把它写在卷轴上，不停地写，每遇惊奇就立刻记录，它会像一条河一样，不绝如缕。

而加里·施奈德相当重要的·本诗集就是《山河无尽》。这种亲近自然、在溪山寂寥中寻求自我的即兴旅行在他们的团体中很有市场。1965 年 9 月，加里·施奈德邀请金斯伯格和另一位喜好冒险的姑娘贾斯汀一起开露营车去冰川峰游玩。他在《山河无尽》里最后一首诗《寻获心灵的空间》的开头部分，回味无穷地追忆了这次旅行：

> 六十年代初次见它，
> 我驾驶着大众露营车
> 同行中有一位癫狂的同性恋诗人和
> 一位嗓音沙哑，迷人却爱冒险的女孩。
> ……
> 啊！
> 空观！

萌生出满心的慈悲！

《达摩流浪者》中也有这么一段，贾菲和史密斯两兄弟心血来潮，突然想去攀登加利福尼亚和内华达边界的高山马特峰，他们什么准备都没有，喊了几个人就莽莽撞撞地出发了。

想想看，如果整个世界到处都是背着背包的流浪汉，都是拒绝为了消费而活着的"达摩流浪者"的话，那会是什么样的光景？现代人为了买得起像冰箱、电视、汽车（至少是新款汽车）和其他他们并不是真正需要的垃圾而做牛做马，让自己被监禁在一个工作—生产—消费—工作—生产—消费的系统里，真是可悲而可叹。你们知道吗？我有一个美丽的愿望，我期待着一场伟大的背包革命的诞生。届时，将会有数以千计甚至数以百万计的美国青年，背着背包，在全国各地流浪，他们会爬上高山去祷告，会逗小孩开心，会取悦老人家，会让年轻女孩爽快，会让老女孩更爽快，他们全都是禅疯子，会写一些突然想到的、莫名其妙的诗，会把永恒自由的意象带给所有的人和所有的生灵。

"背包生活"变成了"背包革命"，一种伟大的自由意象宛如流水，冲刷着营地周围的冷杉、岩石、积雪和灿烂的星空。凯鲁亚克把这段布道安排在马特峰脚下山涧溪谷的一个星光之夜中，这段话此时此刻也令人仿佛看到了那鳞次栉比的西海岸群山，在向晚愈来愈幽暗的霞光之中高耸入云、气势非凡；仿佛看到了几百万人盯着电视目不转睛的同一个晚上，山间营地里几个流浪汉点燃一堆微不足道的篝火；星群如同一把随手撒去的宝石，在他们的头顶光彩夺目。陌生的、沉郁的意气，正在冲决着他们的胸膛。虽然他们自己已经身处一万一千英尺的高空，可是马特峰离他们还有一千英尺，也可能更高。站在那上边感觉能够将整个加利福尼

287

亚尽收眼底，天似蓝宝石的穹窿，空气便如冰凉的流水，目光穿过一些远得几乎看不见的河谷和台地，还能够眺望到同样神秘和深邃的内华达。

《达摩流浪者》告诫人们的不过是禅宗中的一些浅显的道理，心所适处，即是身所适处，可惜这点道理人人都懂，却很少有人身体力行。一个身体和心灵双重自由的人毫无疑问是自由的，但是俗世的纷扰却决定了大多数人因为道德、因为责任、因为家庭，身体不是自由的；更多人甚或因为感情、因为欲望、颠倒梦想，心灵也不自由。所以在这种心灵生活精巧、但是身体生活却不得不粗糙的情形下，保证心灵的自由更加难能可贵。《达摩流浪者》通过几个游手好闲、吃了上顿没下顿的流浪汉的眼睛看世界，世界很空阔，自由的意象是永恒的，世界是每一个人自己的世界：

> 一个人在旷野里祷告，其价值要超过全世界的庙宇加在一起。

恰如苏格拉底在书斋的门楣上挂上一块匾额，上书"认识自己"那样，人应当怎样面对自己的心灵生活？我想我们应该给这块匾加个注，正视心灵的自由等同于正视心灵的寂寞。

"侘寂"这个词，在日语中原来的写法是"侘び寂び"，读音是"wabi sabi"。侘び祖述于日本战国时期茶人千利休（Sen Rikyuu，1522 年—1591 年）创造的侘び茶；而寂び在古语中也可写作"錆"，日语的意思是生锈，这种岁月堆积的陈旧感是俳人松尾芭蕉（Matsuo Bashou，1644 年—1694 年）所极力推崇的美学面貌。侘寂在佛学中属于《瑜伽经》三十二相中的"麁相"，"麁"是"粗"的古字，追求的境界是一种外有时间感、内有层次深度，而在态度上不滞于物的美学修养。我们来欣赏一下寒山子的这首诗：

> 朝朝花迁落，岁岁人移改。今日扬尘处，昔时为大海。

而寒山子本人也正是艾伦·金斯伯格乃至前文提到的艾米·洛薇尔最喜欢的诗人，中国唐代三大白话诗人——这个提法出自胡适的统计，另两位是王梵志（生卒年不详）和王绩（约589年—644年）——之一。按照文史学家严振非的考证，寒山的真实身份很可能是隋滕穆王杨瓒之子杨温，是隋文帝的侄子。日本东京梅泽纪念馆收藏有大川普济书法偈二首，属于日本重要文化遗物，其中后一首题为《四睡》的诗是这样写的：

> 离了娥（峨）眉别五台，倒骑白额下天台。松间石上梦中梦，唤得闾丘太守回。

偈子题目的"四睡"是指寒山、拾得、本诗的主人公丰干和丰干的坐骑虎。这首偈子所说的故事出自《景德传灯录·卷二七》：

> 闾丘异之。乞一言示此去安危之兆。师曰："到任记谒文殊普贤。"曰："此二菩萨何在？"师曰："国清寺执爨洗器者寒山拾得是也。"闾丘拜辞乃行，寻至山寺。问："此寺有丰干禅师否？寒山拾得复是何人？"时有僧道翘对曰："丰干旧院在经藏后。今阒无人矣。寒拾二人见在僧厨执役。"闾丘入师房，唯见虎迹。复问道翘。丰干在此作何行业。翘曰："唯事舂谷供僧。闲则讽咏。"乃入厨寻访寒拾。……
>
> ……闾丘公入山访之。见寒拾二人围炉语笑。闾丘不觉致拜。二人连声咄叱。寺僧惊愕曰："大官何拜风狂汉耶。"寒山复执闾丘手笑而言曰："丰干饶舌。"久而放之。自此寒拾相携出松门。更不复入寺。

在民间传说和文艺表现中，寒山和他的伙伴拾得"风狂汉"的形象就恰好符合了我们所说的侘寂——麁相的特色，有时间感、有层次深度、在态度上不滞于物，而成为侘寂美学较为青睐的艺术题材之一。在一些较为玩世不恭的艺术作品中，他二人通常被描绘为眼珠翻白、张嘴傻笑的、真正的癫子的形象。这种外表的粗糙（愚癫）在禅机中是宝贵的，它代表了璞玉浑金、朴实未开的真挚境界，任何雕琢（聪明）都是虚伪的。清朝王晫（1636年—？）在他的文坛掌故笔记《今世说·卷二·言语》中记录了一个名叫袁于令的人说过的这样一句话：

> 袁箨庵云：名誉人之贼也，安逸道之贼也，聪明诗之贼也，爽快文之贼也。

对于这位不算太有名的古人，袁于令，我们只知道原名韫玉，又名晋，字令昭，一字凫公，号箨庵，又号幔亭、白宾、吉衣主人，吴县人，担任过荆州太守，是明清之际的一位文人音乐家。晚年住在绍兴，死于厌食症或食道癌一类的进食障碍类疾病。他的这句话可谓深得禅意文心之三昧。

这里还有一个关于侘寂厌巧而乐拙的小故事。被誉为日本茶圣的千利休在茶道上受学于武野绍鸥（Takeno Shouou, 1502年—1555年），但是总觉得老师绍鸥是诗人出身，在茶道上想法太多，有一种文人务巧的遗憾，于是潜心思考适合自己的茶道美学。利休中年时，茶道思想已经成熟，根据以"和敬清寂"作为风格的利休茶道美学，所营造的茶室封闭昏暗，入口狭窄如狗洞，来访者只能爬进爬出。在这样艰难的狭小的入口和室内空间中，武士不能佩剑、君王必须俯首，幽暗的光线令人们遗忘了俗世的一切。

有一次，利休命令儿子道安打扫茶室的花园。道安打扫完成之后，利休看了摇摇头说："不够干净。"道安只好再打扫一遍，可是利休还是不满意。道安前后打扫了三遍，花掉了整个白天的时间。庭院里的每一根枯草都细心地拾起来，石灯笼和树枝都擦拭干净，青苔上都小心地喷上了一层水珠。利休出门只看了一眼，还是笑笑说："不够干净。"

道安觉得委屈，向父亲诉苦说："现在实在是没有什么事可以做了。石阶已经洗了三次，石灯笼和树上也洒过水了，苔藓和地衣都披上了一层新的青绿。地上已经找不到一根树枝和一片叶子。到底怎样才算干净？"

利休微微一笑，走到被道安收拾得一片碧绿的苔草地前，轻轻地摇动树枝。枝头的枯叶落下来，洒满了翠绿的方圆之地。道安看得呆了，蔚蓝的天空下，明亮的夕阳照射在碧绿的苔地上，点点的红色落叶错落有致，流光铄金。

利休不紧不慢地对道安说："这样才算干净。"

这种祖述于中土的清雅思想，其实在宋朝的时候已经颇具体系。茶道的价值是雅致和舒适，这种思想在宋代已经被固定下来。明代有个叫屠隆 (1544 年—1605 年) 的人，曾在《茶说·八之侣》中有这样一段话说：

> 茶灶疏烟，松涛盈耳，独烹独啜，故自有一种乐趣。
> 又不若与高人论道，词客聊诗，黄冠谈玄，缁衣讲禅，知己论心，散人说鬼之为愈也。对此佳宾，躬为茗事，七碗下咽而两腋清风顿起矣。较之独啜，更觉神怡。

这样的语言在中国的文学理论之中浩如烟海，无论如何都不会让人感到陌生。因为它们是中国文化中庞大的"隐逸思想"的一个组成部分。枯寂的茶席，残破的器具，只要联想到《归去来辞》《醉翁亭记》，没有中国人会不接受它们的意境。陈旧和残破是"时间"这个概念的物化形态，它们理应受到尊敬和玩味。

出于文化上的差异和学脉上的断续，日本茶道可能是一种在精神上更为独立的东西。而且恰如本书开篇所引用的前田庆次的诗歌所表述的那样，日本人的文化思想中死亡意象更为重要。所以在中国人心目中的隐逸退归，在日本人看来就可能理解为死亡的寂寞和万物的无常，这二者虽不抵触，但是视角之间的差别还是显而易见的。

恰如《琵琶行》中"座中泣下谁最多，江州司马青衫湿"这样的中国式的文人风骨，主题永远是俗世和情操之间的离合取舍。白乐天的这首诗令人想起了另一个关于英雄的泪水的故事，但是不辨真伪，姑妄听之。还是这位儒雅高致的千利休，他与权倾朝野的关白太政大臣丰臣秀吉（Toyotomi Hideyoshi, 1537 年—1598 年）是好朋友。在一次插花雅集上，秀吉为了捉弄利休，给他准备的花器是一枚扁平的铁盘，旁边放上一枝含苞待放的梅花。盘子插不住花枝，插花根本就不可能完成。谁知轮到利休创作时，只见他往铁盘里倾了一点水，神情肃穆，将花朵和花苞一点点揉碎，让花瓣飘落在铁盘子里的水面上，任意浮沉；然后他把剩下两三朵残花的枯枝恭恭敬敬地放在一旁，顿首谢幕。依然保持着鲜嫩的花瓣漂浮在黑黝黝的铁盘上，枯萎和死亡已然近在咫尺，足音铿锵可闻，浮沉仿佛一种挣扎。这种无可奈何花落去的、无解的死亡意象，让场上所有的与会者都惊呆了，人们屏住呼吸、瞠目结舌。铁石心肠的秀吉，像个吃惊的孩子一样呆呆地看着铁盘上起伏浮沉的花瓣和气息奄奄的枯枝，泪水，无休止地从这位戎马倥偬一生的老人瘦削的双颊上流淌下来。

自然是侘寂思想的基石。死亡是一位透明的老师，尽管它在自然中无处不在、俯拾皆是，是侘寂和无常的思想令它变得可见、可感和可敬。类似思想在西方精神史中虽不多见，但是西方具有自己的、关于死亡的无常观念。14 世纪，欧洲爆发了一场被称为是"黑死病"（其实是鼠疫）的、极为悲惨的大瘟疫，疫区中央的意大利十室九空，人们觉得世界末日就要到来了，前文提到过的《十日谈》就是这个历史条件下的产物。黑死病的横行催生了欧洲文艺中较早的无常思想，死亡对于任何人都无差别这一看法，从此之后在欧洲人的心目中根深蒂固。我们来看看据推测可能出自安布罗吉奥·洛兰泽蒂（Ambrogio Lorenzetti, 1290 年—

1348 年）之手的、位于比萨市的文艺复兴遗迹，大公墓廊庑壁画《死亡的胜利》，画面分成三段，左边是三位饱食悠游的年轻骑士在路上遇到三具饿殍，中间是仕女在花园中欢聚，右边却是恶魔驱赶灵魂堕入地狱。一切花团锦簇都只是过眼烟云而已。

这种意境令足够敏锐的诗人感到伤感和绝望，雪莱是他们中间的佼佼者。在《生命的胜利》中，雪莱吟了这样的两句：

> 别的人悲哀地行走在
>
> 他们自己的阴影里，并称它为死亡。

文学评论大师、已故燕京大学教授威廉·燕卜荪（William Empson，1906 年—1984 年）在他的著作《朦胧的七种类型》的第 5 章"侥幸的混乱"中引用了这句诗，认为这首诗的表述不够准确，有些不知所云，但并不认为这种不精准乃是一种错误，诗意本就无所谓正确和错误。其中真正的原因除了雪莱本人的精神状态时常处于一种空灵的恍惚之中以外，也许朦胧和恍惚正是自然本源的、死亡的意象。痴迷于以空间和位移理解一切的凡人总觉得生命是一条路，死亡就是这条路的尽头，其实死亡的印象如同迷雾般地萦绕在你赖以立足的方寸之地的四周，前后左右，一个人永远都不可能知道自己什么时候就一脚踏入那片迷雾，然后等他想回头时，发现刚才的那条小径再也找不到了。

生命的胜利就是死亡的胜利。

如果生命是宝贵的，那么死亡也同样是宝贵的。侘寂的思想就是将死亡看成一种诗意的宝物，在这一层意思上，死亡有很多近义词，陈旧、剥落、侵蚀、损耗、残缺、苍老、病弱、黄昏、黑夜、残花、枯枝、落叶、寒月……蒲留仙《聊斋志异自序》里有这样几句话：

> 独是子夜荧荧，灯昏欲蕊；萧斋瑟瑟，案冷疑冰。集腋为裘，妄续幽冥之录；浮白载笔，仅成孤愤之书。寄托

如此，亦足悲矣！嗟乎！惊霜寒雀，抱树无温；吊月秋虫，
偎栏自热。知我者，其在青林黑塞间乎！

死亡不仅是一种事实，它还是一种气质，一种文明的消极美学气质。这里所涉及的，几乎是岁月的全部。

1808 年 10 月 2 日，歌德六十岁，在埃尔富特接受了拿破仑皇帝的邀见，俗世的皇帝和思想的皇帝，共同度过了一个畅所欲言的、愉快的午后。在这次会晤前，拿破仑已经反复读过七遍《少年维特之烦恼》，甚至在远征埃及的时候也手不释卷。但是面对这位耆宿宗师，拿破仑还是坦诚地表达了自己的看法：对于小说的结局不太满意。拿破仑认为，将维特自杀的原因归咎于虚荣心似乎不能服人，以维特的热情性格不应该走这条短路。歌德听后笑出声来，认为这位"马上皇帝"可谓是知音。但是他随后回答说，用特殊的艺术手法能够达到特殊的效果，诗歌和小说不是纪实，"对"或者"不对"并不是最重要的。拿破仑颔首微笑，对于这个回答也表示满意。

然而令人始料未及的是，《少年维特之烦恼》风靡欧洲大街小巷，一时为之洛阳纸贵之后，社会上掀起了一阵"维特热"，少年们模仿维特的衣着打扮、言谈举止。接下来歌德最担心的事终于发生了，有数位少年甚至模仿维特的结局，诗意而顾影自怜地自杀。歌德对于这种极端的行为哭笑不得，因而写下了那首声闻遐迩的卷首诗《劝君思》：

> 青年男子谁个不善钟情？
> 妙龄少女哪位不爱怀春？
> 这是人性中的至纯至净；
> 为何其间会有惨痛飞进？
>
> 可爱的读者哟，你哭他，你敬他，

但请在被非议之前挽救他的声名。

请听那墓中的幽魂正在向你耳语：

要做个堂堂男子，不可步吾后尘。

其实这种局面的出现并不出人意料，生命的珍贵和死亡的珍贵其实是一回事，歌德只是在无意中提醒了人们注意到了这一点。

所以，不要把生命和死亡对立起来，侘寂的视角就是以一样的眼光看待生命与死亡，在生与死这两个巨大的磨盘永无休止的磨砺之中，个人的自我永远是孤独的。为了遗忘这种孤独，精致不如粗糙，博学不如无知。我们还是将视角再移回东方。朝日奖得主、"鸟瞰式"历史书写的开山鼻祖司马辽太郎在短篇小说集《丰臣家的人们》中的一篇《八条亲王》里，曾经讲了这样一个关于狭窄和遗忘的故事。丰臣秀吉平定天下后，大兴土木，建造了大阪城作为自己的官邸。在这座被司马描述为"中国和天竺都没有的那么庄严和雄伟的城堡"的大阪城里面，秀吉却造了一间只有两张榻榻米大（三平方米）的茶室。人坐在里面连腰都伸不直，连位极人臣的关白太政大臣丰臣秀吉在里面也只能"弓着背，犹如一个乡下老头似的"品茶。有人表示不解，对此司马的解释是，"这正是茶道所提倡的所谓侘寂"，他借文中人之口咏了一首诗，接着又作了一个比喻。这首藤原家隆（Fujiwara Karyu ?—1125 年）的诗是这样的：

让一心盼望繁花盛开的人

看看

山村残雪间的

春草吧。

而比喻则是，把一匹千金宝马系在一所简陋不堪的茅屋里，这景致体现的正是侘寂。

侘寂"闲适"的境界，很多情况下都托付于自然来完成，因

295

为在没有人打扰的情况下，溪山清远是最闲适的。一如加里·施奈德的诗作《松冠》（*Pine Tree Tops*），此诗收录在《龟岛》集子里，目前没有特别好的翻译。我们不妨姑且试之：

In the blue night
frost haze, the sky glows
with the moon
Pine tree tops bend snow-blue
fade into sky, frost, starlight.
the creak of boots,
rabbit tracks, deer tracks,
what do we know?

（蔚蓝此清夜，
霜天月华明，
松冠染其色，
覆雪碧如茵，
天霜星既隐，
兔踪复鹿形，
清远不知处，
踏雪裂帛声。）

言归正传，藤原家隆的那首俳句，以及其他的许多首，在表现侘寂的思绪方面似乎颇有独到之处。俳句的规则除了五七五的三句分音外，最重要的规范就是每句必须有"季题"，也就是能够体现出季节的词语，来表达时光的流逝、孤寂和凋零无所不在。我们来看看正冈子规（**Masaoka Shiki**，1867 年—1902 年）的这一首俳句：

"蛸壺や
はかなき梦を

夏の月。

（粗陶章鱼壶，

壶中高枕梦黑甜。

天边夏月闲。）

这种静谧闲雅的氛围是子规的俳句中经常出现的精神面貌。俳句味淡，表达忧伤心情的时候也要求淡漠和优雅，再例如这首立花北枝（**Tachibana Bokushi**，生卒年不详）的俳句：

さびしさや

一尺消えて

ゆくほたる。

（流荧光点点，

明灭只映尺许间。

寂寞何以堪。）

　　而那些在句式和季题上不符合规范的作品，被称为"川柳"而被看作是外行之作。吟"川柳"而成大家者，我们不应该遗忘自由律俳句的先驱种田山头火（**Taneda Santōka**，1882 年—1940年）。跻身于松尾芭蕉、与谢芜村（**Yoso Busan**，1716 年—1786 年）等一系列日本著名俳人之中，山头火可谓是罕为人知的一位。山头火本名种田正一，取此"山头火"的笔名是为了纪念他的老师，著名俳人荻野井泉水（**Ogino Izumi**, 生卒年不详）。山头火的作品，注重的是"俳意"而非"句式"，因而在精神层面更为纯粹。例如这两首：

年とれば故乡こひしいつくつくぼうし。

（人到老年，萦怀故里一秋蝉。）

あの云がおとした雨にぬれてみる。

（我身淋湿雨纷纷，降自中天那片云。）

　　种田山头火出身于地主家庭，但是他父亲品行不端，吃喝嫖赌俱全，家道为之中落。山头火少年时，父亲出门厮混常年不回家，他与母亲相依为命。可是因为父亲的移情别恋，山头火的母亲后来投井自杀，对于母亲的怀念成为了山头火一生永远的心曲。直到晚年，山头火还会写这样的俳句：

うどん供えて母よわたしもいただきます。

（供上乌冬一大碗，尊声娘亲同进餐。）

论及品行不端，山头火的父亲可谓奇葩。在挥霍完了家产之后，他竟然将债务人的名字转成山头火，逃离家庭扬长而去。

（这令人想起了一个截然相反的例子，弗朗西斯·培根的父亲看出儿子从小天赋异禀，所以加倍努力工作，希望积攒一笔财产让儿子一生衣食无忧，得以潜心向学。所谓知子莫若父，这个计划虽然因为他的早逝而没有完成，但即便必须自己辛勤谋生，培根还是改变了整个世界的思想史。当然，这只是一点题外的闲话。）

拜此劣父之所赐，此后山头火的整个人生都在穷困潦倒中度过。受到他举债难以偿还的影响，早已过继给别家的弟弟二郎也被养父赶出门，只好来投奔山头火。二郎觉得自己受到了山头火的连累，将满腔怒意发泄在哥哥头上，生活中处处与他作对，甚至带娼妓回家夜宿。但是山头火毫无怨怼之意，全力尽到父兄的责任帮助二郎。终于，二郎回心转意，兄弟两人抱头痛哭，冰释前嫌。但在和好之后的不多日，万念俱灰的二郎随即上吊自杀。

母亲和弟弟的先后自杀可以说切断了山头火和俗世的大部分联系。不久后山头火在岳父家的逼迫下与夫人离异，随即剃度出家，成为了一个曹洞宗的行脚僧人，开始了乞讨为生的云游创作人生。流浪的日子自然是每一天都很艰难，有的时候没有落脚点，只能连夜赶路：

泊めしくれない折からの月が行手に。

（远行无人肯借宿，幸有月光照前路。）

衣衫是褴褛的：

しみじみ生かされてぬることがほころび縫ふとき。

（破衣缝补一针针，得以生存感慨深。）

生活要靠化缘——乞讨才能维持：

朝の桥をたるより乞ひわじめる。

（清晨过高桥，开始行乞讨。）

山头火晚年在俳友的资助中度日。他的孙女种田美奈子（Taneda Minako）在中文《山头火俳句集》的序言中说，山头火离家流浪的逃避家庭责任之举给祖母和父亲带来了诸多的生活上的麻烦，这是不言而喻的，这一切她幼年耳濡目染。但是随着她自己的年近垂暮，她开始懂得山头火的诗和山头火的路。山头火走的路和生活无关；山头火的诗离死亡比离生活更近；山头火不是一个为了生活而生存、为了生存而生活的人。

应该说山头火不是一个为了任何事物而存在的人。他既不从事物质生产，也不参加侵略战争，他既不笃信佛教的生死轮回，也不愿意接近任何无神论的思想。他什么都不是，就只是一个会写诗的癫僧而已。

和所有有天赋的诗人一样，山头火的悲剧主义情怀和对于世界的悲剧理解是与生俱来的。童年的山头火经常看到父亲对妈妈呵斥辱骂，受了委屈的妈妈只能在深夜里偷偷哭泣。这让山头火自幼对弱者就产生了不一般的同情和怜悯。与谷崎润一郎少年时代对于伴侣的梦想近似，也有人曾经问少年的山头火，心仪怎样的妻子，少年山头火的回答同样令人大吃一惊：

我喜欢又寂寞又可怜，痛苦得快要死掉的人。

山头火的游方从 1926 年开始，到 1940 年去世为止。那个时期日本穷兵黩武带来的灾难已现端倪。对于这些俗世的战争，山头火当然不支持，可也谈不上反对。但是战争带来的万户伤心生野烟，行一处一处荒村枯冢的惨景，却无疑给他的悲剧主义带来了用之不竭的诗思：

　　馬も召されておぢいさんおばあさん。

　　（一匹马亦被征用，老夫妇何以为耕。）

　　彼岸花さくふるさとわお墓のあるばかり。

　　（曼珠沙华开簇簇，故乡处处皆坟墓。）

认为这样的诗表达了对于战争的控诉并不错，但是这种理解不太适用于山头火。他并不控诉什么，也不歌颂什么，山头火的诗就是寂寞自身。死亡的意象加深了他孤独行走的分量，他的诗开始由寂寞的空灵转向寂寞的沉重感：

　　足は手は支那に残してふたたび日本に。

　　（手和脚留给中国，回日本重睹山河。）

这一首俳句题为《咏伤兵》。在自诩为了伟大政治目的的某种情怀看来，一个破衣烂衫的路边疯僧似乎是卑微得不值一提的，但是这种“为国捐躯”的癫态，在疯僧看来同样既可笑又可悲，根本不值得。

　　而除此之外，山头火的俳句就是完全沉缅于与芭蕉、芜村、子规一样的，无边寂寥的、侘寂的世界里了。我们来看看这两首，主人公是一棵蔚蓝天空之下的枯树：

　　死のしづけさは晴れて叶のない木。

　　（沉沉死灭之静穆，晴朗苍穹无叶树。）

以及几只奄奄一息、快要死去的鸣虫：

　　月のあかるさがうらもおもてもけりぎりす。

　　（月色月光亮莹莹，庵前庵后蟋蟀声。）

无垠的蓝天和皎洁的明月通常给人带来一种美好的感受，但是提醒——甚至不是提醒，只是自己目睹——世人，在这种美好之下死亡和寂寞依然无处不在、无处不在的死亡和寂寞是萌芽美的土壤，这是诗人的使命。

为此山头火研究会会长富永鸠山（Tominaga Hatoyama）吟出了一首诗，可谓深以山头火之心为心，此诗也因此获得了纪念山头火去世五十周年防府市长奖：

光る星はある，この道のぬかるみ。

（此路泥泞中，星光颇辉映。）

几乎完全一样的话，英国有个穷困潦倒的、疯疯癫癫的诗人也曾经说过，原话是：

We are all in the gutter, but some of us are looking at the stars.

（我们都身在阴沟，但仍有人仰望星空。）

这位出生在都柏林而死于巴黎的诗人死后一百二十年，人们还在给孩子们讲述他写的故事。故事里面好像提到有一尊忧伤的雕像崩塌了，一只来不及迁徙的候鸟冻死在它的身旁。

可惜山头火没有机会看到富永鸠山的这首知己之作了，1940年，种田山头火贫病交加，五十九岁在松山市因心肌梗死去世。

V　无题

　　在本书开头提到的那位前田无苦庵的诗，现在其中自由的意象又一次拨动了我们的心弦。这首诗的全篇是这样的，我在翻译的时候稍微改动了它的句读：

　　　　七年の病なければ三年の蓬も用ひず。

　　　　云无心にして岫を出るもまたをかし。

　　　　诗歌に心なければ、月花も苦にならず。

　　　　寐たき时は昼も寝、起きたき时は夜も起る。

　　　　九品莲台に至らんと思ふ欲心なければ、八万地狱に落つべき罪もなし。

　　　　生きるまでいきたらば、死ぬるでもあらうかとおもふ。

　　（没有
　　　七年的病痛，
　　就毋需
　　　三年的艾炙。
　　此身如闲云，
　　无心自出岫。
　　心中
　　　没有诗

月残花谢

　　　也就不是苦事。

想睡觉时

　　白昼尽自高卧；

想离榻时

　　子夜亦可起床。

没有

　　荣登九品莲台的

　　　　欲望，

就没有

　　坠入八万地狱的

　　　　罪过。

活着的时候

　　尽情生活，

死亡

　　不过是

　　　　归隐

　　　　而已。）

　　如果说我们把这位前田无苦庵风流浪漫的游侠一生，还有那位很有可能其实是加里·施奈德的贾菲·赖德一时兴之所致的、呼朋引伴地啸聚江湖看作是身体和心灵的双重自由的话，那么种田山头火和王尔德（Oscar Wilde，1854年—1900年）则债台高筑、步步彳亍于泥泞之中，他们的身体不自由，但是始终仰望星空，没有东西能够阻止他们心灵的自由。身体自由而心灵不自由的例子，恐怕要列举前面提到过的武则天、拿破仑，还有丰臣秀吉这样的人，他们登上了人类权力社会的顶峰，但是权力只是道德的一个视角，是语言演化出来的一种幻象。

历史只是一种规律的外化效果，琐碎而又冗余。在权力和道德的视野中，任何一个人都可以被与之同质的另一个人代替，他们——这个人以及他的无数候选人——只是在权力或是道德上战胜了那些本来就不具备胜算的对手而已。

但是大多数人呢？芸芸众生，白天忘情于谋取衣食，晚上呆呆地凝视着电视机，为了某个编剧花费半个小时设计出来的某个桥段而吞声饮泣的大多数人呢？身体和心灵皆不自由。自由就是关注于人的自我，以及自我之后庞大的、非语言的、虚空的存在。当然，应该说这种至大而不可名状的自由就好像是列维-布留尔所觉察到的某种原生的、地下的神，他也不可能随随便便就在任何人面前一露真容。因此大多数人没有养成与自我为友的习惯，只是把它当成身体的基本机能而已，这是不对的，至少是舍本逐末的。

然而自由也为之束手无策的是：死亡无敌。我们又回到了——其实从来不曾离开——本书开头的那些讨论之中，无人躲得过死亡永恒的追猎。尽管对于所有人来说，死亡都是一件未来的、不知道什么时候会来的事情，古根海姆美术馆的酒会，以及被我们标记为"未来"的任何事情，都会因为某个突发事件而被取消，死亡却是永远斩钉截铁的。所以，"死亡"和"未来"并不完全相同，它不是虚无缥缈的，不是一种"可能性"。应该说，死亡才是真正的"未来"，下周去看蒂姆·伯顿（Tim Burton，1958年— ）的电影首映礼至多只算是一个无足轻重的、可能发生的插曲而已。所以，海德格尔认为，死亡是一种"典型"，当我们生命存在的时刻，是一个"不动"的存在，而当生命走向灭亡，这个存在之中预先已经固有了"死亡"的因素。

行走在死亡的国度，我们终此一生所为，无非是说服自己相信"它并不像我们想象得那么坏"，唯一能做的就是接受。

1944年，荣格跌断了脚，接着又心脏病发，经历了暂时性的精神错乱，在某些时刻，他不可遏止地觉得自己濒临死亡。白天十分痛苦，在空间及精神方面都受到监禁而倍受折磨，只有在夜里的几个小时的浅睡之中他才会感到自己像在宇宙中飘荡、自在并可以思考。他把这种经验描述成一种非时间状态的狂喜，类似于我们每个人都有的一种体验，梦中的几秒钟往往令人感到度过了非常漫长的时间。恍惚中，他发现自己身处高空，可看见脚下的地球及面前如同漂浮在高空中的黑色巨石，看起来像是玄武岩或是黑曜石，它有一小部分被凿空，雕成一座类似神殿的空间。如果按照荣格以往的观点，梦中的洞穴意象才是代表祖先和集体无意识的表征物的话，那么这次他濒临肉体的死亡，这种表征物进化成了某种不具备重力条件的悬浮神殿意象。所以，孤独凌空的巨石可能是不再受到生命——身体束缚的自我的暗示。粗糙的巨石就是原生的、未经砥砺的人的天性，混沌幽暗，无章可循，文明的部分——庙宇，微不足道得像是石头表面的一处小疤，在整体（整块玄武岩）中居于更加次要的位置。尽管其中结构森严，但它只是更容易被看见、更容易被孤芳自赏，仅此而已，其实没什么用，也改变不了任何事。荣格因此而承认，时间是一种语言的意象，一个人的自我延续性可以抵挡生命和时间的流逝而不会被挫败，不朽的精要不在于永远存在，而在于永远延续。

一朵花、一处山河美景、一出催人泪下的编剧优秀——或者不那么优秀——的戏剧，个人的精神中的崭新只是一种年代久远、变化无穷的成分的重新组合而已。敬重人的永恒精神，尊重古人，并承认文化和知识具有连续性，这是一个思考者能够泰然自若地面对"自由还是不自由"这个问题的前提。然而我们已然纵身跃入了进化的激流，它把我们冲向未来，而使得我们离"根"愈来愈远，过去一旦被破坏，前进就再也停不下来。也正是这种无"根"

的漂浮意象，才造成现代人对文明的不满，造成了无休止的营营役役，以及不可名状的怒意在文明阴影的鬼蜮之中暗自滋荣。我们不是生活在现在，而是生活在一个基于不断否定当下的、依靠"憧憬"所维系的未来，我们不再靠我们所拥有的生活，而是靠诺言来生活。我们的理想太过清晰及精确，所以无法了解先人如何去聆听、去理解，以及无法了解神秘的精髓。

因为我们已然纵身跃入了进化的激流。

日本曹洞宗良宽和尚是生活充满自由的另一个癫僧，也是以乞食为生，闲暇无事的时候喜欢到街上找小朋友一起玩皮球。良宽的自由观念可以参考他曾经说过的一句影响了无数人的话，良宽曾经说过，他最不喜欢的是"书法家的字、厨师的菜和诗人的诗"，但是良宽自己却当之无愧地被誉为日本历史上最伟大的诗人和书法家之一。出于这种自由的观念，良宽对于死亡的态度也是无可无不可的。文政十一年（1828 年），越后大地震，七十岁的良宽给朋友写信报平安时说："有灾时，逢灾也是吉，虽死也是善。"良宽晚年隐居在岛崎村里一个叫木村别斋的供养人的别墅，天保二年示寂，享年七十四岁。在死前，良宽吟了这样一句诗：

武藏野地草上露，点点垂泪挂不住。

公元 65 年，尼禄皇帝派使者来到悲剧作家辛尼加（Lucius Annaeus Seneca，前 4 年—65 年）的寓所，宣判他叛国，要求他立即自杀。而在没有当皇帝之前（以及登基之后的一段时间内），尼禄视辛尼加为导师，对他向来是言听计从的。辛尼加曾经说过："人们牺牲了闲暇才得富裕，当富裕带来唯一令人满意的自由的时候，我们为了富裕又不得不牺牲闲暇，这种富裕对我有什么意义呢？没有精神活动的闲暇是一种死，等于人们活着就被埋葬。"尽管某些历史文献令人遗憾地证明，辛尼加自己也热衷于敛财，但这段话还是深邃而隽永，道出了人生的真谛：除了死亡自身之外，一切都是消耗。接到了赐死的上谕后，辛尼加没有犹豫，随即割腕身亡。在死前他吟咏说：

> 吾奉上此血作为敬献给朱庇特、那终焉的解脱者之神酒。

歌德，平素有收藏刀剑的嗜好，虽然他手无缚鸡之力，但是他的藏品中包括了好几把价值连城的、吹毛断发的利剑。其中有一把短小精致的匕首很受歌德的珍爱，有一段时间每天晚上熄灯之前他总是要把它拿出来把玩一番。万籁俱寂之中，歌德躺在床上冥想，以这把匕首抵着心脏，来试试自己有没有手腕稍稍用力将之推进两三寸的勇气。在这种时候，生和死之间的距离仅仅是比拿起一只苹果大不了多少的力度。歌德当然是没有理由自杀的，这只是一种游戏、一种天马行空的遐想而已。为此歌德得出结论说：

> 凡是不能做到像奥托大帝那样自杀的人，是没有随便辞去人世的权力的。

这里说的可能是神圣罗马帝国的第二十四任皇帝，韦尔夫王朝的奥托四世（Otto IV von Braunschweig，1182 年—1218 年）。奥托四世在被教皇英诺森三世（Innocent III，1161 年—1216 年）废黜之后，他的晚景就很少见诸于历史的记述了，所以有一个版本的传说是，他在布汶战役兵败之后决心自杀，于是高高兴兴地召集朋友举办晚宴，通宵笙歌。等到第二天清晨嘉宾们发现他的时候，他已经用利刃自刺心脏、断气多时了。歌德觉得这种死法非常潇洒，为此他说："他这种奇特的死法我觉得是值得模仿的。"

现今流传于世的、任何关于达尔文（Charles Robert Darwin, 1809年—1882年）晚年放弃了自己的进化论思想而终于皈依天主的说法，都是无稽之谈。这个固执的大胡子老头，他对于教义的敌视态度至死未变，他曾经在自传中说过：

> 而且实际上，我恐怕还不能够理解到，无论什么人怎样会希望基督教的教义成为真情实事；因为如果它是这样的话，那么《福音书》中简明的经文大概就表明：不信神的人们，其中应当包括我的父亲、哥哥和几乎所有我的亲密好友，都将会受到永世的惩罚了。这真是该死的教义！

而对于达尔文的夫人、一个无比虔诚的教徒埃玛·达尔文而言，这个心她就操了一世。她虔诚到了连达尔文都佩服她，说她"何止是一个基督徒，简直是一个基督徒的殉道者"。埃玛不止一次地劝说老头子在推广进化论的"粗鲁"观点上稍加收敛，以避免人们动摇对于基督的信念，无奈达尔文自始至终当成耳边风。老两口的这场交锋持续了一辈子，一直到达尔文七十四岁去世，还是以埃玛的失败画上句号。在达尔文去世的当天，老太太感慨万端地对女儿说：

> 父亲恐怕不相信上帝，可是上帝相信他。他将安静地在他所去的地方休息。

根据达尔文的第三子，植物学家、剑桥大学教授弗朗西斯·达尔文爵士（Francis Darwin, 1848年—1925年）撰写的《达尔文传》中的记载，达尔文在临终的时候和老妻诀别说：

> 我一点儿也不害怕。

尽管千利休和丰臣秀吉曾经友谊甚笃，但是到了晚年反目成仇。秀吉怀疑利休通过倒卖茶具渔利，而且利休的茶名日盛一日，声望闻达于天下，隐然有压倒秀吉之势，这也让秀吉心生忌恨。

而在利休看来，秀吉出于那种贫苦出身的自卑心理，对于名贵茶道具近乎贪婪的追求，以及在茶道上的铺张奢华也是侘寂的茶道所无法忍受的。两人分歧越来越深，终于在天正十九年（1591）二月二十八日，秀吉以在大德寺私立塑像的罪名，判处利休切腹自杀。在临死的那天清晨，利休召开了最后一次茶会，在席上人饮泣之声不绝于耳中，他将珍藏的茶具分赠给与会的朋友。但是自己用过的那只黑色天目碗，他却说："被不幸之人嘴唇碰过的茶碗，赠谁都云不宜。"而把它砸碎了。然后他留下了自己的辞世诗，含笑自尽。这首诗是这样写的：

人生七十力囲希

咄！

吾这宝剑，

祖佛共杀。

提る我得具足の一太刀，

今此时ぞ天に抛。

（生涯七十载，

砥砺复琢磨。

呜呼！

擎此三尺剑，

敢以向祖佛。

青锋如雪证清规，

抛回苍天自解脱。）

无穷无尽的手稿和曲折艰深的图纸耗去了达·芬奇（Leonardo da Vinci，1452年—1519年）晚年几乎所有的时间，他早已不再作画，于1516年旅居法国，住在花团锦簇、林木幽深的昂布瓦斯城堡中的克鲁克斯庄园里，在沉思中消磨时间，顺带担任法国国王，那位颁布公众卫生敕令的弗朗索瓦一世的老师。达·芬奇涉猎过城市规划，有理由相信弗朗索瓦一世颁布维莱尔—科特莱敕令之举，与向他的请益不无关系。每隔几天，弗朗索瓦一世都要去向老师请安，在满房间的手稿和图纸之间，和这位智慧老人闲聊一会儿，这种氛围令人感到平静和闲适。1519 年 5 月 2 日，师生俩正在闲聊，国王突然发现达·芬奇的呼吸急促、神色大异，他急忙走到床前扶着老师的肩膀，想扶他坐起来以便更顺畅地透气。可等到帮助达·芬奇调整好了坐姿，国王发现老人已经停止了呼吸。人们闻声赶来，达·芬奇的关门弟子、也是他最后岁月的秘书佛朗西斯科·梅尔齐（Francesco Melzi, 1491 年—约 1568 年）悲痛地说："造物主再也无力造出一个像他这样的天才了。"而根据梅尔齐的回忆，达·芬奇可能早几日就觉得大限将至，因为他曾经悠然自得地说过这样一句话：

> 充分劳作的白昼带来夜的酣睡，充分努力的人生带来死的安息。

1649 年时的瑞典女王克里斯蒂娜（Kristina Augusta, 1626 年—1689 年），年轻、漂亮，向学之心坚定，她曾经先后写了七八封信给哲学大师笛卡儿（Rene Descartes, 1596 年—1650 年），请求他前来瑞典传授她哲学的精义。最后一次，她不仅写了一封言辞恳切的亲笔信，还派了一位海军上将作为特使，殷勤延请。笛卡儿本来并不想去那个冰雪之国，但也实在难以再推辞。1649年 9 月，笛卡儿将平生最后一部著作《心灵的激情》的手稿交付给出版社后，心无牵挂地抵达了斯德哥尔摩。女王对于大师待以上宾之礼，举办盛大的宴会，而且时时求教。但是女王的作息时间和笛卡儿完全不同，笛卡儿习惯晏起，可女王每个星期上三次哲学课，上课的时间只能从政事中挤出来，必须是在早上五点。这就意味着在北欧的冰天雪地之中，每周有三天笛卡儿半夜三点就要起床。这个课程持续了两个月，1650年2月1日清晨，笛卡儿终于因为着凉患了感冒病倒，病情很快转成肺炎，拖了十天就去世了。在笛卡儿临终的时候，有人问他是否有什么辞世遗言，笛卡儿看起来似乎有些心不在焉，只听他答非所问地随口说：

宁静和休息就是幸福。

路易莎·梅·奥尔科特 (Louisa May Alcott，1832年—1888年) 借以震惊这个世界的除了她那部清新甜美的《小妇人》之外，还有她厨房里的一把锈迹斑斑的斧头。1845年7月，这把斧头被一个登门拜访的、父亲的老朋友，一个敦敦实实的络腮胡子大汉借走，用以在瓦尔登湖畔砍树开荒，造一个窝棚，他就是亨利·戴维·梭罗。梭罗在瓦尔登湖边住了两年两个月又两天时间，在这段时间他仿佛隐身于人世，不抽烟、不喝酒、不交税——为此坐了一天牢——很少与人交谈，每天挥汗如雨地耕种、读书写作。他在小木屋周围种四季豆、玉米和马铃薯，然后拿自己的收成到村子里去交换口粮。梭罗也是我们所说的那种从身体到精神都自由的人，他反对过美国的奴隶制度，反对过美国对墨西哥的侵略，他倡导过"公民的消极抵抗"的思想。他喜欢在大自然中过简朴生活，但也并不在意某一种外在的生活方式，当他想避世高隐的时候，他找到了瓦尔登湖；他对这种生活感到足够了，他就离开了那里。1862年5月6日，梭罗因为肺病医治无效而病故于老朋友埃默森（Ralph Waldo Emerson，1803年—1882年）的家里。没有人知道在弥留之际，梭罗的眼睛都看到了什么，只听到他在喃喃地说：

好大的鹿……还有印第安人……

千利休死后五年，丰臣秀吉也迎来了一生的终焉之时。这个出生在尾张一个小山村的、自幼贫苦流浪的一代奇人，他的一生在忙碌之中如同白驹过隙般地过去了。秀吉的人生，好像忙碌得从来没有闲下来的时光一样，可以分成很清晰的几个阶段，少年时流浪谋取衣食，青年时工作讨好主君，中年时征战夺取天下，到了晚年可以轻松地享用荣华富贵的时候，无奈乎垂垂老矣。秀吉的晚年除了奢靡的生活之外，和一个越来越老弱的乡下老头其实没有什么区别。司马辽太郎在《丰臣家的人们》中《结城秀康》一篇里，有过一段令人感动的描写，描述的是秀吉和他的养子，秀吉过世后号称"越前宰相"的正三位权纳言结城秀康（Yuuki Hiteyasu，1574 年—1607 年）——结城秀康其实是秀吉的老对手内大臣德川家康（Tokugawa Ieyasu，1543 年—1616 年）的庶子，但是与生父没有情分——之间的情谊：

　　　　在始终不离开秀吉身边这一点上，在丰臣家的几个犹子之间，秀康可以说是最忠诚的一个了。不过这也是因为秀吉不愿放他走。

　　　　秀吉常常可怜巴巴地说："少将阁下，你可千万别丢下我啊！"

　　　　……

　　　　晚年，秀吉躺在床上的时间很多，这种时候，他常常叫秀康来替他揉腰。

　　　　有一次，秀吉躺着对秀康说："这也是老来的一种享受啊！"

　　　　他的意思是，少壮的时候，死命干活，老来叫儿子搓搓身子骨，这就是人生最大的幸福喽。秀康用手掌搓摩着秀吉的身体，这身体已经瘦削得和干柴棒似的，几乎不能称作人的身体了。秀康对此感到非常难过。

庆长三年（1598 年）9 月 18 日，秀吉六十二岁辞世，虽然他已然拥有了全日本，可最为遗憾的依然是人生太短暂，理想没有时间实现。顺带一提，秀吉的梦想是征服明朝和天竺，非常不切实际，再给他三辈子也难以完成。然后，他想在大阪建立一座震古烁今的伟大帝国都城，城市的名字就沿用大阪的古称"难波"（Nanpa）。因为这样的遗憾，秀吉写下的辞世诗是这样的：

露と落ち，
露と消えにし，
我が身かな。
难波の事は，
梦のまた梦

（此身与朝露相伴降生，
复又与朝露一同消失。
建立名城"难波"的理想，
成为无法实现的梦想。）

从 1921 年开始，前面提到过的《寂寞》和《杜伊诺哀歌》的作者，奥地利诗人里尔克就一直隐居在瓦莱州谢尔地区的穆佐特城堡，这个城堡是他的朋友沃纳·莱因哈特买下来送给他的礼物，里尔克在这里完成了《杜伊诺哀歌》。一直到去世，里尔克都没有再离开过这里。

在里尔克的作品里，孤独是他必不可少的生存状态，以至于他将之奉若神明。这种挥之不去的孤独由幼年缺乏家庭的温暖开始，在成年之后躲避人群、刻意求之，而以最终融入孤独、融入诗意作为结局。尽管孤独因为成为了一种精神的财富而使他不朽，但是光荣的孤独还是孤独。很多人羡慕诗人的才华和永恒，但是诗人却羡慕他们平凡而温暖的生活。

在里尔克生命的最后两年，有一次在收拾心爱的花园时不慎被玫瑰刺破了手指而血流不止，到医院去检查时才发现罹患了白血病，而且已经难以挽回。一朵玫瑰花前来向一个诗人通报大限的消息，孤独寂寞一辈子的里尔克对于自己的这种死法相当满意。在他生命的最后阶段，朋友们已经完全没有了忌讳，在商讨他的后事的时候也不再避开他，里尔克有时候也加入这种讨论。当朋友们认为他瞎操心、要扶他去休息的时候，他还像个孩子般地、固执地说：

我要山脚下的那片墓地。

1897 年 4 月 3 日，勃拉姆斯（Johannes Brahms，1833 年—1897 年）因肝癌在维也纳去世。在他弥留的时候，护士准备倒一杯葡萄酒给他润喉，勃拉姆斯也不知道哪里来的力气，自己拿过瓶子，斟了满满一大杯一饮而尽，长吁一口气说：

味道真不赖，谢谢。

然后就永远闭上了眼睛。

与此类似，1904 年，契诃夫患肺结核病入膏肓。在临终时，妻子遵照医生的命令，给他斟上了满满一杯香槟酒。奄奄一息的契诃夫竟然为此喜上眉梢，他眉飞色舞地说：

可有些日子没喝香槟酒了。

喝完之后，契诃夫含笑进入了永远的安眠。

然而贝多芬（Ludwig van Beethoven，1770 年—1827 年）临终时候想喝一口莱茵葡萄酒，身边却刚好没有。前来送别的朋友们赶紧跑出去买一瓶，可惜还是迟了一步。友人们只得用浅浅一汤匙的美酒，稍稍湿润乐圣渐冷的双唇。

嘉靖七年（1529），阳明先生王守仁（1472年—1529年）逝去。在死前不久，他肺病沉重，向朝廷上书辞却自己的南京兵部尚书、左都御史、两广总督等一系列职务，可能是感到病体沉重，他没有等到朝廷的批复就急急忙忙地离任往家赶。可惜还是迟了一步，十一月二十九日卯时（1月9日8时），王阳明在回家路上于江西南安府大庚县青龙港（今江西省大余县境内）舟中溘然长逝。临终之际，弟子周积问他有何遗言，王阳明坦然说：

此心光明，亦复何言！

1846年，女诗人伊丽莎白·芭蕾特·勃朗宁（Elizabeth Barrett Browning, 1806年—1861年），不顾家人的反对，和诗人罗伯特·勃朗宁（Robert Browning, 1812年—1889年）私奔，在教堂举行简单的婚礼后，各自出发逃往意大利。此后的十五年间，这对诗人夫妻过着神仙眷侣般的恩爱生活，一日未尝分离。1861年6月29日，勃朗宁夫人患了轻微的感冒，晚上她依偎着丈夫，在他的胸前睡去。再也没有醒来。

又过了二十八年，已然老态龙钟的罗伯特·勃朗宁自己也走到了人生的尽头。在最后一部诗集《阿索兰多》付梓之后，罗伯特·勃朗宁了无牵挂。在弥留之际，他问朋友《阿索兰多》的销售怎么样，朋友告诉他说已经售罄。勃朗宁听后愉快地说：

此生无憾矣。

随即心满意足地踏上了与爱妻团聚的归途。

然而并非所有人的人生都了无遗憾。公元前323年6月10日，马其顿国王亚历山大（Alexander the Great, 前356年—前323年）

在征服了一望无际的广袤领土后死在巴比伦，年仅三十三岁。在此之前，鞍马劳顿让亚历山大的健康状况一直不太好，《亚历山大远征记》的作者阿利安（Lucius Flavius Arrianus, 86年—160年）在书中这样描述他生前的最后一段日子：

> 5月29日他因发烧睡在浴室中。翌日沐浴后进入寝官，与米迪厄斯整日玩骰子。晚间沐浴，献祭神明，进餐，整夜烧未退。5月31日依例再沐浴、献祭，躺于浴室中之际，听尼尔朱斯讲述航行大海探险经历取乐。6月1日烧得益发厉害：他整夜难安，次日整日高烧。他命人将床移至大浴池旁，躺在床上与诸将领讨论军中空缺及如何挑选补足。6月4日病况更为恶化，须由人抬至户外进行献祭。之后他命高级将领在宫廷院内待命，命亲兵指挥官夜宿寝宫外。6月5日他被移至幼发拉底河对岸的王官中，略睡一下，但高烧不退。当将领们进到官中，他已不能言语，直到6月6日均是如此。马其顿军此刻相信他已离开人世，齐涌向各官门，他们开始鼓噪并威胁禁卫军，禁卫军无奈，放他们进来。门扉推开处，他们列队鱼贯缓缓走过他床边，未着披风，亦未穿甲胄。

传说最后有人问他，死后他的帝国应该托付给谁？亚历山大用尽了最后一点力气说：

> 给最强的人。

然后就撒手人寰了。精明绝伦的亚历山大大概已经意识到这样没有文化传统的、靠武力生拼硬凑的帝国，在没有了征服者之后不可能继续存在下去。如果他能活到七十岁，哪怕只有五十岁，再假手一位维吉尔式的贤人，帝国的新文化、新传统、新国民意识就能够渐渐萌芽——就好像辛勤灌溉，树根挽结的沙砾终将变成土壤，可惜没有时间了。在他死后，他那如同泡沫般地涌现的帝国又旋即如同泡沫般地消失，西起马其顿东至巴克特里亚（今阿富汗）的广袤领土就好像一个孩子随手抢到手里的陶瓶一样，掉在地上摔得四分五裂了。

这里又有一个相近的例子，俄罗斯历代沙皇中成就功勋最为卓著者当属号称"彼得大帝"的彼得·阿列克谢耶维奇·罗曼诺夫（Пётр Алексеевич Романовы，1672 年—1725 年），与其说是一位王者，不如说这位身长一丈（204 厘米）的巨人更像是天马行空的一代大侠，靠他个人的才气和身先士卒的不凡气度使得俄罗斯跻身世界强国之林。1724 年，他在芬兰湾闲逛时看见一只沙洲上搁浅的船，几个士兵有被淹死的危险。出于慷慨任侠的性格，这位俄罗斯历史上最为雄才大略的沙皇，想都不想就奋不顾身地跳进北纬六十度的冰海中去救人，因此而受了风寒，入冬以后病情严重，1725 年 2 月 8 日在圣彼得堡去世了，享年 52 岁。在最后一刻身边人问他，这个从波罗的海到白令海峡，从北冰洋到里海的庞大帝国应该交给谁，沙皇挣扎着，可是只来得及说出半句话：

把一切交给……

之后沙皇就带着这个永恒的不解之谜走进了幽冥的国度。

彼得大帝过世之后四年，俄罗斯历史上的另一位巨人叶卡捷琳娜大帝（Екатерина II Алексеевна，1729 年—1796 年）才在安哈尔特-采尔勃斯公国呱呱坠地，一直到这位德国人女沙皇 1762 年登基为止，俄罗斯沙皇御座六易其主，都没有出现过一个真正的强者。

而这位由德国公主而成为俄罗斯女皇的叶卡捷琳娜二世，美丽、高贵、气度娴雅，在欧洲政坛上是一颗熠熠生辉的明星。在世界政治史上，叶卡捷琳娜大帝可谓是继成吉思汗之后又一位绝无仅有的征服者，她曾经伙同普鲁士三次瓜分波兰，与土耳其长年交战。她使得俄罗斯的领土从彼得一世时期的三百余万平方公里扩展到了一千余万平方公里。

然而第三次攻略波兰和对土耳其的战争使她消耗了过多精力，而 1791 年，女皇的挚爱、一代名将波将金（Григóрий Потёмкин，1739 年—1791 年）去世，对她的打击尤大，女皇健康状况急剧恶化。1796 年 11 月 6 日凌晨，叶卡捷琳娜大帝病逝。

在日常生活之中，她起居有节、平易近人。据说有一位外国厨师做的饭菜并不适合女皇的胃口，但女皇不忍心辞退他，只好自认倒霉，在好几年时间里，每顿饭都吃得愁眉苦脸。

在晚年回忆起自己波澜壮阔的一生的时候，叶卡捷琳娜大帝曾经无比感慨地说过这样一句话：

　　　　假如我能够活到二百岁，全欧洲都将匍匐在我的脚下。
睥睨隐藏在她优雅的顾盼之间，转瞬即逝。当身边人屏息静待女皇说出接下来的要紧话的时候，她却微微一笑，岔开了话题。

1950 年 11 月 2 日，萧伯纳（George Bernard Shaw，1856 年—1950 年）以九十四岁高龄在赫特福德郡埃奥特圣劳伦斯的寓所逝世。他在临去世前似乎还在和人探讨文学，在咽气的前一刻萧伯纳还在若有所思地说：

　　　　写喜剧实在是太难了，比死还难。
关于萧伯纳遗言的另外一种版本是，面对依然无微不至地照顾他的老女仆，萧伯纳不以为然地打趣说：

　　　　太太，您难道想让我像古董一样永远活下去吗？得啦，该做的都做了，我该走了。

文明六年（1474 年），日本临济宗高僧一休宗纯（Ikkyu，1394 年—1481 年）禅师 81 岁，在流浪了一生后受到后土御门天皇的诏令，任大德寺第四十七代住持。然而此时的大德寺经历应仁之乱，已成一片焦土，一休升座后，连住的地方都没有，晚年只能栖身在现在俗称"一休寺"的酬恩庵。面对繁重不堪的寺院重建工程，老态龙钟的一休积劳成疾，于文明十三年深秋 11 月 21 日卯时圆寂。死前留下遗谒：

> 须弥南畔，
>
> 谁会我禅。
>
> 虚堂来也。
>
> 不直半钱。

但是这首辞世诗似乎不如一休的得道诗更感人。一休宗纯实为后小松天皇的亲生儿子，《东海一休和尚年谱》中说他：

> 师刹利种。其母藤氏，南朝簪缨之胤，事后小松帝，能奉箕帚，帝宠渥焉。后宫赞曰："彼有南志，每袖剑伺帝。"因出宫闱而入编民家以产师。

不知道是因为受到诬陷被赶出宫庭，还是真如世间传闻的那样对儿子抱有厚望，藤夫人对一休一直非常疏远。一休六岁就被送到安国寺高僧外鉴大师那里当小沙弥，从小没有享受过母爱，甚至在一休登门求见的时候，藤夫人往往严辞拒绝闭而不见。传说在某日又一次被母亲拒之门外时，年轻的一休的情感爆发了。痛不欲生之下，一休登上一只琵琶湖的孤舟，舟行至湖心、风雨大作时，一休扔掉桨随波逐流，决定了此残生。

骤雨终于一朝后，云散风消，小舟被冲上岸。一休从昏迷中醒来，身处四周雨后铁铸似的清澈群山、被雨水洗刷的树枝剔透宛如水晶珊瑚的丛林、万籁俱寂中枝头点点净琉璃般的滴水和湖心吹来清凉的带着香气的微风之间，昨夜的狂风暴雨恍如隔世，一休突然大彻大悟，为此他写下了这首诗：

> 从有漏地
> 到无漏地，
> 万事皆休。
> 雨尽情下，
> 风尽情刮。

1592 年 9 月 13 日，蒙田（Michel Eyquem de Montaigne，1533 年—1592 年）去世。1581 年 9 月 7 日，他收到一封信，通知他"在一致赞成的情况下"，他被缺席任命为波尔多市市长，并且请求他出于"对这个祖国的爱"而接受此重担。这件事情到后来变得失去了控制，法国国王亨利三世（Henri III，1551 年—1589 年）亲自给蒙田写信坚请。而当时蒙田的健康状况已然不佳，他经常因胆结石病痛得死去活来。但是国王纡尊降贵的邀请是不能拒绝的，蒙田一直到 1589 年前后亨利三世失势，才从宦海中解脱出来，归隐林泉。

他匆匆回家隐居，连他的好朋友、国王亨利四世（Henri IV，1553 年—1610 年）的加冕典礼都不想去。此时的蒙田，就是一个秃顶的小老头，他曾经写出过感动无数人的华美辞章，但现在他已经老了。他的头发脱光了，只露出一个圆圆的秃头；自从漂亮的栗褐色的胡须开始灰白起来，他就把它们全部剃掉了。致仕后，蒙田终于得以长吁一口气，悠然自得地坐在古堡塔楼上自己的书房里。图书，汗牛充栋，但都是倒背如流的，毋需再读，他静坐其间，无所事事地消磨着所剩无几的时间，甚至不思考。阴天的上午，周围一片空荡，窗外云层下山林和草地寂静无声。年迈的母亲已近九十高龄，依然像幽灵似地在幽暗的走廊间走来走去，时间仿佛凝结在了这些廊庑和书架之间。想到死之将至，

320

蒙田愉快地吟出了一句柏拉图的名言：

　　因老态龙钟而来的死亡，再是轻松不过，真乃此生福气也。

　　这种宛如湖上水汽般捉摸不定的、空灵的、古典的、优雅的、清静的、寂寞的、柔弱的、幽深的、内省的、永恒的闲思，同样来自于美国人埃米尔·罗德里格斯·莫内加尔 (Emir Rodríguez Monegal，1921 年—1985 年) 所作的《生活在迷宫》里最后篇章中描述的这样一段话：

　　失明及丧母实际上抹去了他的时间。博尔赫斯永远生活在一个魔幻的空间里——完全的空虚和灰暗，时间失去了它的意义。如果说还有时间的话，那是因为忽然有人从外面闯了进来，而那些人仍然生活在时间里。在失明的庇护和隔离下，在母亲营造的牢固的迷宫中，博尔赫斯纹丝不动地坐在那里。他不必费心去开灯。除了他的想象力之外，周围是一片沉寂。他的脑中充满了谋杀和探奇故事，充满了包含整个文化世界的诗歌，充满了巧妙的随笔，记载下人类的恐惧和苦涩的欢乐。衰老，失明，虚弱，博尔赫斯最终住进了迷宫的中心。

　　受到一休大师得道诗的影响，我们可以来重新审视那位"达摩之狮"《读白乐天抒怀》的结尾部分。我突然发现对于晚年的金斯伯格而言，如果舍弃诗中那些已然融入他血脉的惠特曼式长句的话，他会变得更加金斯伯格。为此我试着重新整理了这首诗的句读。我想在 1997 年 4 月 5 日——我还特地翻出了纸质已经发黄了的、二十一岁的日记本看了看，那一天是清明节，杭州阴天，我外公手术完出院，我看了詹姆斯·卡梅隆的《终结者》而终日慨叹于其中阴霾的、荒芜的、寂寞的末日意象——金斯伯格临终的时候如果有机会读到一休大师的诗的话，他一定也会同意这种看法的。

　　　　当我
　　　　　离开人世，我的诗
　　　　　　化为乌有而我的名字
　　　　　　　被人
　　　　　　　　遗忘。
　　　　我的自我
　　　　　会再生为一个
　　　　　　鲁莽的
　　　　　　　体力劳动者，
　　　　在河北的一条公路旁
　　　　　采伐石头，
　　　　冻得
　　　　　瑟瑟发抖。

艾伦·金斯伯格含笑踏入了那一片无垢的天地。

后　记

　　谨以本书之付梓感谢我的父母和我的妻子，优雅而无后顾之忧的生活是一个人面对自己灵性生命的最友好的方式。感谢我的同学、艺术社会学家蓝庆伟、王娅蕾夫妇为本书的出版奔走襄助，蓝庆伟在《美术馆的秩序》中所关注到的、公众社会的美学权力问题也是本书极感兴趣的探讨内容，一贯的学脉造就了我等学人共同的志趣以及为文明肩负的共同使命。感谢我的母校中国美术学院对于本书的资助，及刘智海、宣学君和丁炬三位老师的从中玉成，就好像是奥古斯都皇帝对于维吉尔的赞助那样，思想的保护者从来都不乏其人，令人欣慰。感谢广西师大出版社为本书出版付出的劳动，编辑和出版是一本书的再创造行为，这种传承文明的古老使命感每每令旁人的敬意更加纯粹。

　　在扉页里言明将本书献给一只宠物小兔的那句话，令很多人感到像是一种皮里阳秋的哗众取宠之举。但是我所理解的、基于语言结构的文明自身，其本意也只是为了记忆一些值得被记忆的事情。荣格在 1944 年病中梦见了一块悬浮的玄武岩，表面有一小部分被镂空雕出一座小庙，这个形象代表着某种可能孕育出智慧的、荒芜的天性。他因此而领悟到，永恒的精要不在于永远存在，而在于永远延续。记忆的神圣性从来都被用于见证传说、因果、神明和来世。

　　然后当我们想要为这种记忆寻觅一个理由的时候，一些在第三乃至于第四层次的词语就出现了，其中最令人气为之夺的就是"神圣"这个词。这个词的被创造本来只是为了强调一种必要性，尽管现在被夸大得实在不像话，但我们也无法改变其在指物的语言结构中的派生本质。这是一种荒唐，我们只能习惯于这种荒唐。

在这里思索陷入了一种进退两难的困境，我们一方面觉得这些非原生的语言概念都是凭空想象出来的，但另一方面却不得不景仰它们为号召人类缔造一个更伟大的文明所做出的那种辐射式的影响力。这里也有一个例子，公元 67 年，受到帝国通缉的圣彼得（St.Petrus）本已逃出了险境，但出于某种不安，他还是返回罗马慷慨赴死。一个名闻遐迩的传奇就是，圣彼得以不敢与耶稣接受同等待遇为理由上书元老院，要求倒悬十字架，尼禄想都没想就同意了。

于是乎神圣被传承了两千年。这个倔强的老汉，他的自我牺牲成就了人类的文明史，可见固执自身也是具有神圣性的。我们开始逐渐理清了思路，但凡可以与现代意义的"神圣"拉上关系的事情，面对的都是一件事，死亡。这一点只有睿智者才能洞悉其中的玄机：这是人类迈入永恒之门的最后一场考验，死亡使永恒成其为真正的永恒。相比于圣彼得的壮烈成仁，那位才华横溢的尼禄皇帝死得却可谓轻如鸿毛：他在暴乱中逃到罗马以北大约四英里的一个民居中，以利刃刺喉时还要假手于身边的奴隶。在他快要死的时候，一个军官冲进来试图给他包扎伤口，皇帝絮絮叨叨地抱怨说："怎么才来？这就是你的忠诚吗？"然后就断了气。

对于这两件值得被记忆的往事，是记忆的神圣性令我们对比这两位古人的死法，觉得它们毕竟不同。

所以艾伦·金斯伯格在《嚎叫注释》里所列举的那些长篇累牍的"神圣"的物事，它们被列举出来的原因也只是金斯伯格觉得"神圣"这样的事物俯拾皆是，适用于每一个经受住时光的冲刷而被记忆的事实，但是不应当被夸大。当一个人决心以某种神圣性自勉，我们尚可说他是一个志趣高洁的人；可当一个文明以"神圣"为理由号召所有的臣民，金斯伯格就觉得这个文明沉浸于语言的那种舍本逐末的特性，它未免"文明"得过了分。

有了这种种的神圣，就有了宛如一只普通的啮齿动物一样的卑微，凡人对于这种"秩序"的层次结构也就信以为真。既然有人借助这种记忆的神圣性来纪念永世不朽的功勋、催人泪下的爱情、美轮美奂的艺术和万古常青的智慧，自然也必有人仅仅以此来纪念曾经有这样一只名不见经传的小兔，与世无争地和人类一起生活了那么多年的时光。

谨以此书献给我的宠物兔。就好像我曾经收留它那样，对于这只在游手好闲中度过了一生的小动物而言，我现在只是又给它安了一个家，一个纠结于犬牙交错的往昔回忆之中的、时间的窦穴。和那个有着夏天的冷气、冬天的火炉和吃不完的零食的家一样,这个家里所充盈的,是满天的星辰、永恒的思忆和不朽的英灵。

10 月 10 日于沪杭列车上